考え方が分かる！
書く力がつく！

とまつ式
公立中高一貫校
合格をつかむ
作文トレーニング

沐羊舎《もくようしゃ》主宰
戸松幸一［著］

創元社

はじめに

公立中高一貫校《こうりつちゅうこういっかんこう》の「適性検査《てきせいけんさ》」は、私立中学《しりつちゅうがく》の「入学試験《にゅうがくしけん》」とは問題《もんだい》のスタイルが大《おお》きくちがいます。

なかでも特徴的《とくちょうてき》なのは国語《こくご》の問題《もんだい》です。問題文《もんだいぶん》が長《なが》い、一度《ど》に二つ以上《いじょう》の文章《ぶんしょう》を読《よ》まなければいけない、記述問題《きじゅつもんだい》が多《おお》い、問《と》いかけ方《かた》が難《むずか》しい、そして何《なに》より「作文《さくぶん》」がある。

「早《はや》めに受検勉強《じゅけんべんきょう》を始《はじ》めたいけど、どんな勉強《べんきょう》をすればいいのか分《わ》からない……」

今《いま》、この本《ほん》を手《て》に取《と》っている人は、そんな不安《ふあん》でいっぱいなのではないかと思《おも》います。

この本《ほん》は、そんなあなたのために書《か》きました。

全国《ぜんこく》の公立中高一貫校《こうりつちゅうこういっかんこう》の国語《こくご》の問題《もんだい》には、学校《がっこう》ごとの特徴《とくちょう》もちろんありますが、公立校《こうりつこう》ならではの共通点《きょうつうてん》もたくさんあります。受検当日《じゅけんとうじつ》までどんな努力《どりょく》をすればいいのか。どう考《かんが》えれば合格点《ごうかくてん》が取《と》れるのか。この本《ほん》は**最新《さいしん》の過去問《かこもん》を例題《れいだい》**として、**「合格《ごうかく》するために必要《ひつよう》な考《かんが》え方《かた》」**や**「効果的《こうかてき》な勉強《べんきょう》のやり方《かた》」**を身《み》につけることをゴールにすえた、これまでにない**新《あたら》しいタイプの問題集《もんだいしゅう》**です。

「この本《ほん》の使《つか》い方《かた》」にしたがって、この本《ほん》に最初《さいしょ》から最後《さいご》まで取《と》り組《く》んでみてください。終《お》わりまでたどり着《つ》いたとき、あなたは**適性検査《てきせいけんさ》合格《ごうかく》のために必要《ひつよう》な「考《かんが》え方《かた》」**を身《み》につけています。

努力《どりょく》のための道《みち》は開《ひら》けています。さあ、扉《とびら》を開《ひら》きましょう！

＊公立中高一貫校《こうりつちゅうこういっかんこう》は「入学試験《にゅうがくしけん》」ではなく「適性検査《てきせいけんさ》」に合格《ごうかく》して入学《にゅうがく》するため、「受験《じゅけん》」ではなく「受検《じゅけん》」と書《か》き表《あらわ》します。

目次《もくじ》

この本の使い方

例題

この本では、**各章《かくしょう》一題《だい》ずつ、全国《ぜんこく》の公立中高一貫校《こうりつちゅうこういっかんこう》の適性検査《てきせいけんさ》の過去問題《かこもんだい》を取《と》り上《あ》げています。**

例題《れいだい》は第《だい》1章以外《しょういがい》はすべて作文問題《さくぶんもんだい》です。まずは別冊《べっさつ》の解答《かいとう》用紙《ようし》を使《つか》って、**例題《れいだい》を自力《じりき》で解《と》きましょう。**はじめは合格点《ごうかくてん》を取《と》ろうとする（＝いい作文《さくぶん》を書《か》こうとする）必要《ひつよう》はありません。問題文《もんだいぶん》を読《よ》み、自分《じぶん》なりにできるところまで考《かんが》えてみてください。**最低《さいてい》でも三十分《ぷん》は考《かんが》えましょう。**

解説

作文《さくぶん》が書《か》けたら《解説《かいせつ》》を読《よ》みます。**例題《れいだい》の解《と》き方《かた》・考《かんが》え方《かた》**が内容《ないよう》の中心《ちゅうしん》ですが、例題《れいだい》に近《ちか》い**頻出《ひんしゅつ》テーマについても**書《か》いてあります。例題《れいだい》の解《と》き方《かた》が分《わ》かることも大切《たいせつ》ですが、それ以上《いじょう》に**あなたが実際《じっさい》に受検《じゅけん》する未来《みらい》の適性検査《てきせいけんさ》で合格点《ごうかくてん》がとれる作《さく》文《ぶん》を書《か》けることが重要《じゅうよう》**です。解説《かいせつ》はそのことをいちばんの目標《もくひょう》にしていますので、できれば声《こえ》に出《だ》して何度《なんど》も読《よ》んでください。

似た問題を出す学校

最近数年間《さいきんすうねんかん》のデータから、例題《れいだい》に近《ちか》い出題《しゅつだい》のあった学校《がっこう》を紹《しょう》介《かい》しています。どの章《しょう》も全国《ぜんこく》で頻出《ひんしゅつ》のテーマですが、学校《がっこう》によって出題《しゅつだい》の方向性《ほうこうせい》や特徴《とくちょう》にちがいがありますので、**あなたが受《う》ける学校《がっこう》でよく出《だ》されるテーマについて重点的《じゅうてんてき》に学習《がくしゅう》することが大切《たいせつ》です。**巻末付録《かんまつふろく》①**全国公立中高一貫校《ぜんこくこうりつちゅうこういっかんこう》　作文問題《さくぶんもんだい》リスト**も参考《さんこう》にしながら、今後《こんご》の学習《がくしゅう》の計画《けいかく》に役立《やくだ》ててください。

トレーニング

実力《じつりょく》をつけるためにとても大切《たいせつ》な部分《ぶぶん》。各章《かくしょう》のテーマに関《かん》する知識《ちしき》や考《かんが》え方《かた》を身《み》につけるための基礎的《きそてき》な練習《れんしゅう》です。第《だい》1部《ぶ》の**「読解《どっかい》テクニック習得編《しゅうとくへん》」**は練習問題《れんしゅうもんだい》に近《ちか》い形式《けいしき》ですが、第《だい》2部《ぶ》の**「頻出《ひんしゅつ》テーマ攻略編《こうりゃくへん》」**では、それぞれのテーマに対《たい》するあなたの考《かんが》えをまとめるための一覧表《いちらんひょう》を作成《さくせい》します。書《か》き込《こ》む内容《ないよう》がすぐに思《おも》いつかないときは、とりあえず空欄《くうらん》のままにしておいて、何日《なんにち》か経《た》ってふと思《おも》いついたときに書《か》き込《こ》んでもかまいません。前向《まえむ》きな気持《きも》ちで取《と》り組《く》みましょう。

例題解答・トレーニング記入例

完璧《かんぺき》で申《もう》し分《ぶん》のない「満点《まんてん》の作文《さくぶん》」ではなく、ふつうの小学《しょうがく》生《せい》のみなさんが書《か》くような、欠点《けってん》のある作文《さくぶん》（それでも合格点《ごうかくてん》に届《とど》くレベル）をのせています。あなたが書《か》いた作文《さくぶん》と似《に》た例《れい》もあると思《おも》いますので、コメントと見合《みあ》わせながら、これから書《か》く作文《さくぶん》の参考《さんこう》にしてください。

解説《かいせつ》とトレーニングが終《お》わったら、**もう一度《ど》例題《れいだい》にチャレンジしましょう。**次《つぎ》は合格点《ごうかくてん》が取《と》れる作文《さくぶん》が書《か》けるはずです。

ここまで取《と》り組《く》んで、一章分《しょうぶん》の学習《がくしゅう》は終了《しゅうりょう》です。それぞれの章《しょう》でやるべきことを大《おお》きく分《わ》けると次《つぎ》の四つになります。

① 問題編《もんだいへん》の例題《れいだい》をやってみる
② 解説編《かいせつへん》の解説《かいせつ》をじっくり読《よ》む
③ トレーニングに取《と》り組《く》む
④ もう一度《ど》例題《れいだい》を解《と》く

個人差《こじんさ》はあると思《おも》いますが、この四つを一日《にち》ですべてこなそうとすると、最低《さいてい》でも三、四時間《じかん》はかかってしまいます。ほかの教科《きょうか》の勉強《べんきょう》もしなければいけませんから、一気《いっき》にやってしまうのは現実的《げんじつてき》ではありませんね。月曜日《げつようび》は例題《れいだい》を解《と》いてみる、水曜日《すいようび》は解説《かいせつ》を読《よ》むというように、**学習内容《がくしゅうないよう》を細《こま》かく分《わ》けて、一章《しょう》を一週間程度《しゅうかんていど》で終《お》わらせる計画《けいかく》を立《た》てて進《すす》めることをおすすめします。**そうすれば十二章《しょう》で十二週間《しゅうかん》、およそ三ヶ月《げつ》ですべて終《お》えることになります。七月《がつ》〜九月《がつ》くらいに始《はじ》めても受検本番《じゅけんほんばん》までに余裕《よゆう》をもって終《お》わらせることができるでしょう。

読《よ》みがなについて

この本《ほん》は小学校高学年《しょうがっこうこうがくねん》（五年・六年生）が取《と》り組《く》むことを考《かんが》えて作《つく》っていますが、なかには四年生くらいから始《はじ》める人《ひと》もいるかもしれません。そのため《解説編《かいせつへん》》で使《つか》っている漢字《かんじ》には、できるだけ多《おお》くの漢字《かんじ》に読《よ》みがなをつけて、読《よ》みやすいようにしています。

ただし、**例題《れいだい》の問題文《もんだいぶん》には原文《げんぶん》にある以外《いがい》の読《よ》みがなはあえてつけませんでした。**適性検査《てきせいけんさ》の実際《じっさい》の過去問《かこもん》ですから、できるだけ本番《ほんばん》の難《むずか》しさで取《と》り組《く》んでもらうためです。

また、各章《かくしょう》のテーマに関《かん》する考《かんが》えを深《ふか》めるためのトレーニング表《ひょう》にも、同《おな》じ理由《りゆう》から、原則《げんそく》として読《よ》みがなをつけていません。

混乱注意

「作文」と「記述問題」書き方の基本

適性検査《てきせいけんさ》の作文問題《さくぶんもんだい》は、ふつうは「原稿用紙《げんこうようし》の使《つか》い方《かた》」にしたがって書《か》きます。

ここでは、勉強《べんきょう》しているうちにゴチャゴチャになってしまいやすい「作文問題《さくぶんもんだい》」と「記述問題《きじゅつもんだい》」の基本《きほん》ルールのちがいを説明《せつめい》します。

学校《がっこう》によっては問題《もんだい》ごとの決《き》まりが細《こま》かく指定《してい》されていることもありますので、そちらにしたがいましょう。

作文の基本ルール

❶段落《だんらく》の最初《さいしょ》は一マス空《あ》ける

基本中《きほんちゅう》の基本《きほん》。

初《はじ》めの段落《だんらく》で一マス空《あ》けるのを忘《わす》れてしまう人《ひと》が多《おお》いので注意《ちゅうい》しましょう。

また、作文《さくぶん》の題名《だいめい》や自分《じぶん》の名前《なまえ》はふつうは書《か》きません。題名《だいめい》を書《か》くように指示《しじ》される場合《ばあい》も、書《か》くための欄《らん》が別《べつ》に作《つく》られていることがほとんどです。

❷段落分《だんらくわ》けをする

内容《ないよう》の分《わ》かれ目《め》で段落《だんらく》を分《わ》けましょう。

二百字《じ》くらいの作文《さくぶん》なら二段落《だんらく》、四百字前後《じぜんご》なら三段落《だんらく》から四段落《だんらく》くらいでまとめるのがちょうどいいと思《おも》います。

段落分《だんらくわ》けをしすぎると内容《ないよう》に落《お》ち着《つ》きがなくなるので注意《ちゅうい》しましょう。

段落構成《だんらくこうせい》の指定《してい》がある問題《もんだい》も多《おお》くあります。設問《せつもん》の条件《じょうけん》をしっかり読《よ》みましょう。

❸文体《ぶんたい》（常体《じょうたい》・敬体《けいたい》）を統一《とういつ》する

常体《じょうたい》というのは、文末《ぶんまつ》を「～だ」とか「～である」のように終《お》わらせる文体《ぶんたい》のこと。

敬体《けいたい》は「～です」「～ます」のような、丁寧《ていねい》な表現《ひょうげん》で終《お》わる文体《ぶんたい》です。

一つの作文《さくぶん》で、「常体《じょうたい》」と「敬体《けいたい》」をいっしょに使《つか》わないようにしましょう。

多《おお》いのが、「常体《じょうたい》」で書《か》き始《はじ》めたのに、意見《いけん》や感想《かんそう》を書《か》くときになって、「敬体《けいたい》」に変《か》えてしまうというパターンです。自分《じぶん》の考《かんが》えを書《か》くときに「常体《じょうたい》」で書《か》くと、少《すこ》し偉《えら》そうな表現《ひょうげん》になってしまう気《き》がして、遠慮《えんりょ》して思《おも》わず敬語《けいご》を使《つか》ってしまうのです。

迷《まよ》うのであれば、作文《さくぶん》は「敬体《けいたい》」で書《か》いた方《ほう》が間違《まちが》いが少《すく》ないでしょう。

❹行末《ぎょうまつ》の「、」「。」は行《ぎょう》の下《した》に

行《ぎょう》のいちばん下《した》の字《じ》の次《つぎ》に「。」や「、」(句読点《くとうてん》)をつけるときには、いちばん下《した》のマスの右下《みぎした》か、マスの外《そと》に書《か》きましょう。

次《つぎ》の行《ぎょう》のいちばん上《うえ》のマスに句読点《くとうてん》をつけてはいけません。

❺とちゅうで書《か》き直《なお》したとき

ひととおり作文《さくぶん》を書《か》き終《お》えてから見直《みなお》しをしたときに、漢字《かんじ》の送《おく》り仮名《がな》の間違《まちが》いに気《き》がついて直《なお》したら、一つマスが余《あま》ってしまった——そんなことがときどきあります。

時間《じかん》に余裕《よゆう》があるなら、その段落《だんらく》の最後《さいご》までを消《け》して書《か》き直《なお》せばいいのですが、それが難《むずか》しいときには空欄《くうらん》のまま空《あ》けておいてかまいません。

■作文問題《さくぶんもんだい》の書《か》き方《かた》

　私の将来の夢は、じゅう医になることです。
　四年生のとき、飼っていた犬の元気がなく
なり、動物病院に　連れていきました。そこ

●段落《だんらく》の最初《さいしょ》は一マス空《あ》けます。
●題名《だいめい》や名前《なまえ》などは、ふつうは書《か》きません。

●後《あと》で直《なお》したときなど、どうしてもマスが余《あま》ってしまう場合《ばあい》には、空《あ》いたままにしておいてもよいですが、時間《じかん》に余裕《よゆう》があれば消《け》して書《か》き直《なお》しましょう。

●行《ぎょう》の最後《さいご》(行末《ぎょうまつ》)まで文字《もじ》がきた後《あと》に句読点《くとうてん》を打つときには、そのマスの右下《みぎした》か、マスの外《そと》に書《か》きます。

記述問題の基本ルール

❶答《こた》えの最初《さいしょ》は一マス開《あ》けない

作文《さくぶん》の問題《もんだい》でなければ、最初《さいしょ》のマスから答《こた》えを書《か》きます。初《はじ》めのうちは混乱《こんらん》しやすいところです。

❷一文《ぶん》で答《こた》えを書《か》く

記述問題《きじゅつもんだい》は、解答《かいとう》の文《ぶん》の途中《とちゅう》で「。」をつけません。**答《こた》えは原則《げんそく》、一文《ぶん》で書《か》くようにしましょう。**

ただ、字数制限《じすうせいげん》の多《おお》い問題《もんだい》(百字《じ》〜二百字《じ》)では、途中《とちゅう》で「。」をつけて区切《くぎ》ってもよいものもあります。設問《せつもん》の条件《じょうけん》に注意《ちゅうい》し

てください。

❸常体《じょうたい》で書《か》く

作文《さくぶん》でなければ敬体《けいたい》（「〜です」「〜ます」）調《ちょう》は使《つか》いません。これも初心者《しょしんしゃ》が混乱《こんらん》してしまいがちなところなので注意《ちゅうい》してください。

❹「、」「。」も一文字《もじ》に数《かぞ》える

ここが作文《さくぶん》とのちがいでいちばん注意《ちゅうい》しないといけないところです。ほとんどの適性検査《てきせいけんさ》は「『。』や『、』も一文字《もじ》に数《かぞ》える」と指定《してい》されています。作文《さくぶん》とちがい、行《ぎょう》のいちばん下《した》の文字《もじ》の**下《した》にくる「。」や「、」は、次《つぎ》の行《ぎょう》のいちばん上《うえ》にまわしましょう。**

また、字数制限《じすうせいげん》いっぱいまで書《か》いた答《こた》えの最後《さいご》に「。」をつけると**「字数《じすう》オーバー」で不正解になってしまうことがあります。**注意《ちゅうい》してください。

❺答《こた》えの文末《ぶんまつ》に注意《ちゅうい》

問題《もんだい》で何《なに》を問《と》われているのかを意識《いしき》して、答《こた》えの文末《ぶんまつ》を決《き》めましょう。

・なぜですか／理由《りゆう》を書《か》きなさい↓「〜から。」
・どんな気持《きも》ちですか↓「〜気持《きも》ち。」
・どのようなことですか↓「〜こと。」
・何《なん》ですか↓「〜名詞《めいし》（ものの名前《なまえ》を表《あらわ》す言葉《ことば》）。」

ほかにもいくつかありますが、「どんな□」「どのような□□」と問《と》われたら、ふつうは「□□。」が解答《かいとう》の文末《ぶんまつ》になります。

❻途中《とちゅう》で書《か》き直《なお》したとき

字数制限《じすうせいげん》のある問題《もんだい》を途中《とちゅう》で書《か》き直《なお》してマスが余《あま》ったり、足《た》りなくなったりしたときは、余《あま》った部分《ぶぶん》から下《した》を消《け》してきれいに書《か》き直《なお》しましょう。ここも作文《さくぶん》とちがうところです。

■作文問題《さくぶんもんだい》と記述問題《きじゅつもんだい》の基本《きほん》ルールのちがい

作文問題《さくぶんもんだい》		記述問題《きじゅつもんだい》
段落《だんらく》の最初《さいしょ》は一マス空《あ》ける	文頭《ぶんとう》	最初《さいしょ》のマスから答《こた》えを書《か》く
内容《ないよう》の分《わ》かれ目《め》で段落《だんらく》を変《か》える	改行《かいぎょう》	答《こた》えは原則《げんそく》、一文《ぶん》で書《か》く（途中《とちゅう》で「。」をつけない）
常体《じょうたい》（〜だ・である調《ちょう》）か敬体《けいたい》（〜です・ます調《ちょう》）で統一《とういつ》	文体《ぶんたい》	敬体《けいたい》は使《つか》わない 聞かれていることに注意《ちゅうい》して文末《ぶんまつ》を決《き》める
行末《ぎょうまつ》の文字《もじ》の下《した》に句読点《くとうてん》がつくときにはいちばん下《した》のマスの右下《みぎした》に書《か》く	句読点《くとうてん》	行末《ぎょうまつ》の文字《もじ》の下《した》に句読点《くとうてん》がつくときには次《つぎ》の行《ぎょう》の最初《さいしょ》のマスに書《か》く
文章《ぶんしょう》を書《か》き直《なお》してマスが余《あま》ったときには、時間《じかん》がなければそのままにしておく	書《か》き直《なお》し	答《こた》えを書《か》き直《なお》してマスが余《あま》ったときには、余《あま》った部分《ぶぶん》から下《した》を消《け》して書《か》き直《なお》す

第1部

読解《どっかい》テクニック習得編《しゅうとくへん》

第《だい》1章《しょう》から第《だい》3章《しょう》では、適性検査《てきせいけんさ》の国語分《こくごぶん》野《や》や作文《さくぶん》問題《もんだい》で高得点《こうとくてん》を取《と》るために必要《ひつよう》な、文章《ぶんしょう》の読解《どっかい》テクニックについて解説《かいせつ》します。

キーワードは「メッセージを見《み》つける」。つまり問題文《もんだいぶん》の筆者《ひっしゃ》のいちばん伝《つた》えたいことを探《さが》し出すこと。文章《ぶんしょう》を読《よ》みとるときには、これが最重要《さいじゅうよう》ポイントです。

メッセージを見《み》つけることができるようになったら、次《つぎ》は二つ以上《いじょう》の文章《ぶんしょう》を読《よ》んで、それぞれのメッセージを「比《くら》べる」練習《れんしゅう》をしましょう。「比《くら》べることは、考《かんが》えること」。これが理解《りかい》できれば、あなたの読解力《どっかいりょく》は間違《まちが》いなくステップアップします。

第1章

筆者《ひっしゃ》の思《おも》いにふれよう

メッセージを見《み》つける

結局《けっきょく》、何《なに》が言《い》いたいの？

さっそく問題《もんだい》に取《と》り組《く》んでみましょう。

とはいえ、最初《さいしょ》は作文《さくぶん》ではありません。公《こう》立《りつ》・私立《しりつ》を問《と》わず、国語《こくご》の問題《もんだい》でいちばん大切《たいせつ》な考《かんが》え方《かた》をここで学《まな》んでいきます。

それは「筆者《ひっしゃ》のメッセージ」を読《よ》みとること。筆者《ひっしゃ》が文章《ぶんしょう》を通《とお》して読者《どくしゃ》に何《なに》を伝《つた》えたいのかが分《わ》かれば、その文章《ぶんしょう》を理解《りかい》した、つまり「読《どっ》解《かい》した」ことになります。

例題

千葉県立千葉中学校《ちばけんりつちばちゅうがっこう》　二〇一五年

私《わたし》たちは事を成しとげることを「花を咲《さ》かせる」と言う。雑草にとっても花を咲かせることはとても大切なことである。しかし、雑草の生きる環境《かんきょう》は※1苛酷《かこく》である。栄養分が足りない時、環境にめぐまれない時、雑草は小さな花をやっと1つしか咲かせられないことがある。

※2ナズナの花もいくつかの花が集まって咲いている。ちょうど菜の花と同じ咲き方である。しかし、たった1つか2つの花しか咲かせていない時がある。そんなナズナの個体※3を見せて「これは何の植物でしょうか？」ときいてもわからない人が多い。私たちがイメージするナズナとはまるで別の植物なのである。

確かに、咲かせているのはたった1つか2つのごく小さな花に過ぎない。しかし、ゼロと1では天と地ほどのちがいがある。大輪の花を夢見てばかりで何もしないよりも、雑草は小さな花1つでもいいから、まず咲かせることを大切にしている。小さな花をつければわずかでも種子を残すことができる。その種子は芽を出し、やがて再び花を咲かせることだろう。そうして雑草は苛酷な環境下で命をつないでいるのである。

どうせなら大輪の花を咲かせたい、そんな思いはおそらく雑草も同じであろう。花が大きいほうが昆虫《こんちゅう》に発見されやすく、受粉の機会が増えるからである。しかし、大輪の花を咲かせる労力は並大抵《なみたいてい》※4ではない。

それではどうするのか。雑草の戦略は極《きわ》めて巧妙《こうみょう》※5である。小さな花をたくさん咲かせるのである。小さな花を咲かせることはさほど難《むずか》しくない。しかし、「チリも積もれば山となる」の至言《しげん》※6どおり、小さな花をたくさん集めて咲かせることで大輪の花に負けない大きさにするのである。

（稲垣栄洋《いながきひでひろ》『雑草は踏《ふ》まれても諦《あきら》めない』〈中公新書ラクレ〉より）

【注】
※1 苛酷　あまりにも厳《きび》しいこと。むごいこと。
※2 ナズナ　春の七草の一つ。白くて小さな花が咲く。
※3 個体　一つ一つのもの。
※4 並大抵　ふつうの程度であること。ひととおり。
※5 巧妙　非常にやり方がうまいこと。
※6 至言　ある事がらを適切に言い当てた言葉。

問一　筆者は、雑草の花の咲かせ方を「ゼロと1では天と地ほどのちがいがある」とたとえていますが、それはどのようなちがいだと考えているのでしょうか。

問二　雑草にとって「小さな花を咲かせること」は、どのような結果につながると筆者は考えているのでしょうか。雑草の花の咲かせ方にふれながら、書きなさい。

解説

メッセージとは

文章《ぶんしょう》の種類《しゅるい》によって、筆者《ひっしゃ》のいちばん言《い》いたいことは呼《よ》び方《かた》がちがいます。

説明文《せつめいぶん》・論説文《ろんせつぶん》——主旨《しゅし》・主張《しゅちょう》

何《なに》かについて説明《せつめい》することを通《とお》して、読者《どくしゃ》に伝《つた》えたいことです。

ふつうは「〜するべきだ」という意見《いけん》の形《かたち》になっています。

例 **地球環境《ちきゅうかんきょう》を守《まも》るべきだ／分《わ》かりやすい言葉《ことば》で話《はな》すべきだ**

物語《ものがたり》・小説《しょうせつ》——主題《しゅだい》・テーマ

主人公《しゅじんこう》の気持《きも》ちや行動《こうどう》、あるいは物語《ものがたり》の展開《てんかい》や結末《けつまつ》を通《つう》じて、読者《どくしゃ》にうったえかけたいことです。

説明文《せつめいぶん》のような「意見《いけん》」の形《かたち》をとることもありますが、読者《どくしゃ》に考《かんが》えることをうながすためにあえて疑問《ぎもん》の形《かたち》で終《お》わらせたり、問題《もんだい》を投《な》げかけたりするメッセージもあります。

例 **戦争《せんそう》はよくない／友情《ゆうじょう》の大切《たいせつ》さ／仕事《しごと》と家庭《かてい》**

随筆《ずいひつ》——主題《しゅだい》・テーマ

筆者《ひっしゃ》の思《おも》いを文章《ぶんしょう》に表《あらわ》したものを随筆《ずいひつ》と言《い》います。内容《ないよう》によって物語《ものがたり》に近《ちか》いものもあれば、説明文《せつめいぶん》に近《ちか》いものもあります。随筆《ずいひつ》は物語《ものがたり》と同《おな》じ「文学作品《ぶんがくさくひん》」なので、筆者《ひっしゃ》の言《い》いたいことは物語《ものがたり》と同《おな》じように「主題《しゅだい》（テーマ）」と呼《よ》ばれます。

ただし、政治《せいじ》や世界《せかい》の動向《どうこう》へのはっきりとした意見《いけん》や若者《わかもの》へのアドバイスが書《か》かれていることも多《おお》く、その場合《ばあい》は「意見《いけん》」や「主張《しゅちょう》」と考《かんが》えた方《ほう》が分《わ》かりやすいでしょう。

例 **少年《しょうねん》のころのほろ苦《にが》い思《おも》い出《で》／母《はは》との別《わか》れ／お金《かね》の大切《たいせつ》さ**

詩《し》——感動《かんどう》の中心《ちゅうしん》

詩《し》は作者《さくしゃ》の感動《かんどう》を短《みじか》い言葉《ことば》にまとめたものです。当然《とうぜん》、読者《どくしゃ》に伝《つた》えたいことはその感動《かんどう》の内容《ないよう》です。ただし、詩《し》によっては社会問題《しゃかいもんだい》などに対《たい》する意見《いけん》や、年長者《ねんちょうしゃ》から若《わか》い人《ひと》に向《む》けた人生《じんせい》に対《たい》する教訓《きょうくん》がメッセージの中心《ちゅうしん》になることもあります。

例 **春《はる》の訪《おとず》れのよろこび／人間《にんげん》らしく生《い》きていきなさい**

この本《ほん》では、これらをすべてまとめて**筆者《ひっしゃ》のメッセージ**と呼《よ》ぶことにします。ちなみに、文章《ぶんしょう》のなかでも物語《ものがたり》や詩《し》など、文学作《ぶんがくさく》品《ひん》を書《か》いた人《ひと》のことはふつう「作者《さくしゃ》」と呼《よ》びますが、「筆者《ひっしゃ》」に統一《とういつ》します。

文章《ぶんしょう》の種類《しゅるい》が何《なん》であれ、みなさんが問題文《もんだいぶん》を読《よ》むときにいちばん気《き》をつけないといけないのは、筆者《ひっしゃ》のメッセージをつかむことです。

ポイント
文章《ぶんしょう》の読解《どっかい》でいちばん大切《たいせつ》なのは、筆者《ひっしゃ》のメッセージを読《よ》みとること。

「事実」と「意見」に分ける

メッセージを見《み》つけるのに大切《たいせつ》なのは、文章《ぶんしょう》のなかのそれぞれの部分《ぶぶん》が「**事実**《じじつ》」を述《の》べている部分《ぶぶん》（客観的《きゃっかんてき》な事実《じじつ》）なのか、それとも筆者《ひっしゃ》の「**考**《かんが》**え**」を述《の》べている部分《ぶぶん》（主観的《しゅかんてき》な見解《けんかい》）なのかを見分《みわ》けることです。

メッセージは筆者《ひっしゃ》が読者《どくしゃ》に伝《つた》えたいことですから、当然《とうぜん》「考《かんが》え」を述《の》べている部分《ぶぶん》のなかに入《はい》っています。

ある文《ぶん》が「事実《じじつ》」を述《の》べているのか「考《かんが》え」を述《の》べているのか、見分《みわ》けるのは難《むずか》しいことではありません。ほとんどの場合《ばあい》、文《ぶん》末《まつ》を見《み》れば区別《くべつ》することができます。

「あの人《ひと》が犯人《はんにん》だ。」

これはふつう、「事実《じじつ》」を述《の》べた文《ぶん》です。言《い》っている人《ひと》が思《おも》い込《こ》んでいるだけで、本当《ほんとう》は事実《じじつ》ではないかもしれませんが、少《すく》なくとも発言《はつげん》している本人《ほんにん》は事実《じじつ》だと信《しん》じています。

「あの人《ひと》は犯人《はんにん》だと思《おも》う。」

これはどうでしょう。わかりますね。この文《ぶん》は「あの人《ひと》が犯《はん》人《にん》なのかどうか、事実《じじつ》としてははっきりしていないけれど、私《わたし》は犯人《はんにん》だと考《かんが》えている」という意味《いみ》です。つまり、これは「考《かんが》え」を述《の》べた文《ぶん》なのです。

「〜だと思《おも》う」、「〜のはずだ」、「〜ではないだろうか」、「〜にちがいない」、「〜のようだ」といった表現《ひょうげん》は、すべて筆者《ひっしゃ》の「考《かんが》え」であることを表《あらわ》しています。基本的《きほんてき》ですが、ここに注《ちゅう》目《もく》できるかどうかが、筆者《ひっしゃ》のメッセージを読《よ》み取《と》るときに大切《たいせつ》な分《わ》かれ道《みち》になります。

今回《こんかい》の問題文《もんだいぶん》で、文末《ぶんまつ》を見《み》てすぐに「考《かんが》え」を述《の》べていることが分《わ》かる部分《ぶぶん》が一ヶ所《しょ》あります。

「その種子は芽を出し、やがて再び花を咲かせることだろう。」

「どうせなら大輪の花を咲かせたい、そんな思いはおそらく雑草も同じであろう。」

文章《ぶんしょう》のメッセージを見《み》つけるヒントは、ほかにもいくつかあります。

これらを知《し》っているかどうかで、文章《ぶんしょう》の読《よ》み方《かた》は全《まった》く別物《べつもの》といっていいほど変《か》わります。次《つぎ》の四点《てん》を必《かなら》ず覚《おぼ》えておいてください。

❶最初《さいしょ》の段落《だんらく》・最後《さいご》の段落《だんらく》

筆者《ひっしゃ》の意見《いけん》は文章《ぶんしょう》の最初《さいしょ》か最後《さいご》にまとめて書《か》いてあることが少《すく》なくありません。最初《さいしょ》の段落《だんらく》には筆者《ひっしゃ》の意見《いけん》だけでなく、文《ぶん》章全体《しょうぜんたい》の話題《わだい》が書《か》かれていることも大変多《たいへんおお》いので、必《かなら》ずチェックします。

❷段落《だんらく》の最初《さいしょ》・段落《だんらく》の最後《さいご》

「あれ、①と同《おな》じなんじゃ……?」と思《おも》った人《ひと》、よく見比《みくら》べてください。

最初《さいしょ》と最後《さいご》の段落《だんらく》ではなくて「段落《だんらく》の最初《さいしょ》と最後《さいご》」です。それぞれの段落《だんらく》の最初《さいしょ》の文《ぶん》と最後《さいご》の文《ぶん》に注目《ちゅうもく》しましょう。段落《だんらく》ごとのテーマがつかみやすくなります。

❸しかし、つまり、したがって

言葉《ことば》と言葉《ことば》、文《ぶん》と文《ぶん》、段落《だんらく》と段落《だんらく》をつなぐ言葉《ことば》のことを「接《せつ》続詞《ぞくし》」といいます。接続詞《せつぞくし》にはたくさんの種類《しゅるい》がありますが、なかでもこの三つには特《とく》に注意《ちゅうい》してください。

しかし　前《まえ》と後《うし》ろで反対《はんたい》のことを言《い》う接続詞《せつぞくし》を逆説《ぎゃくせつ》の接《せつ》続詞《ぞくし》といいます。「しかし」はその代表格《だいひょうかく》です。

逆接《ぎゃくせつ》の接続詞《せつぞくし》の後《あと》の部分《ぶぶん》は要《よう》チェック。わざわざ反対《はんたい》のことを言《い》うということは、その後《あと》で強調《きょうちょう》したい自分《じぶん》の意見《いけん》がくる場《ば》合《あい》がとても多《おお》いのです。

「しかし」以外《いがい》にも、「だが」「ところが」「でも」のような接《せつ》続詞《ぞくし》、接続詞《せつぞくし》ではなくても「~だが」「~だけど」のように、上《うえ》の言葉《ことば》とくっついて逆接《ぎゃくせつ》の働《はたら》きをする表現《ひょうげん》(「接続助詞《せつぞくじょし》」といいます)にも注目《ちゅうもく》しましょう。ただ、それらの中《なか》でもいちばん強調《きょうちょう》の度合《どあ》いが大《おお》きいのは「しかし」です。

つまり　この接続詞《せつぞくし》は、それまで書《か》いてきた具体例《ぐたいれい》をまとめて短《みじか》く言《い》いかえる働《はたら》きがあります。ですから「つまり」のすぐ後《あと》に、筆者《ひっしゃ》のメッセージが書《か》かれていることが多《おお》いのです。

「すなわち」や「言《い》いかえれば」、難《むずか》しい表現《ひょうげん》になると「換言《かんげん》すれば」「別言《べつげん》すれば」なども、同《おな》じ働《はたら》きをします。

したがって　それまで書《か》いてきたことが理由《りゆう》となって、結論《けつろん》を書《か》きたいときに「したがって」を使《つか》います。ですから当然《とうぜん》、この接続詞《せつぞくし》の後《あと》には結論《けつろん》にあたる内容《ないよう》が続《つづ》きます。結論《けつろん》というのは、ほとんどの場合《ばあい》、筆者《ひっしゃ》の意見《いけん》です。

「だから」や「ですから」も同《おな》じ仲間《なかま》ですが、意味《いみ》の強《つよ》さは「したがって」がいちばんですので、見《み》つけたらチェックするようにしましょう。

❹大切《たいせつ》さを強調《きょうちょう》する文末《ぶんまつ》

「〜することは大切《たいせつ》である」とか「必要《ひつよう》である」とか「しなければならない」など、「大切《たいせつ》だ」ということがはっきりと示《しめ》されている文末《ぶんまつ》は、チェックしましょう。

知《し》っておいてほしいのは、**筆者《ひっしゃ》も自分《じぶん》のメッセージを読者《どくしゃ》に伝《つた》えたいと思《おも》っている**ということ。そのために、いちばん伝《つた》えたいことは目立《めだ》つところに書《か》こうとしますし、「これを伝《つた》えたい」ということが分《わ》かるような表現《ひょうげん》をします。右《みぎ》の❶から❹までは、そうした「大切《たいせつ》だよ」ということを知《し》らせるための方法《ほうほう》なのです。

ポイント

①文章《ぶんしょう》を「事実《じじつ》」と「意見《いけん》」に分《わ》けるときには文末《ぶんまつ》で区別《くべつ》する。

②メッセージが書《か》かれている部分《ぶぶん》には目印《めじるし》がある。

答えを「見つける」

では、問題《もんだい》を見《み》ていきましょう。

一問目《もんめ》です。「筆者は、雑草の花の咲かせ方を『ゼロと1では天と地ほどのちがいがある』とたとえていますが、それはどのようなちがいだと考えているのでしょうか。」

まずは問《と》われていることに注目《ちゅうもく》しましょう。今回《こんかい》の例題《れいだい》は作《さく》文《ぶん》ではありません。国語《こくご》の記述問題《きじゅつもんだい》で最初《さいしょ》に考《かんが》えることは、**答《こた》えの文末《ぶんまつ》を何《なに》にするのか**ということです。みなさんすぐに分《わ》かりますか。

記述問題《きじゅつもんだい》の文末《ぶんまつ》を決《き》めるときには、「ど」に注目《ちゅうもく》します。なんだ、それ？　と思《おも》うかもしれませんが、問題《もんだい》のなかに「ど」を探《さが》してみてください。

「それはどのようなちがいだと考えているのでしょうか。」ありましたね。「どのような」とか「どんな」など、記述問題《きじゅつもんだい》の答《こた》えの文末《ぶんまつ》は、こうした言葉《ことば》の直後《ちょくご》にくる言葉《ことば》です。つまりこの問題《もんだい》の場合《ばあい》は、「〜ちがい。」で終《お》わらせるのが正《ただ》しい答《こた》えの書《か》き方《かた》です。

問題《もんだい》に慣《な》れていない人《ひと》はここの部分《ぶぶん》がはっきりせず、なんでもやたらと「から。」で終《お》わらせようとしたり、「〜だと思《おも》います。」といった、授業中《じゅぎょうちゅう》の発言《はつげん》のような書《か》き方《かた》をしてしまいがちです。答《こた》えの内容《ないよう》がよければ完全《かんぜん》な不正解《ふせいかい》にはならないこともありますが、減点《げんてん》されてしまうことが多《おお》く考《かんが》えもまとまりにくくなるので、正《ただ》しい文末《ぶんまつ》で答《こた》えられるようになりましょう。

もう一《ひと》つ。この問題《もんだい》が「ちがい」を答《こた》える問題《もんだい》だということにも注意《ちゅうい》です。ちがいというのは「二《ふた》つのもの」の間《あいだ》にあるものですね。ですから、答《こた》えのなかにも「何《なに》と何《なに》との、どういうちがい」という書《か》き方《かた》をしなければいけません。

傍線部《ぼうせんぶ》（線《せん》の引《ひ》いてあるところ）には、「ゼロと1では天地ほどのちがいがある」と書《か》かれています。「ゼロ」、「1」とは何《なん》の数《かず》だったでしょう。分《わ》かりますね、植物《しょくぶつ》（雑草《ざっそう》）がつける花《はな》の数《かず》です。

花《はな》の数《かず》がゼロなのか、1なのかで、筆者《ひっしゃ》はどんなちがいがあると考《かんが》えているのか。傍線部《ぼうせんぶ》の近《ちか》くから、筆者《ひっしゃ》の「考《かんが》え」や「メッセージ」にあたる部分《ぶぶん》を見《み》つけて、答《こた》えを考《かんが》えていきます。段《だん》落《らく》の後半《こうはん》に、筆者《ひっしゃ》の「考《かんが》え」を述《の》べた部分《ぶぶん》がありました。

「小さな花をつければわずかでも種子を残すことができる。その種子は芽を出し、やがて再び花を咲かせることだろう。」

この部分《ぶぶん》で答《こた》えを作《つく》ることができます。

二問目《にもんめ》にいきましょう。「雑草にとって『小さな花を咲かせること』は、どのような結果につながると筆者は考えているのでしょうか。雑草の花の咲かせ方にふれながら、書きなさい。」

こちらも「事実《じじつ》」ではなく「筆者《ひっしゃ》の考《かんが》え」を問《と》うている問題《もんだい》であることに注意《ちゅうい》してください。そして、この問題文《もんだいぶん》は全体《ぜんたい》が「雑草《ざっそう》が小《ちい》さな花《はな》を咲《さ》かせること」について書《か》かれたものですから、この問題《もんだい》は文章全体《ぶんしょうぜんたい》で筆者《ひっしゃ》が言《い》いたいこと、つまり筆者《ひっしゃ》のメッセージを問《と》うている問題《もんだい》なのです。「どのような結果《けっか》につながると筆者《ひっしゃ》は考《かんが》えていますか」と問《と》われていますから、解《かい》答《とう》の文末《ぶんまつ》は「結果《けっか》。」です。

これまで見《み》てきた考《かんが》え方《かた》から、筆者《ひっしゃ》が力《ちから》を込《こ》めて説明《せつめい》してきた「メッセージ」にあたる部分《ぶぶん》を見《み》つけていきましょう。まず**最初《さいしょ》の段落《だんらく》の終《お》わり**に、接続詞《せつぞくし》の「しかし」があります。その直後《ちょくご》の二文《ぶん》を見《み》てみましょう。

「雑草の生きる環境《かんきょう》は苛酷《かこく》である。栄養分が足りない時、環境にめぐまれない時、雑草は小さな花をやっと1つしか咲かせられないことがある。」

小《ちい》さな花《はな》の話《はなし》が出《で》ていますね。まとめると「苛《か》酷《こく》な環境《かんきょう》の中《なか》で、雑草《ざっそう》は小《ちい》さな花《はな》を1つしか咲《さ》かせられないことがある。」ということです。

二段落目《だんらくめ》は問一で見《み》たとおりです。段落《だんらく》の始《はじ》めはナズナについての「事実《じじつ》」（具体例《ぐたいれい》）で始《はじ》まっていますから、メッセージではありません。

「小さな花をつければわずかでも種子を残すことができる。その種子は芽を出し、やがて再び花を咲かせることだろう。そうして雑草は苛酷な環境下で命をつないでいるのである。」

小《ちい》さな花《はな》をつけることによって、わずかでも子孫《しそん》を残《のこ》し、命《いのち》をつなぐことができることが書《か》かれています。

これで正解《せいかい》に必要《ひつよう》なことがすべてそろったような気《き》もしますが、ちょっと待《ま》ってください。問題《もんだい》の設問文《せつもんぶん》には「雑草の花の咲かせ方にふれながら」という条件《じょうけん》がわざわざついています。雑草《ざっそう》は「どのように」小《ちい》さな花《はな》をつけるのでしょうか。この先《さき》の段落《だんらく》に書《か》いてあります。

四段落目《だんらくめ》は、大輪《たいりん》の花《はな》を咲《さ》かせることについてふれた段落《だんらく》です。短《みじか》い段落《だんらく》ですが、「であろう」という文末表現《ぶんまつひょうげん》でわかるように最初《さいしょ》の文《ぶん》は筆者《ひっしゃ》の「考《かんが》え」が書《か》いてあり、最後《さいご》の文《ぶん》は「しかし」につながっているので強調《きょうちょう》して伝《つた》えたい部分《ぶぶん》であることが分《わ》かります。

「どうせなら大輪の花を咲かせたい、そんな思いはおそらく雑草も同じであろう。花が大きいほうが昆虫《こんちゅう》に発見されやすく、受粉の機会が増えるからである。しかし、大輪の花を咲かせる労力は並大抵《なみたいてい》ではない。」

雑草《ざっそう》も大《おお》きな花《はな》を咲《さ》かせたいにちがいないと、筆者《ひっしゃ》は考《かんが》えています。花《はな》がきれいだからというような理由《りゆう》ではありません。花《はな》が大《おお》きい方《ほう》が、昆虫《こんちゅう》に見《み》つけられて受粉《じゅふん》の機会《きかい》が増《ふ》えるからです。「しかし」の後《あと》で強調《きょうちょう》されているのは、「大輪の花を咲かせる労力は並大抵ではない」ということ。これは一段落目《だんらくめ》でも同《おな》じようなことが書《か》かれていました。

最後《さいご》の段落《だんらく》を見《み》ましょう。筆者《ひっしゃ》のメッセージが書《か》かれていることが最《もっと》も多《おお》い段落《だんらく》です。

「それではどうするのか。雑草の戦略は極《きわ》めて巧妙《こうみょう》である。小さな花をたくさん咲かせるのである。小さな花を咲かせることはさほど難《むずか》しくない。しかし、「チリも積もれば山となる」の至言《しげん》どおり、小さな花をたくさん集めて咲かせることで大輪の花に負けない大きさにするのである。」

「極《きわ》めて巧妙《こうみょう》である」というのは、「とてもよくできている」というくらいの意味《いみ》ですが、これは「事実《じじつ》」ではなく筆者《ひっしゃ》の考《かんが》えにもとづく「評価《ひょうか》」です。その後《あと》に続《つづ》くのは「小さな花をたくさん咲かせる」こと。問題《もんだい》で問《と》われていた「雑草の花の咲かせ方」というのは、この「たくさん咲かせる」という部分《ぶぶん》ですね。
では、たくさん咲《さ》かせることがなぜそんなに「巧妙《こうみょう》」なのか。
それは文章《ぶんしょう》の最後《さいご》、「しかし」の後《あと》に書《か》かれていますね。

ポイント

①記述《きじゅつ》問題《もんだい》は文末《ぶんまつ》に注意《ちゅうい》。
②筆者《ひっしゃ》のメッセージにあたる部分《ぶぶん》を、法則《ほうそく》にしたがって見《み》つけていこう。

似た問題を出す学校

この章《しょう》であつかった「文章《ぶんしょう》のメッセージを見《み》つける」というテーマは、公立中高一貫校《こうりつちゅうこういっかんこう》だけでなく、あらゆる中学《ちゅうがく》、高校《こうこう》、大学入試《だいがくにゅうし》の国語《こくご》の問題《もんだい》で重要《じゅうよう》なものです。
今回《こんかい》の例題《れいだい》の**千葉県立千葉中学校**《ちばけんりつちばちゅうがっこう》は、この問題以外《もんだいいがい》に放送《ほうそう》による作文問題《さくぶんもんだい》が例年出題《れいねんしゅつだい》されています。このように、公立中高《こうりつちゅうこう》一貫校《いっかんこう》の国語《こくご》の適性検査《てきせいけんさ》では、作文以外《さくぶんいがい》に長《なが》めの記述問題《きじゅつもんだい》が多《おお》く出題《しゅつだい》されます。文章《ぶんしょう》を読《よ》み解《と》くうえで最《もっと》も大切《たいせつ》な「筆者《ひっしゃ》のメッセージ」を的確《てきかく》につかむ練習《れんしゅう》を、たくさん積《つ》んでいきましょう。

トレーニング

文章《ぶんしょう》のメッセージを見《み》つけよう

最初《さいしょ》のトレーニングは、例文《れいぶん》を読《よ》んで「考《かんが》え」を述《の》べている部分《ぶぶん》に線《せん》を引《ひ》くというものです。その後《あと》、「筆者《ひっしゃ》のメッセージ」にあたる部分《ぶぶん》をまとめてみましょう。
この章《しょう》の解説《かいせつ》で身《み》につけたことを使《つか》えば、難《むずか》しい問題《もんだい》ではありません。気軽《きがる》にチャレンジしてみてください。

トレーニング 文章のメッセージを見つけよう

❶文章の「考え」にあたる部分に線を引こう。

　スマートフォン、略して「スマホ」が世の中に現れて数年がたつ。今ではスマホ以外の携帯電話は「ガラケー」と呼ばれ、使用者は少数派になってしまった。「スマホを持ってないんです」と告白すると、あからさまな軽べつの視線を投げつけてくる人もいる。スマホひとつ使いこなせないわたしのことを「時代おくれの原始人」とでも思っているにちがいない。

　便利で機能的、そのうえスタイリッシュ。電話機能はもちろんのこと、映像の送受信や道案内、ＳＮＳを利用した安価で気軽な人との「つながり」、内臓カメラの性能も年々向上している。おまけに退屈なときには読書やゲームまで楽しめるのだから、使い慣れた人にとっては生活から切りはなすことなど考えられないのだろう。

　スマホの魅《み》力を、私ももちろん感じている。購入・契約のためのお金がないというわけでもない（もったいない、という感覚はあるが）。それでも私がいまだガラケーに踏みとどまっているのは、心にひっかかるある情景があるからである。乗客の全員がスマートフォンの小さな画面を吸い込まれるように見つめている、電車のなかのよくある風景である。

　スマホに依存する人たち。私もこの人たちの一人になってしまうのだろうか。スマホを持っている人であっても、「品格」を保つことのできる人、つまりスマホに依存せずに、単なる道具として使いこなすことができる人は少なくないだろう。しかし私には自信がない。便利な道具に魅入られて、電車の中で食い入るように画面を見つめる人になってしまうのではないかという不安が消えるまで、購入は先のばしにするつもりである。

❷筆者のメッセージをまとめよう。

第2章

どこが同《おな》じでどこがちがう？ 二文《ぶん》を比《くら》べる①

読《よ》んで、比《くら》べて、考《かんが》える

二つ、または三つの文章《ぶんしょう》を読《よ》んで、その内容《ないよう》を比《くら》べる。公立中高一貫校《こうりつちゅうこういっかんこう》の適性検査《てきせいけんさ》には、よくこのような形式《けいしき》の問題《もんだい》が出題《しゅつだい》されます。私立《しりつ》の中学入試《ちゅうがくにゅうし》の問題《もんだい》には見《み》られないパターンです。

今回《こんかい》の例題《れいだい》は難《むずか》しい問題《もんだい》ですが、じっくり考《かんが》えて、出題《しゅつだい》の形式《けいしき》に慣《な》れるようにしてください。

例題

京都市立西京高等学校附属中学校《きょうとしりつさいきょうこうとうがっこうふぞくちゅうがっこう》　二〇一五年改題

二〇一一年三月に起こった東日本大震《しん》災の後、さまざまな立場にある大人たちから十代（主に中学生、高校生）の子どもたちに発信されたメッセージが多くあります。次の【問題文A】と【問題文B】の文章は、それらの一部分です。これらの文章を読んで、あとの問いに答えなさい。

問題文A

二〇一一年三月十一日に東北地方を中心とする東日本を襲《おそ》った大地震と大津波、そして福島第一原子力発電所の事故をきっかけに、科学のことは専門家に任せておけば大丈夫だという安心感は大きく揺《ゆ》らぎました。今回の震災や事故について、記者会見に臨《のぞ》んだ政府関係者や科学者からは

「想定外」という言葉がさかんに発せられました。これを責任のがれの言い訳と感じた人は多かったと思います。でも少し科学者と話をしてみれば、必ずしもそうばかりではないことがわかります。

ある科学者はいいました。「地震学は経験に基《もと》づく学問なので、一度も起きたことがないことを想定して何かをしなさいとはいえないのです。」つまり、過去に起きた地震の記録や世界トップクラスといわれる観測網《もう》をもってしても、今回の地震は予測できなかったということなのです。となればこれからの防災計画は、マグニチュードいくつ、といった数値を前提とする耐《たい》震基準だけでなく、防災教育や避《ひ》難路や情報ネットワークのあり方などを総合的に組み合わせて、どんな規模の震災が起きたとしても被《ひ》害を軽減できるようにするためにはどうすればいいか、を前提とするシステムをつくる必要があることに気づきます。

原発事故についても、何が本当に正しいのかが判然とせず、次々と押し寄せる情報にだれもがふり回されました。放射線量測定器の正しい使い方もわからない。でも測らないではいられない。幼い子どもを持つお母さんたちをはじ

め一般《いっぱん》市民の中には、科学者を講師に招いて勉強会を開いた人たちもいます。情報の海におぼれそうになりながらも、これまでの科学研究でわかっていることとそうでないことをより分け、手にしたデータをもとに自分の頭で判断しようと動き始めました。これまでどこか遠いもののように思っていた科学は、私たちの日々の暮らしやからだに密接に結びつくこと、つまり私たちの内部にあると感じた人も多かったのではないでしょうか。

科学的に考える。それは過去に積み重ねられたさまざまな事実をふまえた上で、新たに得られたデータやその多面的な分析《せき》をもとに、平らな心で真理を追究しようとする姿勢を意味します。なんだかむずかしそうと思うかもしれませんが、決してそうではなく、ちょっとした心がけでだれにでも身につけられるものだということをこれからお話ししていきましょう。ただその前に、実際の科学者がどんなことを考えながら研究を行《おこな》っているのかについてご紹介《しょうかい》したいと思います。

私はこれまで雑誌や本をつくる仕事をしてきました。ノーベル賞を受賞した第一線の科学者をはじめ、さまざま

な分野で活躍《やく》する国内外の科学者のインタビューをしたこともあります。彼らがどんな子ども時代を過ごし、なぜ科学者になったのかといった生《お》い立ちを聞くのは楽しいひとときです。ブレークスルーと呼ばれる常識を打ち破る画期的な発明や発見を成しとげた人に、その瞬《しゅん》間に至るまでの道のりについて説明してもらうときはミステリー小説を読んでいるかのようにワクワクします。

　GFP※という言葉を聞いたことはありますか。緑色の蛍《けい》光を発することから、生きた生物の体内で特定の遺伝子が機能しているかどうかを調べる目印として、医学研究などでさかんに利用されているたんぱく質です。アメリカのウッズホール海洋生物学研究所特別上席研究員の下村脩《しもむらおさむ》※博士は、GFPを発光生物のオワンクラゲから発見した功績によって、二〇〇八年にノーベル化学賞を受賞しました。選考委員会はGFPを「生命科学を導く星」と称《たた》えましたが、下村博士は、発見は純粋《すい》な好奇《き》心に導かれたもので応用は考えていなかったといい、受賞記念講演でも「GFP発見は、天の導きによるものであり、天は私を使って人類にGFPを与えたのではないかと思うことがあります。」と語りました。

　下村博士にお会いしてまず意外だったのは、GFPは、一九六〇年代にオワンクラゲの発光物質であるイクオリン※を発見したときの副産物であって、当時は科学界でもまるきり注目されなかったということです。イクオリンはカルシウムを検出する薬品として役に立ったことから、下村博士は「ミスター・イクオリン」として有名になったほどでした。

　それでも、いつかきっとGFPが必要になる日がくると考えた下村博士は、これを精製して保管しておくことにしました。なぜなら、イクオリンとGFPが最後の最後まで双子のようにくっついていたからです。気になることはまだありました。オワンクラゲは緑色に光りますが、イクオリンは単体では青く光ります。オワンクラゲの発光物質がイクオリンだけなら青く光るはずなのに……。下村博士はそれが不可解でならなかったのです。

　当時の科学者の間では、生物が光る現象は、ルシフェリンという化合物とルシフェラーゼという酵《こう》素の反応によって起こると考えられていました。ホタルやウミホタルはこの反応で光ります。ところがオワンクラゲの発光はこれまでの定説では説明できません。

下村博士がその仕組みを発見したのは、それから一〇年以上経ってからのことでした。イクオリンとGFPが接近する状況《きょう》を実験的につくったところ、イクオリンがカルシウムと結合すると自ら作り出したエネルギーで青く光り、GFPはそのエネルギーをうばって緑色に光っていたのです。のちにフォトプロテイン発光系と名付けられるこの現象を証明するために下村博士が採集したオワンクラゲの数は、なんと八五万匹にもおよびました。

その後、新たな科学者たちによって、GFPは生きた生物の体内で発光させることができるようになり、今ではがんの転移の追跡《せき》や神経細胞《さいぼう》の発生を観察するときに欠かせない道具となっています。下村博士は「すばらしいですね。それが役に立つとね。」とまるで人ごとのように語ったあと、受賞記念講演のときと同じようにこういいました。「人の役に立つことなんか考えていませんでしたよ。完全に、真理の探究です。」

このようなすばらしい功績を前にすると、やはり科学的な考え方というのは、専門家でなければむずかしいのでは、と思ったかもしれません。たしかに研究に従事する場合は専門性が必要です。幅広い知識や実験を行う技術も大切でしょう。でも、考え方についてはどうでしょうか。

定説にこだわらない。先入観にとらわれない。違《い》和感をもったら立ち止まる。実験と観察とそこから得られたデータに基《もと》づいて何がいえるかを徹底《てってい》的に考え抜《ぬ》く。疑問を解決するためには手段も時間も惜《お》しまないという忍耐《にんたい》力が大切ですし、何よりも、なぜそうなるのか理由を知りたいという好奇心を持続させることが必要です。それは必ずしも、科学者だからできるということではありません。

どんな興味深いテーマの研究でも、そこから生み出されたさまざまな科学技術が必ずしも人々を幸せにするわけではないことは、世界唯《ゆい》一の被爆《ばく》国である日本で生まれ育った人であれば十分承知していることでしょう。※核《かく》分裂《れつ》という物理学上の発見から導かれた原子爆弾《だん》は、広島と長崎に住む多くの人々を死に至らしめ、生き残った人々を深く傷つけました。先にご紹介した下村博士は、中学生のときに勤労動員先だった長崎の海軍航空廠《しょう》で原爆に遭《あ》いました。家までの一里ほどの道を歩いていると、黒い雨がしとしと降ってきて、家にたどり着いたときはドブネズミのように汚《よご》れていたそうです。それを見たおばあさんがすぐに風呂《ふろ》に入れと湯を沸《わ》かしてくれたことから、「いま思うと、あれがよかったのかもしれません。」と下村博士は回想しました。黒い雨が放射性物質を含《ふく》むことがわかったのはずっと後のことです。

「あの日、ぼくの人生観は変わってしまった。ぼくは一生、自分の好きな人と結婚して貧乏《ぼう》でも平和に暮らしていければ、それがいちばんいいと思った。幸福だと思った。いまのようにすべてが平和であっても、それは変わらない。ぼくの人生は、原爆の日から始まったのです。」

科学技術は、人を幸福にも不幸にもする。ならば利用する私たちが、その技術をどのように使えばいいかを判断することが必要です。人の命と人生を奪い、自然や町の営みを破壊《かい》する凶《きょう》器にするのか。人の命を救い、人生を豊かにし、町や自然を美しく保つ支えとするのか。それは私たちしだいではないでしょうか。科学技術のことは科学者に任せておけばいいわけではないのは、そのためなのです。

〈中略〉

十四歳のころ、私は、星新一《ほししんいち》という作家に夢中でした。ショートショートといって原稿《こう》用紙十数枚の短い文章に、時代背景も国籍《せき》もよくわからないエヌ氏という主人公が登場し、奇妙《きみょう》な体験をする物語が描《えが》かれています。思いもよらないオチに意表を突《つ》かれ、また次も次もと読みたくなる。インターネットや携《けい》帯電話など、当時は存在しなかった技術を予見していたかのような作品もあります。

文章を書く仕事を始めてから、星新一の伝記を書きたいと思って奥様にお会いしたことがあります。一〇〇一編もしくはそれ以上のショートショートを書き続けた作家がどんな人だったのか、家庭の夫としての素《す》顔を知りたかったのです。そのときに初めて聞いた、星新一がどこにも書き残していない、奥様だけに語った言葉にはっとしました。

「宗教は信じるものだけど、科学は理解するものだ。」どんな経緯《いきさつ》で発せられた言葉かはわからないのですが、大学院で化学の研究に取り組んでいた星新一らしい一言だと思いました。

原発事故のあと、科学が信じられない、という声があちこちで聞かれました。私は、みんな科学を信じていたのかと驚《おどろ》きました。そして、星新一の言葉を思い出しました。そう。科学は信じる、信じないという対象ではなく、理解するものなのです。真理を知りたいと願う心の動き、といってもいいかもしれません。その成果が下村博士のGFPのように世の中の役に立つなら、それはすばらしいことなのですが、科学という営み自体は、役立つかどうかといったこととは無関係なのです。

南極の地下深くに眠《ねむ》る氷に含《ふく》まれているクラスレートハイドレート※という「空気の化石」を研究している物理学者の言葉が、今も私の胸に響《ひび》いています。「自分たちがやっている研究は学生に人気がありません。今の学生には、社会の役に立つという出口がはっきりしているほうが魅《み》力的なのでしょう。ただ、物理学の本質は真理の探究です。知りたいという欲望から研究を続けているのです。」

みなさんの日々の暮らしの中に、あるいはみなさんの心や体の中に、いつも科学はあります。花はなぜ咲くのだろう。走る電車の中でジャンプしても同じ場所に着地するのはなぜだろう。疲れたときにチョコレートを食べると少し元気になるのはなぜだろう。好きな人が近づいてくると、胸がドキドキして張り裂けそうになるのはなぜだろう。

＊

それが、あなたの科学の始まりです。

最相葉月《さいしょうはづき》著「特別授業3・11君たちはどう生きるか」〈河出書房新社〉より
（出題のために省略した部分、表記を変えたところがあります。）

［語注※］

ＧＦＰ　緑色蛍光たんぱく質（Green Fluorescent Protein）の略。オワンクラゲから取り出された緑色の蛍光を発するたんぱく質。一九六二年、下村脩氏により発見された。

下村脩　有機化学者、海洋生物学者。ウミホタルやオワンクラゲなどで生物発光の研究をし、緑色蛍光たんぱく質（GFP）を発見。このGFPの遺伝子を用いた蛍光マーカーが生命科学の飛躍的発展につながる。

イクオリン　一九六二年、下村脩とフランク・H・ジョンソンらによってオワンクラゲから発見された蛍光たんぱく質。クラゲの発光細胞内でカルシウムの濃度を感知することで発光する、という発想は当時大反響《きょう》を呼んだ。

核分裂　ウランやプルトニウムなどの原子核が中性子を取り込むことで、ほぼ二つの原子核に分裂する現象。その際に生まれるエネルギーは原子核の種類により異なり、同じ一グラムの石油や石炭に比べて約三〇〇万倍に相当する。

クラスレートハイドレート　水の分子が作る「クラスレート構造（かご型構造）」の中に気体の分子を取り込んだ独特な構造を持つ結晶《しょう》。気体と水がある状態で、一定の圧力を超《こ》えたときに生まれる水和物（ハイドレート）。一九八一年、庄子仁氏らによってグリーンランドのダイスリーコアで発見された。

問題文B

長く続く道を信じなさい。
急ぐ必要はない。
コツコツと、愚《ぐ》直に、真っすぐ前を向いて歩きなさい。
人生には、※理不尽《じん》なことがよく起こる。
しかし、安易に脇《わき》道にそれてはいけない。
自分の信じた道を、誇《ほこ》りをもってすすみなさい。
歩きながら、ときに身を正すこともわすれてはならない。
若いころは、羽目を外すこともあるだろう。

大人になり、酒を飲んで歓《かん》喜の叫《さけ》びを上げることもあるだろう。
だが、紳《しん》士であることを忘れるな。
※杯盤狼藉《はいばんろうぜき》を尽くしても、店を出るときには
脱ぎ捨てたスリッパをそろえ、
店の人に「ありがとう」の一言を残す。
それが、紳士の作法だ。
酔《よ》いに任せて、我を忘れてはいけない。
帰り際《ぎわ》、去り際は美しくあれ。
紳士の道には、
厳しさとやさしさが自生する。
やさしさを守るためには、
自分に厳しくなければならない。
ときには、相手にも厳しさを求める。
それが、誇り高き人の流儀《ぎ》だ。

正義とも言う。

ドイツに生まれ、
ナチス時代の全体主義と対峙《じ》※し、
後にアメリカに亡命した哲《てつ》※学者、
ハンナ・アーレントはこう述べている。
「正義は孤《こ》※高を持《じ》することを要求する。
正義は怒《いか》りではなく悲しみを許す。
正義は脚光《きゃっこう》を浴びるという快感を厳しく避《さ》けることを命ずる。」

身を正すとは、
自分の身から虚飾《きょしょく》※を廃《はい》することだ。
孤立を恐《おそ》れず、まっすぐ歩きなさい。
自分を信じ、誇り高く、胸を張って歩きなさい。
道で出会う弱い人には手を差し伸べなさい。
相手と同じ痛みをもつことはできなくても、
痛みを少しでも共有する人間になりなさい。

相手の気持ちに寄り添《そ》い、
感情を同化※させる心の揺らめきを、
日本の古い言葉では「あはれ」と言う。
「あはれ」を促音《そく》※化し
意味を強めたのが
「あっぱれ」という言葉だ。

長く続く道を
愚直に、てくてくと歩きなさい。

自分を信じて、あっぱれな道を歩む
正義の人になりなさい。

渡辺憲司《わたなべけんじ》著「海を感じなさい。」〈朝日新聞出版〉より
（出題のために省略した部分、表記を変えたところがあります。）

【語注※】

理不尽 道理に合わないこと。
杯盤狼藉 酒を飲んで乱れた様子。
対峙 向き合うこと。
哲学 人生・世界・事物などの原理を求める学問。
孤高 孤独に高い理想を持つこと。
虚飾 うわべだけをかざるもの。
同化 一体のものにすること。
促音 つまる音。

問一

〔問題文A〕の最後の段落にある［　＊　］には、もともと「……ください。」で終わる文があります。どんな内容が適切だと考えられますか。すぐ後の「それが、あなたの科学の始まりです。」に続くように、「ください。」で結んだ五十字以内の一文で答えなさい。

問二

〔問題文A〕・〔問題文B〕について、あとの問いに答えなさい。

最初に示したように、〔問題文A〕・〔問題文B〕の文章は、どちらも二〇一一年三月十一日に起きた東日本震災後、大人たちから十代の子供たちに発信されたものの一部分です。二つの文章に込められた筆者からのメッセージに共通するのはどんなことだと言えますか。また、それらを受けて考えたことを、次の条件を満たして百五十～二百字で書きなさい。

【条件】

- 二段落構成で書く。
- 一段落目に、二つの文章の共通点について述べる。
- 二段落目に、考えたことを述べる。

解説

比べることは、考えること

「学習指導要領《がくしゅうしどうようりょう》」というものを知《し》っていますか。全国《ぜんこく》の学校《がっこう》の授業《じゅぎょう》でやるべきことや気《き》をつけるべきことが書《か》かれた、先生《せんせい》のための説明書《せつめいしょ》のようなものです。日本全体《にほんぜんたい》の学校《がっこう》や教育《きょういく》をとりしきる「文部科学省《もんぶかがくしょう》」が作成《さくせい》しています。

そのなかの小学《しょうがく》五年生・六年生向《む》け国語《こくご》の授業《じゅぎょう》でしなければならない内容《ないよう》の一つに、「目的《もくてき》に応《おう》じて、複数《ふくすう》の本《ほん》や文章《ぶんしょう》などを読《よ》んで比《くら》べること」というのがあります。

小学《しょうがく》三年、四年の国語《こくご》のなかにこのことは書《か》かれていません。つまりこの「複数《ふくすう》の文章《ぶんしょう》を比《くら》べて読《よ》む」ことができるようになることは、小学校高学年《しょうがっこうこうがくねん》の目標《もくひょう》の一つなのです。

説明文《せつめいぶん》、物語《ものがたり》、随筆《ずいひつ》、詩《し》など、文章《ぶんしょう》にはいろいろな種類《しゅるい》があります。ただその内容《ないよう》を理解するだけでなく、それぞれの文章《ぶんしょう》に込《こ》められたメッセージを読《よ》みとって、ほかの文章《ぶんしょう》と比《くら》べることが求《もと》められています。比《くら》べるためには、「自分《じぶん》なりの考《かんが》え」が必要《ひつよう》です。

今《いま》の世《よ》の中《なか》はテレビや新聞《しんぶん》、インターネットなどを通《つう》じて、アクセスできる情報《じょうほう》があふれています。それらの情報《じょうほう》は正《ただ》しいことばかりではありません。また、そもそも「正解《せいかい》」なんてないような、難《むずか》しい社会問題《しゃかいもんだい》もあります。

みなさんはこれからの人生《じんせい》で、たくさんの情報《じょうほう》のうちのどれか一つをただ信《しん》じ込《こ》むのではなく、なるべく多《おお》くの情報《じょうほう》に目《め》を通《とお》した上《うえ》で、その中《なか》から自分《じぶん》の役《やく》に立《た》つことや正《ただ》しいと思《おも》うことを自分《じぶん》で選《えら》び、考《かんが》え、行動《こうどう》しなければいけません。「比《くら》べて読《よ》む」力《ちから》は、現代《げんだい》の私《わたし》たちにとって大切《たいせつ》な「生《い》きる力《ちから》」の一つです。

あたりまえの話《はなし》ですが、読《よ》み比《くら》べるというのは、読《よ》んで、そして比《くら》べること。

では「比《くら》べる」とはどういうことか分《わ》かりますか。それは「同《おな》じところ」と「ちがうところ」を見《み》つけることです。何《なに》が同《おな》じで、何《なに》がちがうのか。それは問題《もんだい》によって変《か》わってきます。比《くら》べるべきポイントはこれらの四点《てん》です。

文章《ぶんしょう》の種類《しゅるい》 説明文《せつめいぶん》、物語《ものがたり》、随筆《ずいひつ》、詩《し》、短歌《たんか》、俳句《はいく》など。
話題《わだい》 どういう事《こと》がらをあつかった文章《ぶんしょう》なのか。
具体例《ぐたいれい》 例《れい》として挙《あ》げられていることは何《なに》か（具体例《ぐたいれい》と話題《わだい》

は同《おな》じこともあります）。

メッセージ　筆者《ひっしゃ》（作者《さくしゃ》）は文章《ぶんしょう》を通《とお》して何《なに》を伝《つた》えようとしているか。

このうち、特に大切《たいせつ》なのが「話題《わだい》」と「メッセージ」の二つです。何《なん》の話《はなし》をしていて、筆者《ひっしゃ》はそこから何《なに》が言《い》いたいのか。読《よ》み比《くら》べの問題《もんだい》が出《で》るとき、二つ（三つ以上《いじょう》のときもあります）の文章《ぶんしょう》には必《かなら》ず同《おな》じところ（共通点《きょうつうてん》）とちがうところ（相違点《そういてん》）があります。全《まった》く同《おな》じ話題《わだい》で言《い》いたいことも同《おな》じ文章《ぶんしょう》とか、全然《ぜんぜん》ちがう話題《わだい》でメッセージも全《まった》くちがう文章《ぶんしょう》なら、読《よ》み比《くら》べをする意味《いみ》がありません。ということは、二つの文章《ぶんしょう》の同《おな》じところとちがうところの関係《かんけい》は、大《おお》きく二つのタイプに分《わ》けることができます。

- **話題《わだい》が同《おな》じで、メッセージがちがう**
- **話題《わだい》はちがうが、メッセージは同《おな》じ**

今回《こんかい》の例題《れいだい》は、最初《さいしょ》に「二〇一一年三月に起こった東日本大震《しん》災の後、さまざまな立場にある大人たちから十代（主に中学生、高校生）の子どもたちに発信されたメッセージ」とあり、二つの文章《ぶんしょう》の関係《かんけい》は、東日本大震災《ひがしにほんだいしんさい》の経験《けいけん》から、子《こ》どもたちに向《む》けられたメッセージであるという点《てん》で「話題《わだい》はちがうが、メッセージは同《おな》じ」タイプということになるでしょう。問二の作文《さくぶん》には二つの文章《ぶんしょう》の「共通《きょうつう》するメッセージ」を読《よ》みとることが求《もと》められています。しかしそれ以外《いがい》の部分《ぶぶん》は、文章《ぶんしょう》の種類《しゅるい》も、話題《わだい》も、具体例《ぐたいれい》も、すべてがちがっていますね。

この問題《もんだい》とは反対《はんたい》のタイプ、話題《わだい》は同《おな》じだがメッセージがちがう、つまりそれぞれ反対《はんたい》の意見《いけん》を主張《しゅちょう》しているというものもよく見《み》られます。次《つぎ》の章《しょう》であつかう例題《れいだい》がそれにあたりますので、解説《かいせつ》はそちらでします。

ポイント

読《よ》み比《くら》べるとは、ちがうところと同《おな》じところを整理《せいり》すること。特《とく》に「話題《わだい》」と「メッセージ」に注目《ちゅうもく》する。

メッセージを補う

さて、例題《れいだい》を見《み》ましょう。まずは問一です。文章《ぶんしょう》の最後《さいご》の方《かた》で「……ください。」で終《お》わる一文《ぶん》ということですから、この長《なが》い文章全体《ぶんしょうぜんたい》のメッセージにあたる部分《ぶぶん》だということは察《さっ》しがつきますね。

この文章《ぶんしょう》、全国《ぜんこく》の公立中高一貫校《こうりつちゅうこういっかんこう》のなかでもトップクラスの長《なが》さです。読《よ》みとおすだけで大変《たいへん》ですね。しかも、「科学的《かがくてき》な考《かんが》え方《かた》とは何《なに》か」という話題《わだい》は共通《きょうつう》していますが、とりあげる具体例《ぐたいれい》がコロコロ変《か》わっていきます。箇条書《かじょうが》きで整理《せいり》してみましょう。

（1）地震学《じしんがく》
（2）オワンクラゲからGFPを発見《はっけん》した下村脩博士《しもむらおさむはかせ》
（3）下村博士《しもむらはかせ》が中学生《ちゅうがくせい》の頃《ころ》の被爆体験《ひばくたいけん》
（4）星新一《ほししんいち》の言葉《ことば》
（5）「空気の化石」を研究《けんきゅう》している物理学者《ぶつりがくしゃ》の言葉《ことば》

これら五つの具体例《ぐたいれい》が挙《あ》げられています。

それぞれの具体例《ぐたいれい》（事実《じじつ》）を通《とお》して、筆者《ひっしゃ》が言《い》いたかったこと（意見《いけん》）は何《なに》かを考《かんが》えていきます。問題文Aをもう一度《いちど》読《よ》み直《なお》して、筆者《ひっしゃ》の意見《いけん》を含《ふく》む段落《だんらく》を見《み》つけて、そのなかでも筆者《ひっしゃ》のメッセージにあたる部分《ぶぶん》に線《せん》を引《ひ》いていきましょう。

（1）地震学《じしんがく》

科学的に考える。それは過去に積み重ねられたさまざまな事実をふまえた上で、新たに得られたデータやその多面的な分析《せき》をもとに、平らな心で真理を追究しようとする姿勢を意味します。なんだかむずかしそうと思うかもしれませんが、決してそうではなく、ちょっとした心がけでだれにでも身につけられるものだということをこれからお話ししていきましょう。

（2）オワンクラゲからGFPを発見《はっけん》した下村脩博士《しもむらおさむはかせ》

定説にこだわらない。先入観にとらわれない。違《い》和感をもったら立ち止まる。実験と観察とそこから得られたデータに基《もと》づいて何がいえるかを徹底《てってい》的に考え抜く。疑問を解決するためには手段も時間も惜《お》しまないという忍耐《にんたい》力が大切ですし、何よりも、なぜそうなるのか理由を知りたいという好奇心を持続させることが必要です。それは必ずしも、科学者だからできるということではありません。

（3）下村博士《しもむらはかせ》が中学生《ちゅうがくせい》の頃《ころ》の被爆体験《ひばくたいけん》

科学技術は、人を幸福にも不幸にもする。ならば利用する私たちが、その技術をどのように使えばいいかを判断することが必要です。人の命と人生を奪い、自然や町の営みを破壊《かい》する凶《きょう》器にするのか。人の命を救い、人生を豊かにし、町や自然を美しく保つ支えとするのか。それは私たちしだいではないでしょうか。科学技術のことは科学者に任せておけばいいわけではないのは、そのためなのです。

(4) 星新一《ほししんいち》の言葉《ことば》

科学は信じる、信じないという対象ではなく、理解するものなのです。真理を知りたいと願う心の動き、といってもいいかもしれません。その成果が下村博士のGFPのように世の中の役に立つなら、それはすばらしいことなのですが、科学という営み自体は、役立つかどうかといったこととは無関係なのです。

(5)「空気の化石」を研究《けんきゅう》している物理学者《ぶつりがくしゃ》の言葉《ことば》

「自分たちがやっている研究は学生に人気がありません。今の学生には、社会の役に立つという出口がはっきりしているほうが魅《み》力的なのでしょう。ただ、物理学の本質は真理の探究です。知りたいという欲望から研究を続けているのです。」

最後《さいご》の(5)は筆者《ひっしゃ》の言葉《ことば》ではなく、「空気の化石」を研究《けんきゅう》している物理学者《ぶつりがくしゃ》の言葉《ことば》そのままですが、筆者《ひっしゃ》の「胸に響《ひび》いて」いる言葉《ことば》ですから、そのまま筆者《ひっしゃ》の思《おも》いを伝《つた》えていると考《かんが》えていいでしょう。

波線部分《はせんぶぶん》は注目《ちゅうもく》しないといけない表現《ひょうげん》です。第《だい》1章《しょう》で紹介《しょうかい》したように、筆者《ひっしゃ》のメッセージが書《か》かれた部分《ぶぶん》には目印《めじるし》があります。この文章《ぶんしょう》はもともと中学生《ちゅうがくせい》・高校生《こうこうせい》に向《む》けられたものですから、分《わ》かりやすく「必要です」「大切です」という表現《ひょうげん》が何《なん》度《ど》も使《つか》われていますね。あとは段落《だんらく》の最初《さいしょ》と最後《さいご》、それに強《つよ》い打消《うちけ》し(「決してそうではなく」)や「〜ですが」をはじめとする逆接《ぎゃくせつ》の表現《ひょうげん》(「すばらしいことなのですが、」)などに注目《ちゅうもく》すれば、筆者《ひっしゃ》が力《ちから》を込《こ》めて訴《うった》えたいメッセージは見《み》えてきます。

このようにして見《み》ると、筆者《ひっしゃ》は大《おお》きく分《わ》けて二つのメッセージを読者《どくしゃ》であるわたしたちに投《な》げかけているのが分《わ》かります。

一つ目《め》は、「科学《かがく》は、科学者《かがくしゃ》だけのものではない」ということ。これは(1)、(2)、(3)で繰《く》り返《かえ》されているメッセージです。

もう一つは、「科学」に向《む》かうときのわたしたちの姿勢《しせい》についてです。(1)では「平らな心で真理を追究しようとする姿勢」、(2)では「好奇心を持続させること」、(3)では「技術をどのように使えばいいかを判断すること」、(4)では「真理を知りたいと願う心の動き」が大切《たいせつ》だと言《い》っていますし、(5)は「真理の探究」が物理学《ぶつりがく》の本質《ほんしつ》であると言《い》っています。

筆者《ひっしゃ》のメッセージが見《み》えてきたところで、解答《かいとう》を考《かんが》えていきます。

先《さき》にも言《い》いましたが、この文章《ぶんしょう》を読《よ》んでいる「あなた」は科《か》学者《がくしゃ》ではありません。東日本大震災後《ひがしにほんだいしんさいご》の中学生《ちゅうがくせい》・高校生《こうこうせい》をはじめとする子《こ》どもたちです。空欄部分《くうらんぶぶん》の後《あと》に、「それが、あなたの科学の始まりです」と書《か》いてありますから、「科学《かがく》は、科学《かがく》者《しゃ》だけのものではない」という一つ目《め》のメッセージは、答《こた》えの内容《ないよう》ではありません。

　したがって、空欄《くうらん》に入《い》れるのは二つ目《め》のメッセージということになります。平《たい》らな心《こころ》で、定説《ていせつ》や先入観《せんにゅうかん》にとらわれずに手段《しゅだん》も時間《じかん》も惜《お》しまずに考《かんが》え抜《ぬ》くこと。真理《しんり》を知《し》りたいと思《おも》うこと。

　こうした内容《ないよう》を、「ください」につなげて書《か》くことができれば正解《せいかい》です。

ポイント　**それぞれの具体例《ぐたいれい》に込《こ》められたメッセージは何《なに》かを考《かんが》える。**

共通するメッセージを探す

　さて、問二です。こちらが作文問題《さくぶんもんだい》です。

　二つの文章《ぶんしょう》に共通《きょうつう》するメッセージ、と言《い》われると難《むずか》しそうですが、問一ができていれば共通点《きょうつうてん》はすぐに分《わ》かるはずです。問題文《もんだいぶん》Bを見《み》てみましょう。この詩《し》は読者《どくしゃ》に「〜なさい。」「〜あれ。」と、命令《めいれい》の形《かたち》で直接《ちょくせつ》、メッセージを訴《うった》えています。お酒《さけ》やハンナ・アーレントの話《はなし》など、具体的《ぐたいてき》な部分《ぶぶん》を省《はぶ》いて、メッセージが書《か》かれた部分《ぶぶん》だけをぬき出《だ》してみましょう。

長く続く道を信じなさい。
コツコツと、愚《ぐ》直に、真っすぐ前を向いて歩きなさい。
自分の信じた道を、誇《ほこ》りをもってすすみなさい。
酔《よ》いに任せて、我を忘れてはいけない。
帰り際《ぎわ》、去り際は美しくあれ。
孤立を恐《おそ》れず、まっすぐ歩きなさい。
自分を信じ、誇り高く、胸を張って歩きなさい。
痛みを少しでも共有する人間になりなさい。
長く続く道を／愚直に、てくてくと歩きなさい。
自分を信じて、あっぱれな道を歩む／正義の人になりなさい。

　いくつかちがうことも言《い》っていますが、繰《く》り返《かえ》されているのは「長く続く道」を、「真っすぐ前を向いて」、「孤立を恐《おそ》れず」、「誇り高く」、「自分を信じて」、「歩いていく」こと。自分《じぶん》の信《しん》じた道《みち》を、どこまでも突《つ》き進《すす》んでいくことが大切《たいせつ》であると訴《うった》えていることは分《わ》かると思《おも》います。

　問題文Aでも似《に》たことを言《い》っていましたね。疑問《ぎもん》を解決《かいけつ》するためには手段《しゅだん》も時間《じかん》も惜《お》しまない忍耐力《にんたいりょく》をもって、なぜそうなるのか理由《りゆう》を知《し》りたいという好奇心《こうきしん》を持続《じぞく》させること。これが真理《しんり》の追究《ついきゅう》のために大切《たいせつ》なことなのだというのが、問題文Aで書《か》かれていたメッセージでした。

自分《じぶん》の正《ただ》しいと信《しん》じる、忍耐《にんたい》の必要《ひつよう》な、疑問《ぎもん》を解決《かいけつ》するための長《なが》い道《みち》のりをまっすぐに歩《ある》くことが大切《たいせつ》である――これが二つの文章《ぶんしょう》に共通《きょうつう》するメッセージと言《い》えるでしょう。

このメッセージについて、みなさんはどう思《おも》いますか。長《なが》い道《みち》のりをまっすぐに歩《ある》く、それはまさに、みなさんのこれからの人生《じんせい》そのものです。

ポイント

話題《わだい》・具体例《ぐたいれい》はちがっていても、その奥《おく》にある共通《きょうつう》したメッセージをぬき出《だ》して比《くら》べよう。

似た問題を出す学校

前《まえ》にも言《い》いましたが、一つの大問《だいもん》に二つ以上《いじょう》の文章《ぶんしょう》があり、それぞれの文章《ぶんしょう》を比較《ひかく》する問題《もんだい》は公立中高一貫校《こうりつちゅうこういっかんこう》の独特《どくとく》な出題《しゅつだい》パターンです。

東京都立《とうきょうとりつ》の共同作成問題《きょうどうさくせいもんだい》（**武蔵《むさし》**、**富士《ふじ》**、**大泉《おおいずみ》**、**小石川《こいしかわ》**。次《つぎ》の第《だい》3章《しょう》で例題《れいだい》としてあつかいます）、同《おな》じく東京都立《とうきょうとりつ》の**白鷗高等学校《はくおうこうとうがっこう》附属中学校《ふぞくちゅうがっこう》**（第《だい》12章《しょう》）、**両国高等学校附属中学校《りょうごくこうとうがっこうふぞくちゅうがっこう》**、**南多摩中等教《みなみたまちゅうとうきょう》育学校《いくがっこう》**、**三鷹中等教育学校《みたかちゅうとうきょういくがっこう》**（第《だい》6章《しょう》）、**千代田区立九段中等教育学校《ちよだくりつくだんちゅうとうきょういくがっこう》**、**川崎市立川崎《かわさきしりつかわさき》高等学校附属中学校《こうとうがっこうふぞくちゅうがっこう》**、神奈川県《かながわけん》の**横浜市立南高等学校附属中学校《よこはましりつみなみこうとうがっこうふぞくちゅうがっこう》**など都心部《としんぶ》の学校《がっこう》や、京都府立《きょうとふりつ》の学校《がっこう》（**洛北《らくほく》**、**園部《そのべ》**、**福知山《ふくちやま》**。第《だい》11章《しょう》）など、大都市《だいとし》の難関校《なんかんこう》に多《おお》いのが特徴《とくちょう》です。

今回《こんかい》の例題《れいだい》であつかった**京都市立西京高等学校附属中学校《きょうとしりつさいきょうこうとうがっこうふぞくちゅうがっこう》**は説明文《せつめいぶん》と詩《し》の読《よ》み比《くら》べでしたが、第《だい》10章《しょう》であつかう静岡県《しずおかけん》の**清《し》水南高等学校中等部《みずみなみこうとうがっこうちゅうとうぶ》**（物語文《ものがたりぶん》と説明文《せつめいぶん》）、第《だい》8章《しょう》の**熊本県共通《くまもとけんきょうつう》問題《もんだい》**（説明文《せつめいぶん》と短歌《たんか》）など、別《べつ》のジャンルの文章《ぶんしょう》を読《よ》み比《くら》べ、それぞれのメッセージを読《よ》みとる問題《もんだい》はこれから各地域《かくちいき》で増《ふ》えていくかもしれません。この本《ほん》でなるべく多《おお》くあつかいましたので、出題《しゅつだい》パターンに慣《な》れておくようにしましょう。

トレーニング

二つの文章《ぶんしょう》の共通点《きょうつうてん》を見《み》つけよう

ちがうテーマで書《か》かれた二つの随筆《ずいひつ》を読《よ》んで、共通《きょうつう》する筆者《ひっしゃ》の考《かんが》えは何《なん》なのかをまとめてみましょう。

初《はじ》めは文章《ぶんしょう》を読《よ》みながら筆者《ひっしゃ》の考《かんが》え（意見《いけん》）にあたる部分《ぶぶん》を探《さが》し、線《せん》を引《ひ》いていきます。それから、似《に》たことを言《い》っている部分《ぶぶん》を見《み》つけて、下《した》の欄《らん》に書《か》き込《こ》んでいきましょう。

トレーニング　二つの文章の共通点を見つけよう

文章の「考え」にあたる部分に線を引こう。

文章A

「ありのままの自分」や「自分の本当のすがた」を追い求める人がいる。

いつもは自分の「ありのまま」を見せることができていないと感じている人が、こうした目的を見出すのだろう。しかし、自分の内にある「ありのまま」を周囲に見てもらおうと意気込んでも、いざ人の輪の中に飛び込んだところでとまどってしまうだけだ。そして一人になったときにこう考える。

「やはりわたしはありのままの自分を見せられていない。次こそは必ず、本当の自分をさらけだして見せるわ」

ところが何度やっても同じ結果に終わる。なぜなら「ありのままの自分」など、はじめからどこにも存在しないからである。

「そんなことはない。私は本当の自分を見せていないだけ。あなたに私の何が分かるの」

このように反論したい気持ちは理解できる。しかしそんなあなたの考えている「本当の自分」というのは、実際にはほんの数行でまとめることができる言葉のひとかたまりにすぎない。「私は本当はおしゃべりなの」、「本当はさびしがりやなの」、「本当は○○が好きなの」。

「本当の自分を見せることができていない人」が人間として内容が薄っぺらだと言っているのではない。問題なのは「本当の自分」の内容ではなく、「自分を見せる」方法であるということを言いたいのである。

逆に言えば、「ありのままの自分」を見せることができている（ように見える）人は、自分を見せるための表現の仕方が上手なのだ。

これは単純に技術の問題であり、練習によって上達することができる。

文章B

学生時代、本業であるはずの学問もそこそこに旅行へ出かけた。国内はもちろん、中国や東南アジア、インド、ヨーロッパ。アルバイトで稼いだなけなしの金はほとんどがその旅費に消えた。

「ほんとに旅行が好きだね。何のために行くの。ひょっとして『自分探し』？」

大学に戻ると、こんな言葉をかけられたものだ。もちろん皮肉である。本当の自分に出会うために旅に出るという「自分探しの旅」は、すでに若者の旅行スタイルとして定着していた。それだけに「本当の自分なんてないのだから、一人旅をしたところで出会うことなどあり得ない」という賢《さか》しげな「オトナの見解」も、当時から存在していた。

だが私はそんな皮肉に対して、

「そのとおり。自分探しに行ってきたんだ」

と答えることにしていた。

自分はどこまでも自分でしかない。そんなことは分かっている。しかし「自分探し」の面白さや感動は、実際に経験した者にしか分からない。

私たちはそれぞれ、日本という国のなかにある小さな社会に住み着いていて、無意識のうちにそこで与えられた地位や役割に縛《しば》られながら毎日を過ごしている。母親らしいふるまいや子どもらしいふるまい、教師らしいふるまい、サラリーマンらしいふるまいなどなど。私たちはこうした役割を演じている。そしてその狭い社会で表現できる自分は限定されたものにすぎない。

旅は限定された自分を解放する。旅行者という存在は、旅先の土地で「お客さん」以上の存在ではない。つまり役割が希薄《きはく》である。そこでの私のふるまいは、意識しなくても日常とは当然ちがったものになる。初めて見る異郷の文化に身をおけば、なおさらのことだ。

旅先での自分は「ほんとうの」自分ではない。そもそもほんとうの自分などない。しかしそれまでの自分が知ることのなかった「新しい」自分ではある。

未知の自分との出会い。それが「自分探しの旅」の真髄《しんずい》である。

AとBに共通する考えをまとめよう（共通する考えにあたる部分に線を引こう）。

第3章

君《きみ》はどっちの味方《みかた》 二文《ぶん》を比《くら》べる②

対立《たいりつ》する意見《いけん》

前章《ぜんしょう》に続《つづ》いて、二つの文章《ぶんしょう》を読《よ》む問題《もんだい》です。今度《こんど》は、それぞれの筆者《ひっしゃ》の意見《いけん》が反対《はんたい》を向《む》いているパターンの問題《もんだい》を解《と》いてみましょう。

この章《しょう》で身《み》につけてほしい考《かんが》え方《かた》がもう一つあります。公立中高一貫校《こうりつちゅうこういっかんこう》の作文問題《さくぶんもんだい》は、思《おも》ったことを何《なん》でも自由《じゆう》に書《か》いていいというわけではありません。問題文《もんだいぶん》を読《よ》んで、その内容《ないよう》を「ふまえる」という条件《じょうけん》がついていることがとても多《おお》いのです。

対立《たいりつ》する意見《いけん》を読《よ》みながら、文章《ぶんしょう》の内容《ないよう》を「ふまえ」て作文《さくぶん》を書《か》く。例題《れいだい》に取《と》り組《く》んでみましょう。

例題

東京《とうきょう》都《と》共同作成問題《きょうどうさくせいもんだい》　二〇一五年改題

文章1と文章2を読み、あとの問題に答えなさい。（＊印の付いている言葉には、本文のあとに［注］があります。）

文章1

世の中には、ことに実務*の面では、はっきりものを言わなければならない場面がたくさんある。そういうときに相手*をおもんぱかって敢《あ》えて自分の考えを明言せぬ言語習慣が、私《わたくし》たちの社会の風通しをわるくしている。また、科学*（自然科学とかぎらず社会科学*でも人文科学*でも）は冷たく澄《す》んだ世界で、そこではとことんまで突《つ》きつめた明確な表現が必要なのだが、私たちはとかく表現をぼかし、断言を避《さ》けて問題をあいまいにし、論争《ろんそう》を不徹底《ふてってい》にしてしまいがちである。

　私は、*むきつけな言い方を避けて相手が察してくれることを期待する日本語のもの言いの美しさを愛する。そういう言い方を、これから育った人たちにも大切にしてもらいたいと思う。しかし、*理科系《りかけい》の仕事の文書は、がんらい心情的要素をふくまず、*政治的考慮《こうりょ》とも無縁《むえん》で、もっぱら明快を*旨《むね》とすべきものである。そこでは記述はあくまで正確であり、意見はできるかぎり明確かつ具体的であらねばならぬ。

　もっとも、いざそれを試みようとすると読者は予想外の困難《こんなん》を発見されるにちがいない。日本文学者ドナルド・キーンが次のように言っている。

「鮮明《せんめい》でない言葉はフランス語ではない」という言葉があるが、日本語の場合、「はっきりした表現は日本語ではない」といえるのではないか。……数年前に日本人に手紙を出したが、その中に「五日間病気でした」と書いたので、友人は「日本語として正確すぎる」と言って「五日ほど」と直してくれた。小説の人物の年齢《ねんれい》も多くの場合、「二十六、七歳《さい》」となっていて、二十六歳とも二十七歳ともはっきり定められていないようである。……

　キーンの言《げん》は的を射《い》ている。こういう風土に育った私たちは、*折あるごとにぼかしことばを*挿入《そうにゅう》する言語習慣が深くしみついていて、容易なことでは〈はっきり言い切る〉文章は書けないのである。しかし私たちは、こと理科系の文書に関するかぎり、敢えて〈日本語でない〉日本語、明確な日本語を使うことにしようではないか。


（木下是雄《きのしたこれお》「理科系の作文技術」〈中公新書〉による）

【注】

実務　実際の仕事。
おもんぱかって　よくよく考えて。
自然科学　主に自然を対象とした科学。
社会科学　主に社会を対象とした科学。
人文科学　主に人間の文化を対象とした科学。
むきつけな　遠慮《えんりょ》のないようす。
理科系《りかけい》　（ここでは）自然科学の分野。
政治的考慮《こうりょ》　実際の状況《じょうきょう》にもとづいて物事をこなす際、いろいろなことを考え合わせること。
旨《むね》とする　重んじる。
折　機会。
挿入《そうにゅう》する　はさみ入れる。

文章2

春から夏は虫捕《むしと》り、秋から冬は仕事。まあそう完全に振《ふ》り分《わ》けられるわけではないが、そんなふうな感じで、このところ数年を過ごしている。虫を捕《と》るならなんといっても五月、六月である。私《わたくし》が調べている虫は葉っぱを食べるグループだから、若葉《わかば》のある季節に出てくる。だから虫捕りは春がいい。

　真夏はむしろ子どもたちの相手で、虫捕り教室をする。なにも教えるわけではない。ただ虫のいそうなところに一《いっ》緒《しょ》に出かける。あれこれ、指図《さしず》もしない。子どもの顔を見て、ただニコニコしているだけ。

　それで子どもたちになにが伝わるか。むずかしくいうと、メタメッセージである。メッセージなら、こういう虫はこれこれこういうところにいて、などと具体的な説明をする。それを聞いた子どもたちは、その具体的な説明を覚える。そう思っている人が多い。メタメッセージとは、そういうことではない。そういう具体的な説明を通して、この人はなにを面白《おもしろ》いと思っているのかとか、なにを大切だと思っているのか、そういうことが間接的に伝わる。それをメタメッセージという。要するにわかって欲《ほ》しいのは、虫捕りは面白いとか、一生やることができる仕事だとか、そういうことなのである。でも直接にそういってみても、納得《なっとく》もいかないし、面白くもないだろうと思う。だから黙《だま》って野山に連れて行く。私が虫の世界を本気で面白いと思っていれば、それがいつの間にか子どもたちに伝わる。伝わるかもしれない。大切なのはそこである。

　テレビのコマーシャルを含《ふく》めて、現代人はおびただしいメタメッセージにさらされている。だから私は子どもたちに、違《ちが》う時間を過ごさせてあげたいと思う。そこではなにも知識は入ってこない。でも身体中《からだじゅう》が反応《はんのう》している。陽《ひ》の当たり方がどんどん変わる。野原から森に入れば、たちまち涼《すず》しくなる。時間が経《た》てば、日差しが変わってくる。風向きが変わる。湿度《しつど》が変化する。鳥が鳴き、蝶《ちょう》が飛ぶ。一歩歩けば、歩いただけ、世界が変化する。

　そういう時間が過ぎると、気持《きもち》が良く、おなかが空《す》いて、ご飯がおいしい。でもそんなことはいちいち説明できない。説明する必要もない。生きていることを実感するのに、説明は不要である。

「情報化されるものだけが存在《そんざい》する。」それがネット*社会のメタメッセージである。すべてが言葉になり、写真になり、図表になる。それがいかに貧しい世界か。それを子どもたちに確認《かくにん》してもらいたい。それが虫捕りの最終のメタメッセージである。

（養老孟司《ようろうたけし》「メッセージのメッセージ」〈『バカの壁のそのまた向こう』かまくら春秋社〉による）

【注】

ネット社会　インターネットを通じて情報のやりとりができる社会。

問題　人が何かを伝え合うときには、どのようなことが重要だと思いますか。文章1と文章2、それぞれの要点をふまえ、あなたの考えを、三段落《だんらく》構成にまとめ、四百字以上四百四十字以内で書きなさい。また、次の【きまり】に従《したが》いなさい。

【きまり】

- 題名は書きません。
- 最初の行から書き始めます。
- 各段落《だんらく》の最初の字は一字下げて書きます。
- 行をかえるのは、段落をかえるときだけとします。会話を入れる場合は行をかえてはいけません。
- 、や。や」なども、それぞれ字数に数えます。これらの記号が行の先頭に来るときには、前の行の最後の字と同じます目に書きます（ます目の下に書いてもかまいません。）。
- 段落をかえたときの残りのます目は、字数として数えます。
- 最後の段落の残りのます目は、字数として数えません。

解説

「要点」をふまえる

設問文《せつもんぶん》に「文章1と文章2の要点をふまえ」とありますね。「要点をふまえる」というのは「文章の大切《たいせつ》なところをとらえる」ということです。

ところで、国語《こくご》には「要」で始《はじ》まる言葉《ことば》がよく出《で》てきます。要点《ようてん》、要旨《ようし》、要約《ようやく》。どれも少《すこ》しずつ意味《いみ》がちがいます。

要点《ようてん》 文章《ぶんしょう》のなかの重要《じゅうよう》な点《てん》のこと。
要旨《ようし》 文章《ぶんしょう》のなかで、筆者《ひっしゃ》がいちばん言《い》いたいこと。
要約《ようやく》 文章全体《ぶんしょうぜんたい》を短《みじか》くまとめたもの。

「要旨《ようし》」とは第《だい》1章《しょう》であつかった「筆者《ひっしゃ》のメッセージ」のことです。

説明文《せつめいぶん》や論説文《ろんせつぶん》では筆者《ひっしゃ》のメッセージが重要《じゅうよう》ですから、「要《よう》点《てん》」と「要旨《ようし》」が同《おな》じというのはよくあります。とくに作文問《さくぶんもん》題《だい》でおさえておくべきことは筆者《ひっしゃ》の意見《いけん》ですから、「要点《ようてん》」は「要旨《ようし》」、つまり「筆者《ひっしゃ》のメッセージ」とほぼ同《おな》じことと考《かんが》えていいでしょう。

何年《なんねん》か前《まえ》までの公立中高一貫校《こうりつちゅうこういっかんこう》の適性検査《てきせいけんさ》では、文章全体《ぶんしょうぜんたい》を指定《してい》された文字数《もじすう》に要約《ようやく》する問題《もんだい》がよく出題《しゅつだい》されていました。最近《さいきん》ではあまり見《み》なくなりましたが、そのかわり、作文《さくぶん》のなかに「本文《ほんぶん》の要点《ようてん》をふまえる」という条件《じょうけん》を入《い》れることで、文章《ぶんしょう》の重要《じゅうよう》な部分《ぶぶん》が分《わ》かっているかどうかを試《ため》すようになりました。

本文《ほんぶん》で話題《わだい》になっていることは何《なに》か。それぞれの筆者《ひっしゃ》の意見《いけん》は何《なに》か。二つの文章《ぶんしょう》は、どこが同《おな》じでどこがちがうのか。第《だい》1章《しょう》で学《まな》んだ「メッセージを見《み》つける」ことと第《だい》2章《しょう》で学《まな》んだ「二つの文章《ぶんしょう》を比《くら》べる」考《かんが》え方《かた》を使《つか》って、作文《さくぶん》のなかに「要点《ようてん》」を盛《も》り込《こ》んでいきます。

筆者《ひっしゃ》の意見《いけん》がどこにあるのか？ その見《み》つけ方《かた》は第《だい》1章《しょう》と第《だい》2章《しょう》で練習《れんしゅう》しましたね。まずは事実《じじつ》を述《の》べている部分《ぶぶん》（具体例《ぐたいれい》）と筆者《ひっしゃ》の考《かんが》えを述《の》べている部分《ぶぶん》（抽象的意見《ちゅうしょうてきいけん》）のちがいを意識《いしき》して、意見《いけん》を書《か》いている部分《ぶぶん》に線《せん》を引《ひ》きながら読《よ》み進《すす》めます。

文章1の最初《さいしょ》の二段落《だんらく》を、具体例《ぐたいれい》と意見《いけん》の部分《ぶぶん》に分《わ》けてみましょう。注意《ちゅうい》して見《み》ていくのは**文末《ぶんまつ》**と**接続詞《せつぞくし》**です。

私は、むきつけな言い方を避けて相手が察してくれることを期待する日本語のもの言いの美しさを愛する。そういう言い方を、これから育った人たちにも大切にしてもらいたいと思う。しかし、理科系《りかけい》の仕事の文書は、がんらい心情的要素をふくまず、政治的考慮《こうりょ》とも無縁《むえん》で、もっぱら明快を旨《むね》とすべきものである。そこでは記述はあくまで正確であり、意見はできるかぎり明確かつ具体的であらねばならぬ。

「してもらいたいと思う」、「すべきものである」「あらねばならぬ」。カタい表現《ひょうげん》ですが、どれも事実《じじつ》ではなく意見《いけん》を述《の》べるための表現《ひょうげん》です。

接続詞《せつぞくし》は「しかし」と「つまり」「したがって」に注目《ちゅうもく》。ここでは「しかし」が使《つか》われています。

引用《いんよう》した第《だい》二段落《だんらく》に、意見《いけん》をまとめて書《か》いていることがわかりますね。論理的《ろんりてき》な文章《ぶんしょう》であればあるほど、段落《だんらく》ごとの役割《やくわり》がはっきりと分《わ》かれています。

さて、このようにして文章1と文章2のそれぞれで述《の》べられている筆者《ひっしゃ》の意見《いけん》をまとめてみましょう。

文章1　**理科系《りかけい》の文書《ぶんしょ》を書《か》くときには、日本語《にほんご》に特有《とくゆう》のはっきりしない書《か》き方《かた》はやめて、明確《めいかく》な日本語《にほんご》を使《つか》うようにしたい。**
（最後《さいご》の段落《だんらく》より）

文章2　**言葉《ことば》には、具体的《ぐたいてき》な内容《ないよう》のほかに、間接的《かんせつてき》に伝《つた》わるメタメッセージがある。言葉《ことば》で言《い》われたことだけを受《う》けとるのではなく、メタメッセージを大切《たいせつ》にしたい。**

このように二つの文章《ぶんしょう》をまとめてみると、気《き》がつくことはありませんか。

分《わ》かりますね。文章1と文章2では、筆者《ひっしゃ》の考《かんが》えがほとんど正反対《せいはんたい》の方向《ほうこう》を向《む》いているのです。

第《だい》2章《しょう》で、文章《ぶんしょう》の共通点《きょうつうてん》を見《み》つける方法《ほうほう》を学《まな》びました。この問題《もんだい》は、「話題《わだい》が同《おな》じでメッセージがちがう」パターンです。このことが分《わ》かれば、自分《じぶん》の考《かんが》えはかなり書《か》きやすくなります。

ポイント

要点《ようてん》は筆者《ひっしゃ》のメッセージ。作文《さくぶん》を書《か》き始《はじ》める前《まえ》にしっかりまとめておこう。

「考え」を書く

次《つぎ》は自分《じぶん》の考《かんが》えを書《か》いていきます。

筆者《ひっしゃ》の「メッセージ」を受《う》けとり、自分《じぶん》の「メッセージ」を返《かえ》す。「本文《ほんぶん》の要点《ようてん》をふまえる」作文問題《さくぶんもんだい》は、メッセージをボールに見立《みた》てるなら、さながらキャッチボールのようなものです。

とはいえ、問題文《もんだいぶん》の筆者《ひっしゃ》は公立中高一貫校《こうりつちゅうこういっかんこう》の適性検査《てきせいけんさ》に採用《さいよう》されるほどですから、何《なん》らかの分野《ぶんや》で優秀《ゆうしゅう》な成果《せいか》を収《おさ》めている第一人者《だいいちにんしゃ》です。文章《ぶんしょう》も分《わ》かりやすくて美《うつく》しいものが選《えら》ばれています。一方《いっぽう》みなさんはまだ小学《しょうがく》六年生。学《まな》ぶのも、働《はたら》くのも、これからです。そんな皆《みな》さんの知《し》っていること、経験《けいけん》したことが、問題文《もんだいぶん》の筆者《ひっしゃ》と対等《たいとう》であるはずはありません。

みなさんのメッセージはまだ幼《おさな》く、未完成《みかんせい》なものです。限《かぎ》られた時間内《じかんない》で、資料《しりょう》もなく、小学生《しょうがくせい》が書《か》いた作文《さくぶん》のメッセージが、問題文《もんだいぶん》の筆者《ひっしゃ》をうならせるようなすごいメッセージを含《ふく》むものである必要《ひつよう》なんかありません。

適性検査《てきせいけんさ》はあくまで「検査《けんさ》」です。みなさんは点数《てんすう》のつく答《とう》案《あん》を作《つく》っています。メッセージを「投《な》げ返《かえ》す」前《まえ》に、本文《ほんぶん》の筆《ひっ》者《しゃ》のメッセージをしっかりと「受《う》け止《と》める」ことが大切《たいせつ》なのだということを、頭《あたま》に入《い》れておきましょう。

さて、今回《こんかい》の作文《さくぶん》の「考《かんが》え」ですが、さっき見《み》たように、二つの文章《ぶんしょう》で意見《いけん》が異《こと》なっています。こんなときの自分《じぶん》の意見《いけん》の立《た》て方《かた》は難《むずか》しくありません。どちらか一方《いっぽう》の意見《いけん》をとればいいのです。

人《ひと》が何《なに》かを伝《つた》え合《あ》うときには、何《なん》でも言葉《ことば》にしてはっきりと伝《つた》えるのがいいのか（文章１）、それとも言葉《ことば》によらないメタメッセージを大切《たいせつ》にするのがいいのか（文章２）。どちらでも、自分《じぶん》の感覚《かんかく》に近《ちか》い方《ほう》を選《えら》んで書《か》きましょう。

ここで気《き》をつけないといけないことは、片方《かたほう》の考《かんが》えだけに偏《かたよ》りすぎないこと。二つの文章《ぶんしょう》、それぞれの筆者《ひっしゃ》の意見《いけん》には、その根拠《こんきょ》があります。どちらかの意見《いけん》に賛成《さんせい》しながら、もう片方《かたほう》の意見《いけん》にもふれておかなければ、「二つの文章《ぶんしょう》の要点《ようてん》をふまえた」ことにはなりません。

二つの文章《ぶんしょう》の意見《いけん》が対立《たいりつ》している今回《こんかい》のような場合《ばあい》は、片方《かたほう》の意見《いけん》に賛成《さんせい》しながら、もう片方《かたほう》の意見《いけん》も部分的《ぶぶんてき》に認《みと》めていくと、バランスの良《よ》い内容《ないよう》になります。例題解答例《れいだいかいとうれい》を読《よ》んで、参《さん》考《こう》にしてください。

ポイント
作文《さくぶん》はメッセージのキャッチボール。問題文《もんだいぶん》の筆者《ひっしゃ》の考《かんが》えに返事《へんじ》をする気持《きも》ちであなたの考《かんが》えを書《か》こう。

段落構成

作文《さくぶん》に書《か》くべき内容《ないよう》は、ほぼ固《かた》まってきました。
ここで設問《せつもん》をもう一度見《どみ》なおしてみましょう。

①人が何かを伝え合うときには、どのようなことが重要だと思いますか。文章１と文章２、②それぞれの要点をふまえ、あなたの考えを、三段落《だんらく》構成にまとめ、四百字以上四百四十字以内で書きなさい。

今回《こんかい》の設問《せつもん》には「三段落《だんらく》構成にまとめる」と指示《しじ》されているので、それに従《したが》いますが、もともと四百字前後《じぜんご》の作文《さくぶん》は三段落《だんらく》くらいで書《か》くのがちょうど良《よ》いです。多《おお》くても四段落《だんらく》あれば十分《じゅうぶん》でしょう。

①、②のうち、②は文章１の要点《ようてん》、文章２の要点《ようてん》と二つあるので、それぞれを一段落《だんらく》にまとめて書《か》くというのが一つの方法《ほうほう》です。つまり、このような段落構成《だんらくこうせい》です。

一段落《だんらく》　文章１の要点《ようてん》
二段落《だんらく》　文章２の要点《ようてん》
三段落《だんらく》　あなたの考《かんが》え

この構成《こうせい》で書《か》けば、自然《しぜん》に問題文《もんだいぶん》の要点《ようてん》をまとめる分量《ぶんりょう》が多《おお》くなります。「あなたの考《かんが》え」と言《い》われてもこれといった考《かんが》えが思《おも》いうかばないときには、この段落構成《だんらくこうせい》で書《か》けばいいのではないでしょうか。

ただし、気《き》をつけなければいけないのは、文章《ぶんしょう》の要点《ようてん》をまとめただけの作文《さくぶん》にならないようにすること。一言《ひとこと》でもいいので、最後《さいご》に「自分《じぶん》の考《かんが》え」を書《か》きましょう。

もうひとつ考《かんが》えられるのは、文章１と文章２の要点《ようてん》を一段落《だんらく》にまとめて、残《のこ》りの二段落《だんらく》にあなたの考《かんが》えを書《か》くというやり方《かた》です。たとえばこんな感《かん》じです。

一段落《だんらく》　文章１と文章２の要点《ようてん》
二段落《だんらく》　考《かんが》えの根拠《こんきょ》になる体験《たいけん》など
三段落《だんらく》　あなたの考《かんが》え

作文《さくぶん》に自信《じしん》のある人《ひと》は、この段落構成《だんらくこうせい》で書《か》いた方《ほう》が個性《こせい》が出《で》やすくなり、高得点《こうとくてん》に結《むす》びつきます。出題《しゅつだい》する学校《がっこう》によっては「あなたの体験《たいけん》や見聞《みき》きしてきたことを例《れい》に挙《あ》げてください」という条件《じょうけん》がつけられていることがあるので、その場合《ばあい》はこのような段落構成《だんらくこうせい》にするとうまく書《か》けます。

また段落《だんらく》の順番《じゅんばん》を変《か》えて、自分《じぶん》の考《かんが》えや体験《たいけん》を最初《さいしょ》に持《も》ってくることで印象《いんしょう》を深《ふか》めることもできます（自分《じぶん》の体験《たいけん》を書《か》く作文《さくぶん》については、第《だい》11章《しょう》でくわしくあつかいます）。

すばらしい作文《さくぶん》が書《か》ければステキですし、得点《とくてん》も高《たか》くなりますが、**いちばん大切《たいせつ》なのは適性検査《てきせいけんさ》の制限時間内《せいげんじかんない》に条件《じょうけん》に合《あ》った文章《ぶんしょう》を書《か》き上《あ》げること**です。長《なが》く考《かんが》え込《こ》んでしまわないように、無理《むり》なく書《か》くことのできる構成《こうせい》を選《えら》びましょう。

似た問題を出す学校

第《だい》2章《しょう》と同《おな》じように、**本文《ほんぶん》をふまえた作文《さくぶん》は公立中高一貫校《こうりつちゅうこういっかんこう》の適性検査《てきせいけんさ》としては定番《ていばん》の問題《もんだい》パターン**です。巻末《かんまつ》の「全国公《ぜんこくこう》立中高一貫校《りつちゅうこういっかんこう》　作文問題《さくぶんもんだい》リスト」のなかの「問題文《もんだいぶん》」という欄《らん》に〇がついているものは、問題文《もんだいぶん》の内容《ないよう》をふまえた作文《さくぶん》ということです。

トレーニング

対立《たいりつ》する意見《いけん》をふまえて自分《じぶん》の考《かんが》えを書《か》こう

二つの意見《いけん》を参考《さんこう》に、テーマに沿《そ》った自分《じぶん》の考《かんが》えを書《か》いてみてください。どちらか片方《かたほう》だけにふれるのではなく、両方《りょうほう》の意見《いけん》の理由《りゆう》をよく考《かんが》えて書《か》きましょう。

トレーニング 対立する意見をふまえて自分の考えを書こう

テーマ1

動物園について	
意見1	意見2
動物園は動物がおりに閉じ込められてかわいそうだ。動物園はないほうがいい。	動物園は街に住んでいる人が野生の動物にふれあうチャンスなので、あったほうがいい。
あなたの考え	

テーマ2

うそをつくことについて	
意見1	意見2
うそをつくことは相手を裏切ることだから、うそはつかないほうがいい。	相手を傷つけないためのやさしいうそもあるし、本当のことを伝えて相手を傷つけることもある。
あなたの考え	

テーマ3

子どもが電子書籍《でんししょせき》で読書することについて	
意見1	意見2
便利な道具はどんどん使うべきだ。電子書籍を使っても問題ない。	子どものうちは紙の本を読んだほうがいい。目にも、紙のほうがいい。
あなたの考え	

限定特典《げんていとくてん》

よく書《か》けた作文《さくぶん》&失敗《しっぱい》した作文《さくぶん》《超《ちょう》》事例集《じれいしゅう》のご案内《あんない》

本《ほん》のなかでは紹介《しょうかい》しきれなかった、
作文《さくぶん》の成功例《せいこうれい》・失敗例《しっぱいれい》を、
ウェブサイト上《じょう》で
具体的《ぐたいてき》なコメントとともに数多《かずおお》く掲載《けいさい》。

小学生《しょうがくせい》にありがちな「落《お》とし穴《あな》」に、
きみはハマってない？

- 自分《じぶん》の意見《いけん》を書《か》いたつもりが……
- 意見《いけん》の後《あと》には理由《りゆう》でしょ？
- 学校《がっこう》の思《おも》い出《で》も人《ひと》それぞれ
- おすすめの本《ほん》も、もちろんプロ野球《やきゅう》
- 家族《かぞく》との「きずな」を 400 字《じ》でえがく
- 科学者《かがくしゃ》を夢見《ゆめみ》るということ

ほかにもたくさんの事例《じれい》を紹介《しょうかい》！

以下《いか》の URL からアクセスできます。
http://www.mokuyo-sha.jp/chuko/
フォームに必要事項《ひつようじこう》を入力《にゅうりょく》し、送信《そうしん》してください。
作文事例集《さくぶんじれいしゅう》ファイル（PDF）の URL を記載《きさい》した
メールをお返《かえ》しします。

第2部

頻出《ひんしゅつ》テーマ攻略編《こうりゃくへん》

ここからは、適性検査《てきせいけんさ》の作文問題《さくぶんもんだい》によく出《で》るテーマを順番《じゅんばん》に解説《かいせつ》していきます。

受検《じゅけん》する学校《がっこう》の過去問題集《かこもんだいしゅう》を開《ひら》くと、見《み》たこともないような難《むずか》しい問題《もんだい》が毎年出題《まいとししゅつだい》されているように感《かん》じるかもしれません。ふだん、小学校《しょうがっこう》で取《と》り組《く》んでいる国語《こくご》のテストよりも難《むずか》しいことは確《たし》かです。しかし、問《と》われている内容《ないよう》はみなさんのこれからにとってとても大切《たいせつ》なことばかりですし、そこにははっきりとした傾向《けいこう》やパターンがあります。

解説《かいせつ》をよく読《よ》んで、今《いま》までとはレベルのちがう考《かんが》え方《かた》ができる、ステキな小学生《しょうがくせい》になりましょう！

第4章 みんな、仲良《なかよ》く！ 人《ひと》づきあいとリーダーシップ

友《とも》だち百人《にん》できるかな

学校生活《がっこうせいかつ》を送《おく》るときに学業《がくぎょう》と同《おな》じくらい大切《たいせつ》なのは、クラスメートや先輩《せんぱい》・後輩《こうはい》、それに先《せん》生《せい》との人間関係《にんげんかんけい》です。こうしたポイントも、適《てき》性検査《せいけんさ》の作文問題《さくぶんもんだい》で頻出《ひんしゅつ》のテーマです。

例題 **福島県立会津学鳳中学校《ふくしまけんりつあいづがくほうちゅうがっこう》　二〇一五年**

次の言葉を読んで、友情について、後の条件にしたがって書きなさい。

友情は成長の遅《おそ》い植物である。

ジョージ・ワシントン（初代アメリカ合衆国大統領《がっしゅうこくだいとうりょう》）の言葉

【条件】

①**二段落《だんらく》構成**とすること。前段では、友情について**この言葉が何を表していると思うか**を書くこと。後段では、前段で書いたことをふまえ、友情についての**あなたの考え**を具体的に書くこと。

②**二百字以上、二百四十字以内**で書くこと。ただし、句読点も一文字として数える。

③原稿《げんこう》用紙の使い方にしたがって、文字やかなづかいを正しく書き、漢字を適切に使うこと。

④題名や氏名は書かないで、本文から書き始めること。

解説

「友情」って何だろう

あなたには友《とも》だちと呼《よ》べる人《ひと》がいますか。

「わたしのクラスはみんな仲良《なかよ》し、三十五人全員《にんぜんいん》が友《とも》だちです！」

はいはい、分《わ》かりました。

そういうことも、あるかもしれませんね。

でもここで言《い》う「友《とも》だち」とは、ただ「仲良《なかよ》し」ということではありません。

なやみを打《う》ち明《あ》けることができる。

いやなことはいやと言《い》える。

考《かんが》えが合《あ》わないときには、けんかをすることもある。

楽《たの》しいことも、苦《くる》しいことも、いやなことも、すべて分《わ》け合《あ》うことのできる、本当《ほんとう》の友《とも》だちのことです。

子《こ》どもも大人《おとな》も、一人《ひとり》で生《い》きていくことはできません。助《たす》け合《あ》える人《ひと》が必要《ひつよう》です。うれしいときに喜《よろこ》びを分《わ》かち合《あ》い、困《こま》ったときに助《たす》けてくれる本当《ほんとう》の友《とも》だちは人生《じんせい》の宝物《たからもの》、かけがえのない財産《ざいさん》です。

ジョージ・ワシントンといえば、一七七六年にイギリスから独立《どくりつ》したアメリカ合衆国《がっしゅうこく》の最初《さいしょ》の大統領《だいとうりょう》。今回《こんかい》の例題《れいだい》は、彼《かれ》の言葉《ことば》を題材《だいざい》にしたシンプルなものですが、テーマはとても奥深《おくぶか》いのです。

将来《しょうらい》の社会生活《しゃかいせいかつ》でも大切《たいせつ》な「友《とも》だち」をテーマにすえた作文《さくぶん》課題《かだい》は、このように適性検査《てきせいけんさ》に出題《しゅつだい》されます。みなさんも一度《いちど》自分《じぶん》の友《とも》だちとの関係《かんけい》をじっくり考《かんが》えてみてください。

ポイント
本当《ほんとう》の友《とも》だちとはどんな友《とも》だちか、考《かんが》えてみよう。

「比喩」を読み解こう

ここで「比喩表現《ひゆひょうげん》（たとえの表現《ひょうげん》）」について考《かんが》えてみましょう。

「友情は成長の遅《おそ》い植物である。」

「友情は」から後《あと》の部分《ぶぶん》がすべて「たとえ」の表現《ひょうげん》、比喩《ひゆ》になっているのが分《わ》かりますね。

比喩《ひゆ》には二種類《しゅるい》あります。

「山《やま》のような大男《おおおとこ》」

このように「ような」、「みたいな」、ちょっと古《ふる》い言《い》い方《かた》なら「ごとき」といった、読《よ》んですぐに比喩《ひゆ》と分《わ》かる表現《ひょうげん》が使《つか》われたものを「**直喩**《ちょくゆ》」といいます。

一方《いっぽう》、今回《こんかい》の例題《れいだい》「友情は成長の遅《おそ》い植物である」のように、すぐに比喩《ひゆ》とは分《わ》からない言《い》い方《かた》をしているものを「**隠喩**《いんゆ》」といいます。

読解問題《どっかいもんだい》や作文《さくぶん》の問題文《もんだいぶん》にこうした隠喩《いんゆ》の表現《ひょうげん》が出《で》てきたときには要《よう》チェック。比喩《ひゆ》を使《つか》わずに言《い》うとどういう意味《いみ》を表《あらわ》すのかを必《かなら》ず考《かんが》えましょう。

「友情」は分《わ》かりますが、「成長の遅《おそ》い植物」とは、どういうことだと思《おも》いますか。

「成長の遅《おそ》い」という部分《ぶぶん》は、時間《じかん》をかけて大《おお》きくなっていくものであることを意味《いみ》しています。友情《ゆうじょう》が大《おお》きく深《ふか》くなるためには、とても長《なが》い時間《じかん》がかかる（＝遅《おそ》い）ということを伝《つた》えています。

では「植物である」という部分《ぶぶん》はどうでしょう。雑草《ざっそう》や森《もり》の植物《しょくぶつ》のように放《ほう》っておいても育《そだ》つ植物《しょくぶつ》はありますが、庭《にわ》の木《き》や鉢植《はちう》えの花《はな》には適切《てきせつ》な世話《せわ》が必要《ひつよう》です。友情《ゆうじょう》を「育《そだ》てたい」と思《おも》うなら、植物《しょくぶつ》にするような、気長《きなが》でていねいな手入《てい》れが必要《ひつよう》である。そういうことも言《い》いたいのではないでしょうか。

でも「大《おお》きくなるのに時間《じかん》がかかって、世話《せわ》が必要《ひつよう》」ということを言《い》いたいだけなら、「動物《どうぶつ》である」と言《い》ってもよかったはずです。植物《しょくぶつ》と動物《どうぶつ》とのちがいは何《なん》でしょう。

植物《しょくぶつ》は動《うご》きません。長《なが》い時間《じかん》をかけて育《そだ》て上《あ》げた友情《ゆうじょう》は、木《き》のように動《うご》かず、いつも同《おな》じ場所《ばしょ》であなたを見守《みまも》ってくれる。何《なに》よりも心強《こころづよ》い味方《みかた》になります。

適性検査《てきせいけんさ》の制限時間内《せいげんじかんない》にここまで気《き》づけば立派《りっぱ》なものです。

ポイント

比喩《ひゆ》表現《ひょうげん》は、ふつうの言《い》い方《かた》に置《お》きかえて考《かんが》える。

公立中高一貫校の求める「人物像」

全国《ぜんこく》の公立中高一貫校《こうりつちゅうこういっかんこう》には「将来《しょうらい》、社会《しゃかい》のリーダーとなる人《ひと》を育成《いくせい》する」ことを教育《きょういく》の大《おお》きな目標《もくひょう》の一つにしている学校《がっこう》がたくさんあります。例題《れいだい》の福島県立会津学鳳中学校《ふくしまけんりつあいづがくほうちゅうがっこう》もその一つです。

リーダーとは何《なん》でしょう。えらそうにしている人《ひと》？　ちがいますね。リーダーは「リードする人《ひと》」。リード（lead）は英語《えいご》で「先《さき》に立《た》つ、導《みちび》く」という意味《いみ》です。人《ひと》の集団《しゅうだん》、つまり「社《しゃ》会《かい》」を先導《せんどう》し、新《あたら》しい時代《じだい》を進《すす》んで切《き》り拓《ひら》くことができる人《ひと》。「リーダー」という言葉《ことば》には、そんな思《おも》いが込《こ》められているといっていいでしょう。

では「リーダー」になるために必要《ひつよう》な条件《じょうけん》とは何《なに》か？　勉強《べんきょう》やスポーツができるというのも、そのうちの一つなのは間違《まちが》いないでしょう。しかし、それだけでは足《た》りません。

社会《しゃかい》をよりよくすることは一人《ひとり》ではできません。仲間《なかま》が必要《ひつよう》です。多《おお》くの人《ひと》から賛同《さんどう》を得《え》ることも大切《たいせつ》です。つまり、人《ひと》と上手《じょうず》につきあい、思《おも》いやりをもって接《せっ》することができる力《ちから》、「社交性《しゃこうせい》」がなければ、リーダーにはなれないのです。

そうした力《ちから》を見《み》るために、友《とも》だちを大切《たいせつ》にする姿勢《しせい》や人《ひと》の気《き》持《も》ちを尊重《そんちょう》する姿勢《しせい》など、集団《しゅうだん》のなかでお手本《てほん》になることができる資質《ししつ》を問《と》うテーマが出題《しゅつだい》されることがあります。

クラスみんなで一つのことを決《き》めるとき、どうしても意見《いけん》が分《わ》かれてしまった。そんなとき、あなたは学級委員《がっきゅういいん》としてどうしますか、という問題《もんだい》もありました。

クラスメートだけでなく、学校《がっこう》の先生《せんせい》や地域《ちいき》の大人《おとな》、年齢《ねんれい》のちがう子どもなどとの関《かか》わりについての作文問題《さくぶんもんだい》も、こうした「社交性《しゃこうせい》」を問《と》う作文《さくぶん》です。この章《しょう》のトレーニングで、自分《じぶん》の人《ひと》との関《かか》わり方《かた》について、一度《ど》見《み》直《なお》してみましょう。

ポイント

公立中高一貫校《こうりつちゅうこういっかんこう》は新《あたら》しい時代《じだい》の「リーダー」を求《もと》めています。思《おも》っていることを人《ひと》に伝《つた》える力《ちから》がリーダーには必要《ひつよう》です。

似た問題を出す学校

東京都立南多摩中等教育学校《とうきょうとりつみなみたまちゅうとうきょういくがっこう》（二〇一五）では人《ひと》と接《せっ》するときの優《やさ》しさや厳《きび》しさをテーマとした作文《さくぶん》を出題《しゅつだい》しています。**宮城県立古川黎明中学校《みやぎけんりつふるかわれいめいちゅうがっこう》**は「『たくさんの人《ひと》と協力《きょうりょく》して一つのことをする』ときに心《こころ》がけたいと思《おも》うこと」、**川崎市立川崎《かわさきしりつかわさき》高等学校附属中学校《こうとうがっこうふぞくちゅうがっこう》**は「相手《あいて》に自分《じぶん》の気持《きもち》を伝《つた》えるためにはどのような工夫《くふう》をするか」、**石川県立金沢錦丘中学校《いしかわけんりつかなざわにしきがおかちゅうがっこう》**は「話《はな》し合《あ》いで大切《たいせつ》なことをまとめる」。

ほかにも**山口県共通問題《やまぐちけんきょうつうもんだい》**や**沖縄県立与勝緑が丘中学校《おきなわけんりつよかつみどりがおかちゅうがっこう》**でも、似《に》たテーマの作文問題《さくぶんもんだい》が出題《しゅつだい》されています。

二〇一四年も、**岩手《いわて》県立《けんりつ》一関《いちのせき》第一《だいいち》高等学校《こうとうがっこう》附属《ふぞく》中学校《ちゅうがっこう》**、**東京《とうきょう》都立《とりつ》両国《りょうごく》高等学校《こうとうがっこう》附属《ふぞく》中学校《ちゅうがっこう》**、**栃木《とちぎ》県《けん》共通問題《きょうつうもんだい》**、**新潟《にいがた》市立《しりつ》高志《こうし》中等教育学校《ちゅうとうきょういくがっこう》**など、数《かぞ》え上《あ》げるときりがありません。

トレーニング

友《とも》だちについて考《かんが》えよう

あなたにとって、本当《ほんとう》の友《とも》だちとはどういう人《ひと》ですか。もしクラス委員《いいん》になったら、どんなクラスにしていきたいですか。

今回《こんかい》のトレーニングは、作文問題《さくぶんもんだい》で頻出《ひんしゅつ》のテーマを中心《ちゅうしん》に、友《とも》だち関係《かんけい》やクラスのなかでのふるまいについて、大切《たいせつ》なことを八項目《こうもく》にまとめたものです。

クラスではいろいろな問題《もんだい》が起《お》こります。ときには友《とも》だちの悪口《わるぐち》や仲間《なかま》はずれ、それにいじめも起《お》こります。行《い》ってはいけない場所《ばしょ》に行《い》こうなどと、悪《わる》いことに誘《さそ》われもするでしょう。そんな場面《ばめん》であなたはどうしますか。

現実《げんじつ》には「いい子《こ》」になりきれないこともあります。でも、理想《りそう》としての行動《こうどう》や心《こころ》がけたいと思《おも》うことをまとめておくことは大切《たいせつ》です。これを機会《きかい》に、一度《ど》じっくり考《かんが》えてみてください。

トレーニング 友だちについて考えよう

❶	友だちってどういう人のこと？	
❷	どういう人と友だちになりたい？	
❸	クラスで意見がまとまらないときどうする？	
❹	クラスの子が、親友の悪口を言ってきた。どうする？	
❺	友だちから悪いことに誘われた。どうする？	
❻	クラスの一人がいじめられている。どうする？	
❼	話し合いで大切だと思うことは？	
❽	クラス委員になりました。どんなクラスにしたい？	

第5章

ハッピーな町《まち》にくらしたい マナーとルール

ルールはどうしてあるの？

「この世《よ》に決《き》まりなんかなければ、自由《じゆう》に生《い》きられるのに……」

こんなふうに考《かんが》えたことはありませんか。

食《た》べ物《もの》を口《くち》に入《い》れたまま話《はなし》をしてはいけないとか、廊下《ろうか》を走《はし》ってはいけないとか。たくさんのルールにかこまれて、私《わたし》たちは生活《せいかつ》しています。どうでもいいような決《き》まりに縛《しば》られて、うんざりしてしまうこともありますね。

ルールはその場《ば》にいるみんながくらしていくためのものです。つまらないように思《おも》えるものでも、必《かなら》ずできた理由《りゆう》があります。

そしてこれから中学《ちゅうがく》、高校《こうこう》と進《すす》んでいくみなさんには、ルールを守《まも》るだけでなくみんなのためのルールを作《つく》らなければいけない場面《ばめん》も出《で》てきます。

例題

札幌《さっぽろ》市立《しりつ》札幌《さっぽろ》開成《かいせい》中等《ちゅうとう》教育《きょういく》学校《がっこう》　二〇一五年改題

次《つぎ》の会話文《かいわぶん》Ⅰと会話文《かいわぶん》Ⅱは、ある親子《おやこ》の間《あいだ》でのものです。この場面設定《ばめんせってい》では、会話文《かいわぶん》Ⅰに登場《とうじょう》する子《こ》どもが会話文《かいわぶん》Ⅱでは父親《ちちおや》となっています。

年代《ねんだい》の異《こと》なる2つの会話文《かいわぶん》を読《よ》んで、問題《もんだい》に答《こた》えましょう。

会話文Ⅰ（1970年代《ねんだい》のある親子《おやこ》の会話《かいわ》）

お父《とう》さん：ただいま。

子《こ》ども：お父《とう》さん、お帰《かえ》り。夕飯《ゆうはん》ができているからみんなで食《た》べよう。

お父《とう》さん：そうだね、お父《とう》さんも食《た》べるとするよ。

お母《かあ》さん：最近《さいきん》、お父《とう》さん、家《いえ》に帰《かえ》る時間《じかん》が早《はや》くなったわね。

お父《とう》さん：そうだね。去年《きょねん》、札幌《さっぽろ》でも地下鉄《ちかてつ》が開通《かいつう》したので、会社《かいしゃ》までの通勤時間《つうきんじかん》が短《みじか》くなったからね。

子《こ》ども：いいな。ぼくも今度《こんど》地下鉄《ちかてつ》に乗《の》せてよ。

お父《とう》さん：いいよ。来週《らいしゅう》の日曜日《にちようび》、みんなで大通《おおどおり》まで地下《ちか》鉄《てつ》に乗《の》って、買《か》い物《もの》に行《い》こうか。

お母《かあ》さん：あら、うれしいわ。わたしもデパートに行《い》きたかったの。

お父《とう》さん：それはよかったね。ところで、今日《きょう》は天気《てんき》がよかったけど、学校《がっこう》が終《お》わったあと、元気《げんき》に外《そと》で遊《あそ》んだかい。

子《こ》ども：うん、遊《あそ》んだよ。クラスのみんなと「スマイルにこにこ公園《こうえん》」でサッカーをやって、ゴールを決《き》めたよ。

お父《とう》さん：そうか。ところで、公園《こうえん》でボール遊《あそ》びをしていて、近所《きんじょ》の人《ひと》にしかられるようなことはないかい。

子《こ》ども：大丈夫《だいじょうぶ》だよ。だって公園《こうえん》の周《まわ》りには家《いえ》は1つもないし、他《ほか》に遊《あそ》んでいる人《ひと》もいないので、ボールが当《あ》たる心配《しんぱい》はないよ。

お父《とう》さん：それだったら安心《あんしん》だ。

お母《かあ》さん：じゃあ、公園《こうえん》の話《はなし》はそこまでにして、みんなで夕飯《ゆうはん》を食《た》べましょう。今日《きょう》の夕飯《ゆうはん》はカレーライスよ。

子《こ》ども：おなかすいたね。早《はや》くカレーライスを食《た》べたいよ。

会話文Ⅱ（2014年《ねん》のある親子《おやこ》の会話《かいわ》）

お父《とう》さん：ただいま。

子《こ》ども：お帰《かえ》りなさい。今日《きょう》は早《はや》かったわね。

お父《とう》さん：今日《きょう》は道路《どうろ》が渋滞《じゅうたい》していなかったからね。車《くるま》の運転《うんてん》も楽《らく》だったよ。ところで、学校《がっこう》から帰《かえ》って宿題《しゅくだい》をしたのかい。

子《こ》ども：宿題《しゅくだい》はちゃんと終《お》わらせたし、ピアノの練習《れんしゅう》もすませたわ。そのあと公園《こうえん》で友《とも》だちと遊《あそ》んだの。

お父《とう》さん：そうか。それで、どこの公園《こうえん》に行《い》ったんだい。

子《こ》ども：「スマイルにこにこ公園《こうえん》」に遊《あそ》びに行《い》ったの。

お父《とう》さん：ほお、「スマイルにこにこ公園《こうえん》」か。お父《とう》さんも小学生《しょうがくせい》のころ、よく遊《あそ》びに行《い》ったよ。当時《とうじ》は、お父《とう》さんたちしか遊《あそ》んでいる人《ひと》はいなかったけどね。

子《こ》ども：いまはたくさんの人《ひと》が遊《あそ》んでいるわよ。でもね、今日《きょう》、「スマイルにこにこ公園《こうえん》」のとなりに住《す》む田中《たなか》さんにしかられたの。

お父《とう》さん：えっ、どうしてしかられたんだい。

子《こ》ども：さとしくんがけったボールが公園《こうえん》の柵《さく》を飛《と》びこえて、田中《たなか》さんの家《いえ》に当《あ》たったの。

お父《とう》さん：それはしかられても仕方《しかた》がないよ。でも、お父《とう》さんが小学生《しょうがくせい》のころは、ボールで遊《あそ》んでいても、しかられることはなかったんだけどな。

子《こ》ども：えっ、なぜ。いまは公園内《こうえんない》でのボール遊《あそ》び禁止《きんし》の看板《かんばん》が立《た》っていて、ボールで遊《あそ》びたくても遊《あそ》べないの。

お父《とう》さん：そうか、お父《とう》さんのころとは様子《ようす》が変《か》わってしまったんだね。

子《こ》ども：いまどきの公園《こうえん》はボール遊《あそ》び禁止《きんし》のところが多《おお》いから、遊《あそ》び場所《ばしょ》がなくて困《こま》っているの。

お母《かあ》さん：ただいま。

子《こ》ども：お帰《かえ》りなさい、お母《かあ》さん。お父《とう》さんより帰《かえ》りが遅《おそ》かったわね。

お母《かあ》さん：あら、ごめんなさい。ところで二人《ふたり》とも、むずかしい顔《かお》をしてどうしたの。

子《こ》ども：今日《きょう》、「スマイルにこにこ公園《こうえん》」に遊《あそ》びに行《い》くからねってメールしたわよね。

お母《かあ》さん：ええ、見《み》たわ。

子《こ》ども：そこで、みんなでボール遊《あそ》びをしていたら、さとしくんのけったボールが田中《たなか》さんの家《いえ》に当《あ》たってしまったの。「家《いえ》にボールを当《あ》てちゃだめじゃないか。そもそも、ボール遊《あそ》びは禁止《きんし》だろ！」と言《い》われたわ。

お母《かあ》さん：あの公園《こうえん》はボール遊《あそ》び禁止《きんし》でしょ。知《し》っていて遊《あそ》んでいたの。

子《こ》ども：うん、ごめんなさい。

お母《かあ》さん：すぐにあやまりにいったの。

子《こ》ども：いいえ。ボールを取《と》りに行《い》ったあと、そのまま遊《あそ》んでいたら、田中《たなか》さんが家《いえ》から出《で》てきてしかられたの。

お母《かあ》さん：それじゃ、しかられて当然《とうぜん》ね。

子《こ》ども：ところで、「スマイルにこにこ公園《こうえん》」も昔《むかし》みたいにボール遊《あそ》びができるようにならないかな。

お母《かあ》さん：そうね、なにかよい考《かんが》えはないかしら。

お父《とう》さん：まずは、なぜ田中《たなか》さんにしかられたのかを考《かんが》えないとだめだね。それから、公園《こうえん》で遊《あそ》んでいる他《ほか》の人《ひと》たちのことも考《かんが》えなくちゃいけないだろうね。この2つのことをしっかりと考《かんが》えて、みんなが納得《なっとく》できるルールを市長《しちょう》さんに提案《ていあん》したら、昔《むかし》のようにボールで遊《あそ》べる公園《こうえん》になるかもしれないね。

子《こ》ども：みんなが納得《なっとく》できるルールって、どうしたらいいのかしら。

お父《とう》さん：それはいつも一緒《いっしょ》に遊《あそ》ぶ友《とも》だちと話《はな》し合《あ》ってごらん。大人《おとな》がアイディアを出《だ》すより、子《こ》どもたちの素直《すなお》なアイディアの方が市長《しちょう》さんに伝《つた》わると思《おも》うよ。

お母《かあ》さん：さて、この続《つづ》きは夕飯《ゆうはん》を食《た》べてからにしましょう。今日《きょう》の夕飯《ゆうはん》はカツカレーよ。

お父《とう》さん：おっ、カツカレーか。お父《とう》さん、大好《だいす》きなんだ。

問題

傍線部《ぼうせんぶ》について、お父《とう》さんのアドバイスをすべていかして、「みんなが納得《なっとく》できるルール」をあなたが考《かんが》えるとしたら、どのようなルールを提案《ていあん》しますか。次《つぎ》の地図《ちず》も参考《さんこう》にして、具体的《ぐたいてき》な提案内容《ていあんないよう》を書《か》きましょう。

なお、公園《こうえん》の柵《さく》を高《たか》くしたり、公園《こうえん》の面積《めんせき》を大《おお》きくしたりするなど、公園《こうえん》そのものを変更《へんこう》する提案《ていあん》はできないものとします。

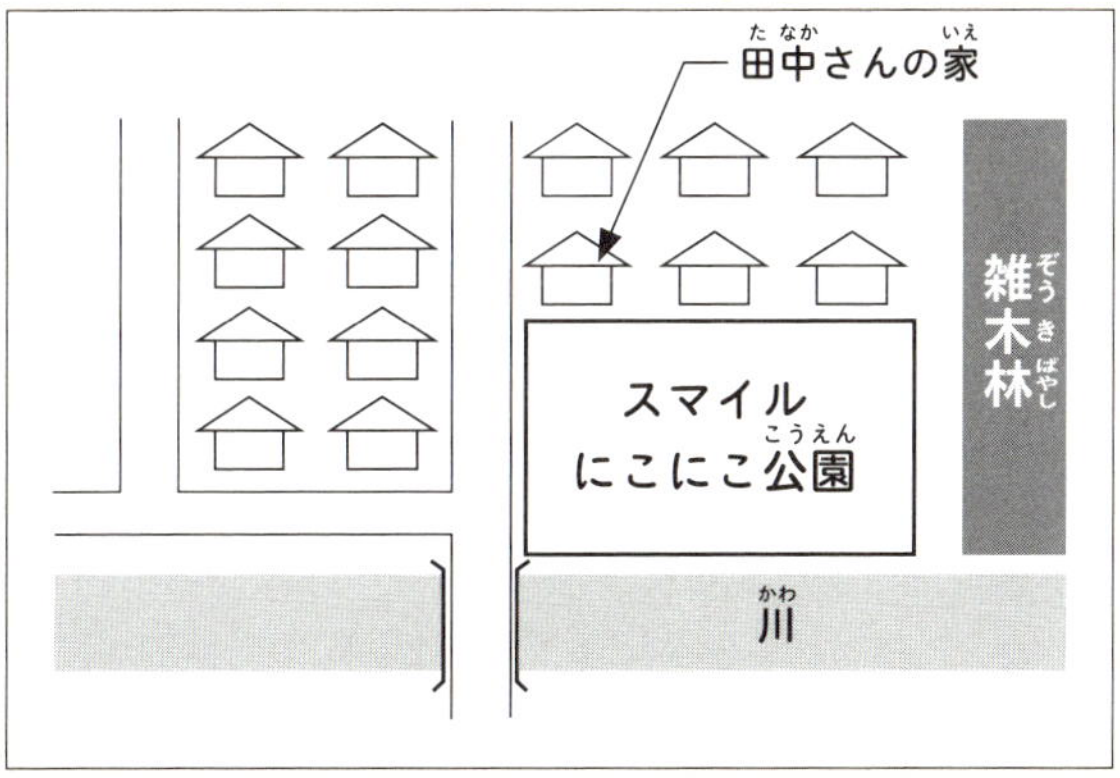

2014年現在《ねんげんざい》の「スマイルにこにこ公園《こうえん》」の周辺地図《しゅうへんちず》

解説

「公共心」は想像力

問題《もんだい》になっている「ルール」を作《つく》るためには、会話文《かいわぶん》の傍線《ぼうせん》部《ぶ》「みんなが納得《なっとく》できる」という部分《ぶぶん》が大切《たいせつ》です。

公園《こうえん》はだれが使《つか》ってもいいことになっています。「公《おおやけ》」とは「みんな」のこと。公園《こうえん》は「みんな」に開《ひら》かれた場所《ばしょ》です。

「だれでも自由《じゆう》に使《つか》っていいんだから、ボール遊《あそ》びをしてもいいんじゃない？」

そういう意見《いけん》が出《で》るのも不思議《ふしぎ》ではありません。でも公園《こうえん》でボール遊《あそ》びが始《はじ》まれば、小《ちい》さい子《こ》どもやお年寄《としよ》りがのんびりできません。キャッチしそこなって飛《と》んできたボールが当《あ》たったら痛《いた》いですからね。

「公共《こうきょう》の福祉《ふくし》」という言葉《ことば》があります。日本《にほん》の法律《ほうりつ》のいちばんのもとになる「日本国憲法《にほんこくけんぽう》」にたびたび登場《とうじょう》する言葉《ことば》です。

「公共《こうきょう》」の「公《おおやけ》」は公園《こうえん》の「公《おおやけ》」と同《おな》じ、「みんな」のこと。「福祉《ふくし》」は「幸《しあわ》せ」です。憲法《けんぽう》では日本《にほん》に住《す》む人《ひと》たちに与《あた》えられたどんな権利《けんり》も、この「公共《こうきょう》の福祉《ふくし》」に反《はん》してはいけないとはっきり書《か》かれています。

簡単《かんたん》に言《い》えば、いつでもみんなが快適《かいてき》に過《す》ごせるように気《き》を使《つか》いましょう、ということです。自分勝手《じぶんかって》でまわりに迷惑《めいわく》をかけてはいけません。

まわりのみんなのことを考《かんが》えること。これを「公共心《こうきょうしん》」と言《い》います。今回《こんかい》の例題《れいだい》は公共心《こうきょうしん》を問《と》う問題《もんだい》です。

「自分《じぶん》たちは楽《たの》しいけど、迷惑《めいわく》に感《かん》じる人《ひと》もいるんじゃないかな……？」

立《た》ち止《ど》まって、考《かんが》えてみる。公共心《こうきょうしん》には「想像力《そうぞうりょく》」が不可欠《ふかけつ》です。

ポイント

いろいろな立場《たちば》の人《ひと》の身《み》になって考《かんが》えてみよう。

多数決で決めればいい？

さて、みなさんはどんな「ルール」を思《おも》いついたでしょうか。

「ボール遊《あそ》びをしてもいいかどうか、多数決《たすうけつ》で決《き》めるということにすればいい」

こんなふうに考《かんが》えた人《ひと》は、いませんか。

残念《ざんねん》ですが、これは間違《まちが》いです。

みんなで一つのことを決《き》める必要《ひつよう》があるとき、確《たし》かに「多数《たすう》決《けつ》」で決《き》めることは意味《いみ》があります。権力《けんりょく》を持《も》った誰《だれ》かが勝手《かって》に決《き》めるのに比《くら》べたら、納得《なっとく》する人《ひと》の多《おお》い決《き》め方《かた》です。しかしこの決《き》め方《かた》は「みんなが納得《なっとく》できる」ルールではありませんね。

たとえば公園《こうえん》によく遊《あそ》びに来《く》る人《ひと》と公園《こうえん》の近《ちか》くに住《す》む人《ひと》、あわせて百人《にん》で多数決《たすうけつ》を採《と》ったとします。その結果《けっか》、「ボール遊《あそ》びに賛成《さんせい》」が五十五票《ひょう》、「反対《はんたい》」が四十五票《ひょう》で、ボール遊《あそ》びをしてもいいことになりました……。

ボール遊《あそ》びをしてほしくない田中《たなか》さんのような人《ひと》は、この取《と》り決《き》めに納得《なっとく》するでしょうか？

「多数決《たすうけつ》だから、しかたがない」とはならないですね。納得《なっとく》するのは、賛成派《さんせいは》の五十五人《にん》だけです。

多数決《たすうけつ》という決《き》め方《かた》はとても便利《べんり》ですし、多《おお》くの人《ひと》の意見《いけん》を反映《はんえい》しやすいという良《よ》い点《てん》がありますが、その反面《はんめん》、少数派《しょうすうは》の人《ひと》の意見《いけん》が通《とお》りにくいという欠点《けってん》もあります。

みんなが納得《なっとく》するルールというのは、多数決《たすうけつ》でむりやり決《き》めることではありません。

地図《ちず》が手《て》がかりです。田中《たなか》さんをはじめ「みんなが納得《なっとく》」できて、ボール遊《あそ》びもできるルールを考《かんが》えましょう。

ポイント

何《なん》でも多数決《たすうけつ》で決《き》めればいいというものではありません。その場《ば》で最《もっと》も適切《てきせつ》な決《き》め方《かた》を考《かんが》えましょう。

他人の立場に立つ

「ものごとを客観的《きゃっかんてき》に考《かんが》えよう」

こんなふうに言《い》われたことが一度《ど》はあるでしょう。小《ちい》さな子《こ》どもは自分《じぶん》の視点《してん》（主観《しゅかん》）でしかものごとを見《み》ることができません。

中学生《ちゅうがくせい》になろうとするみなさんは、そこから一歩先《いっぽさき》へ進《すす》んで、自分《じぶん》のしたいことや必要《ひつよう》だと思《おも》っていることと、ほかの人《ひと》が考《かんが》えていることを同列《どうれつ》のものとして考《かんが》え、公正《こうせい》なルールを作《つく》ることで問題《もんだい》を解決《かいけつ》する力《ちから》を身《み》につけてほしい。これが今回《こんかい》の例題《れいだい》に込《こ》められたメッセージです。

物事《ものごと》を客観的《きゃっかんてき》に考《かんが》えることは、一つのものをいろいろな角度《かくど》から見《み》ることにもつながります。ルールやマナーをあつかった問題《もんだい》ではありませんが、適性検査《てきせいけんさ》ではこのような「多角的《たかくてき》に物《もの》事《ごと》をとらえる」ことをテーマとした作文課題《さくぶんかだい》もよく出題《しゅつだい》されます。

ポイント

自分《じぶん》が関《かか》わっていることがらでは、客観的《きゃっかんてき》に考《かんが》えることを意識《いしき》しよう。

似た問題を出す学校

青森県立三本木高等学校附属中学校《あおもりけんりつさんぼんぎこうとうがっこうふぞくちゅうがっこう》（二〇一五）は食堂《しょくどう》でのマナーに関《かん》する張《は》り紙《がみ》について、考《かんが》えを書《か》く作文《さくぶん》を出題《しゅつだい》。**群馬県共通問題《ぐんまけんきょうつうもんだい》**ではいくつかある記述問題《きじゅつもんだい》の中《なか》に、ボランティアで清掃活動《せいそうかつどう》をするおばあさんについての感想《かんそう》を書《か》く問題《もんだい》が出《で》ています。

二〇一四年には**宮城県立古川黎明中学校《みやぎけんりつふるかわれいめいちゅうがっこう》**で「人《ひと》の役《やく》に立《た》つとはどういうことか」というテーマで作文《さくぶん》を書《か》く問題《もんだい》が出《で》ています。群馬県《ぐんまけん》の**太田市立太田中学校《おおたしりつおおたちゅうがっこう》**（二〇一三）は、早《はや》く学校《がっこう》に行《い》かなければならないのにおばあさんに道《みち》を聞《き》かれたときの対応《たいおう》を考《かんが》えるという変《か》わり種《だね》の出題《しゅつだい》がありました。

東京都立大泉高等学校附属中学校《とうきょうとりつおおいずみこうとうがっこうふぞくちゅうがっこう》（二〇一三）はルールを守《まも》ることについての作文《さくぶん》、同《おな》じ年《とし》の**鹿児島市立鹿児島玉龍中学校《かごしましりつかごしまぎょくりゅうちゅうがっこう》**では、今回《こんかい》の解説《かいせつ》で取《と》り上《あ》げた「多数決《たすうけつ》」という方法《ほうほう》についての考《かんが》えを問《と》う問題《もんだい》が出《で》ています。

トレーニング

みんなのためのルール作《づく》り

今回《こんかい》の例題《れいだい》のように、立場《たちば》によって意見《いけん》が分《わ》かれる問題《もんだい》について、賛成《さんせい》・反対《はんたい》の両方《りょうほう》が納得《なっとく》するルールを考《かんが》えましょう。どちらか一方《いっぽう》に決《き》めないといけないような問題《もんだい》の場合《ばあい》は、自分《じぶん》の意見《いけん》が通《とお》らなかったとしても納得《なっとく》できるような決《き》め方《かた》を考《かんが》えましょう。

トレーニング みんなのためのルール作り

議題❶	
公園でボール遊びをしてもいいかどうか	
賛成の理由	反対の理由
解決策（両方が納得するルール・決め方など）	

議題❷	
町の図書館で勉強してもいいかどうか	
賛成の理由	反対の理由
解決策（両方が納得するルール・決め方など）	

議題❸	
公園で犬の散歩をしてもいいかどうか	
賛成の理由	反対の理由
解決策（両方が納得するルール・決め方など）	

第6章

君《きみ》ならどうする？

地域社会《ちいきしゃかい》と社会問題《しゃかいもんだい》

知《し》っていますか、あなたの住《す》む町《まち》のこと

高学年《こうがくねん》になると、自転車《じてんしゃ》で遠出《とおで》をしたり、友《とも》だちとバスや電車《でんしゃ》で出《で》かける機会《きかい》もあるでしょう。観光《かんこう》みなさんが住《す》む町《まち》はどんなところですか。観光に来《く》る人《ひと》たちにぜひとも見《み》せたいと思《おも》うすばらしいところや、自慢《じまん》したいところがきっとあると思《おも》います。

その一方《いっぽう》で、解決《かいけつ》しなければいけない問題《もんだい》もあるのではないでしょうか。

自分《じぶん》たちの住《す》む町内《ちょうない》、地域《ちいき》、市町村《しちょうそん》、都道府《とどうふ》県《けん》、国《くに》、そして地球全体《ちきゅうぜんたい》のかかえる問題《もんだい》について知《し》ることは、大人《おとな》になるための第《だい》一歩《ぼ》です。

例題

東京《とうきょう》都立《とりつ》三鷹《みたか》中等教育学校《ちゅうとうきょういくがっこう》　二〇一五年改題

いま、多摩川《たまがわ》はいのちあふれる川です。調布《ちょうふ》*取水堰《しゅすいぜき》から河口までの下流は、川の水と海の水がまじり合う「汽水域《きすいいき》」といわれるエリアで、*淡水魚《たんすいぎょ》だけでなく*海水魚も多く見られます。

きれいになった多摩川の象徴《しょうちょう》といえば、やはりアユです。上流に向かって流れをさかのぼって泳ぐことを「そ上《じょう》」といいますが、春、多摩川には毎年一〇〇万匹《びき》以上ものアユが海からそ上します。

その光景は、かつての汚《よご》れのひどさを知っている人には、信じられないかもしれません。ついこの間まで、その目にうつっていたのは泡《あわ》、*ヘドロ、ゴミ、空《あ》き缶《かん》。そこに清流の魚、アユが群れをなして泳いでいるわけですからね。

これを「多摩川の奇跡《きせき》」と呼《よ》ぶ人もいます。

アユは川と海を行《い》き来《き》する「回遊魚」です。一年しか生きない魚なので「年魚《ねんぎょ》」とも呼ばれます。

秋、親アユは中流の瀬《せ》に卵《たまご》をうみます。瀬というのは歩いて渡《わた》れるほどの浅い場所のことで、ここは酸素がたくさんあるので卵の生育に適しています。親アユは一匹で三万個ほどの卵をうみ、ふ化した稚魚《ちぎょ》はそのまま三、四日かけて川をくだって、ひと冬を海で過ごします。

そして翌年《よくねん》の春、五センチほどに育ったところで川をそ上します。夏の間に、上流で石についたコケなどを食べて成魚となり、秋になるとふたたび中流におりて卵をうみ、アユはその一生を終えるのです。

江戸《えど》時代《じだい》の文献《ぶんけん》を読むと、古くから多摩川ではアユがたくさんとれたと書かれています。わたしが子どものころも*投網《とあみ》を使ったアユ漁が盛《さか》んでした。*高度経済成長期《こうどけいざいせいちょうき》に川が汚れ、いったんは消えますが、水質の向上とともにまた姿《すがた》を見せ、とくにこの一〇年は、じつに毎年一〇〇万匹以上がやってくるまでになりました。

いま、多摩川は日本でも有数のアユの川と言っていいでしょう。

四月、水のぬるむころ、ぜひ多摩川に足をはこんでみてください。下流の調布取水堰や中流の宿河原堰《しゅくがわらぜき》では、若《わか》アユたちが体をくねらせ、一生懸命《いっしょうけんめい》ジャンプする様子が見られるはずです。日の光を浴び、銀色にかがやくその姿は、いのちの躍動《やくどう》そのもの。よみがえった多摩川を実感する瞬《しゅん》間《かん》です。

川の復活といえば、マルタの話もしないわけにはいきません。

マルタはウグイの仲間で、丸太のように太い胴《どう》をしているのでその名前がつきました。体長は四〇〜六〇センチと淡水魚にしては大型です。ふだんは海でくらし、春、卵をうむために川をそ上します。

このマルタ、わたしが子どものころは多摩川にいっぱいいました。

春になると川の浅瀬で、大きな*図体《ずうたい》をした魚がバシャバシャとしぶきをたてています。

わたしは「なんだろう、あの魚? コイじゃないしなァ」

と思ってながめていました。だって当時はマルタなんて魚、知りません。わたしがまだ幼《おさな》かったこともありますが、そもそもだれも見向きもしない魚だったのです。なにしろ小《こ》骨《ぼね》が多くて、食べてもちっともおいしくない。

マルタのことはしばらく忘《わす》れていたのですが、大人になったあるとき、春の川をながめていて「そういえばあの大きな魚どこにいったんだろう？」と思い出しました。一九八〇年代、すでにマルタの姿は多摩川から消えていました。汚染《おせん》によって絶滅《ぜつめつ》したのです。

多摩川は本流ではなく支流から汚れていった川です。その汚れた支流がたくさん流れこむ中流が、じつはマルタの産卵場所《さんらんばしょ》でした。

マルタは水深一〇～三〇センチ程度の浅瀬の砂利《じゃり》に卵をうみつけます。

けれど、汚れた中流では砂利がヘドロでガチガチに固まり、いくら尻尾《しっぽ》を振《ふ》ってもほぐれません。その結果、産卵ができず、多摩川のマルタは子孫を残せなくなったのです。

マルタが絶滅したいっぽうで、同じように海と川を行き来するアユは、数こそ減らしましたが絶滅はまぬがれました。いまは毎年一〇〇万匹以上がそ上します。

この差をうんだのはなにかといえば、産らん場所の違《ちが》いです。

アユもやはり浅瀬の砂利に産卵する魚です。けれど、その場所はマルタよりもっと下流。河口から数えて二番目か三番目の瀬です。

川は、河口に近づくほど汚れると思われがちですが、じつはそうではありません。日本には「三尺《さんじゃく》流れれば水清し」という言葉があります。三尺、つまり約一メートル流れる間に、石や砂などが汚れをろ過し、*微生物《びせいぶつ》が分解してくれる。だから水はきれいになるという意味です。

多摩川もまさにその言葉があてはまります。当時、支流が流れこむ中流より、下流のほうがあきらかに水はきれいでした。そのためアユは産卵場所を確保でき、ほそぼそとでも生きのびることができたのです。

さて、多摩川から完全に姿を消してしまったマルタですが、下水処理場《げすいしょりじょう》のおかげで水がきれいになってくると、春の産卵でにぎやかだったころの川を知っている*漁協《ぎょきょう》のメンバーから、「マルタが泳ぐ姿をもう一度見たい」という声があがりはじめました。

「いまなら放流すれば戻《もど》ってくるかもしれないぞ」

「そうだな。よし、やってみるか?」

そんな話し合いをきっかけに、産卵場となる中流の*川床《かわどこ》を整備し、マルタの放流をはじめました。

いま、三月下旬《げじゅん》になれば、しぶきをたてながらダイナミックに川をのぼるマルタの群れが見られます。

そこにあるのはまさに四〇年前、川が汚される前の多摩川の姿です。いのちの復活は、なつかしい風景の復活でもあります。


（山崎充哲《やまさきみつあき》「タマゾン川　多摩川でいのちを考える」〈旬報社〉による）

【注】
取水堰《しゅすいぜき》　川から水を取り入れるために、水の流れを止めたり、調節したりする仕切り。
淡水魚《たんすいぎょ》　川や池などの淡水にすむ魚。
海水魚　海にすむ魚。
ヘドロ　工場などから流れたきたない水の中の物質が、海や川などの底にどろどろになってたまったもの。
投網《とあみ》　水中に広がるように投げ入れ、つなで引き寄せて魚をとる網。
高度経済成長期《こうどけいざいせいちょうき》　すばらしい勢いで国の経済が毎年発展《はってん》した期間。
図体《ずうたい》　体。体つき。
微生物《びせいぶつ》　けんび鏡でなければ見えないほど小さな生物。
漁協《ぎょきょう》　「漁業協同組合」の略。
川床《かわどこ》　川の底の地面。

問題

「なつかしい風景の復活」とありますが、自分の家と川がつながっていることを一人《ひと》ひとりが意識しなければ、多摩川が再生の道を歩むことはできませんでした。川の汚染以外で、あなたが学校で学んだ環境問題《かんきょうもんだい》を挙げ、それについてあなたの考えを学校生活の中での体験を交えて百八十字以上二百字以内で書きなさい。

【注意】
- 段落《だんらく》を設けず、一ます目から解答を書きなさい。
- 、や。や「なども一字として数えます。

解説

「環境」のなかに生きる私たち

いきなりですが、質問《しつもん》です。「環境《かんきょう》」って何《なん》でしょう？

「地球温暖化《ちきゅうおんだんか》とか、大気汚染《たいきおせん》とか、ゴミが多《おお》すぎるとか、そういうことでしょ」

惜《お》しい。それは「環境《かんきょう》」ではなく「環境問題《かんきょうもんだい》」です。

「森《もり》とか、川《かわ》とか、海《うみ》とか、自然《しぜん》のこと」

これも近《ちか》いけど、ちょっとちがいます。正解《せいかい》を言《い》いますね。

環境《かんきょう》というのは「私《わたし》たちの身《み》のまわり」のことです。森《もり》や川《かわ》や海《うみ》も環境《かんきょう》の一つに間違《まちが》いありませんが、町《まち》も道路《どうろ》も公園《こうえん》も環境《かんきょう》です。

「じゃあ、僕《ぼく》の環境《かんきょう》は海《うみ》や川《かわ》じゃなくて道路《どうろ》と公園《こうえん》だけだね。だってうちは都会《とかい》だから、まわりに海《うみ》も川《かわ》もないもん」

これも大間違《おおまちが》い。

私《わたし》たちは毎日《まいにち》、食《た》べ物《もの》を食《た》べないと生《い》きていけません。きれいな水《みず》と空気《くうき》も必要《ひつよう》です。生活《せいかつ》すればゴミも出《で》ますし、トイレに行《い》かないわけにもいきません。食《た》べ物《もの》は田畑《たはた》や牧場《ぼくじょう》、海《うみ》や川《かわ》からとってきたものです。水道水《すいどうすい》ももとは川《かわ》や湖《みずうみ》の水《みず》。ゴミや汚水《おすい》を処理《しょり》するためには専用《せんよう》の施設《しせつ》が必要《ひつよう》です。どんな大都会《だいとかい》に住《す》んでいても、私《わたし》たちの暮《く》らしは山《やま》や海《うみ》とは切《き》り離《はな》せません。

反対《はんたい》に、大都市《だいとし》から遠《とお》く離《はな》れ、自然《しぜん》に囲《かこ》まれて生活《せいかつ》をしていても、自動車《じどうしゃ》に乗《の》ったり、スーパーで買《か》い物《もの》をしたりするなら、都市《とし》の工業《こうぎょう》や経済《けいざい》（お金《かね》の流《なが》れ）と関《かか》わりがあることになります。

つまり「環境《かんきょう》」の問題《もんだい》というのは、私《わたし》たち全員《ぜんいん》の問題《もんだい》なのです。

「そんなこと言《い》ったって、環境問題《かんきょうもんだい》の原因《げんいん》は大《おお》きな会社《かいしゃ》の工場《こうじょう》でしょ。私《わたし》たちががんばっても、何《なん》にもならないよ」

たしかに工場《こうじょう》が環境問題《かんきょうもんだい》の大《おお》きな原因《げんいん》になることはあります。すでに社会《しゃかい》で習《なら》った人《ひと》も多《おお》いと思《おも》いますが、日本《にほん》では何《なん》十年か前《まえ》に、いくつかの工場《こうじょう》が垂《た》れ流《なが》した有害《ゆうがい》な物質《ぶっしつ》が原因《げんいん》で、たくさんの人《ひと》が犠牲《ぎせい》になりました。これを「公害《こうがい》」と言《い》います。

今日《こんにち》の「環境問題《かんきょうもんだい》」は公害《こうがい》と似《に》た部分《ぶぶん》もたくさんありますが、根《ね》っこの部分《ぶぶん》はかなりちがいます。いちばんのちがいは大企業《だいきぎょう》の工場《こうじょう》が気《き》をつけるだけで解決《かいけつ》する問題《もんだい》ではない、というところです。

ゴミを出《だ》すのも水《みず》を使《つか》うのも私《わたし》たち。森林《しんりん》を切《き》り拓《ひら》いて作《つく》った道路《どうろ》を利用《りよう》するのも私《わたし》たちです。工場《こうじょう》や発電所《はつでんしょ》は環境《かんきょう》を破壊《はかい》するかもしれませんが、そこでできた商品《しょうひん》や電気《でんき》を利用《りよう》して便《べん》利《り》な生活《せいかつ》を送《おく》っているのは私《わたし》たちなのです。

もし電気《でんき》がストップしてしまったら、みなさんは快適《かいてき》に生活《せいかつ》できますか？

地球温暖化《ちきゅうおんだんか》などの「環境問題《かんきょうもんだい》」が私《わたし》たちの生活《せいかつ》に大《おお》きな影響《えいきょう》を与《あた》えることはみなさんよく分《わ》かっていると思《おも》いますが、その問題《もんだい》を引《ひ》き起《お》こす原因《げんいん》は、私《わたし》たちの生活《せいかつ》なのです。

適性検査《てきせいけんさ》の作文問題《さくぶんもんだい》のテーマとして環境問題《かんきょうもんだい》がよく取《と》り上《あ》げられるのは、これが現代《げんだい》の世界《せかい》で最《もっと》も大《おお》きい問題《もんだい》だからというだけではありません。みなさんが自分《じぶん》の問題《もんだい》として環境《かんきょう》を考《かんが》えられているかどうかを問《と》うためでもあるのです。

ポイント

環境問題《かんきょうもんだい》は自分《じぶん》の問題《もんだい》として考《かんが》えよう。

「どうするべきか」ではなく「何ができるか」

今回《こんかい》の例題《れいだい》は「学校で学んだ環境問題《かんきょうもんだい》を挙げ、それについてあなたの考え」を書くというものです。地球温暖化《ちきゅうおんだんか》やフロンガス、酸性雨《さんせいう》、それにゴミ処理問題《しょりもんだい》。学校《がっこう》でさまざまな環境問題《かんきょうもんだい》を学《まな》んだことと思《おも》います。

気《き》をつけないといけないのは、作文《さくぶん》の結論部分《けつろんぶぶん》が「政府《せいふ》はゴミを減《へ》らすためにもっと努力《どりょく》するべきだ」とか、「世界《せかい》の国々《くにぐに》で協力《きょうりょく》して地球温暖化防止《ちきゅうおんだんかぼうし》のために二酸《さん》化《か》炭素《たんそ》の排出《はいしゅつ》を減《へ》らさなければいけない」といった「他人《たにん》まかせ」の内容《ないよう》になってしまってはいけないということ。

作文問題《さくぶんもんだい》で問《と》われているのは、あなた自身《じしん》が環境問題《かんきょうもんだい》にどう取《と》り組《く》みたいかということです。できるだけ具体的《ぐたいてき》に、今《いま》取《と》り組《く》んでいることや、これからやっていきたいと考《かんが》えていることを書《か》きましょう。

「取《と》り組《く》む」と言《い》っても、電気《でんき》を全《まった》く使《つか》わずに生活《せいかつ》するとか、ゴミが出《で》るから新《あたら》しいものは買《か》わないといった、実現《じつげん》するのが難《むずか》しいことを考《かんが》える必要《ひつよう》はありません。地球温暖化《ちきゅうおんだんか》への取《と》り組《く》みなら節電《せつでん》に努《つと》める、遠《とお》くに行《い》くときにはなるべく電車《でんしゃ》を使《つか》うなど、ごくありきたりなことでかまわないのです。

「世《よ》の中《なか》がどうするべきか」を考《かんが》えるのではなく、「自分《じぶん》には何《なに》ができるのか」を考《かんが》える。この姿勢《しせい》を忘《わす》れないでください。

このことは環境問題《かんきょうもんだい》に限《かぎ》らず、世界《せかい》や日本《にほん》がかかえる問題《もんだい》についての作文《さくぶん》を書《か》くときには、同《おな》じことがあてはまります。

都市《とし》や自然《しぜん》だけでなく、私《わたし》たちの暮《く》らす社会《しゃかい》のしくみや状況《じょうきょう》も、広《ひろ》い意味《いみ》で「環境《かんきょう》」と言《い》えます。よく出題《しゅつだい》される社会問題《しゃかいもんだい》として「少子高齢化《しょうしこうれいか》」があります。みなさんが知《し》っているとおり、子《こ》どもが減《へ》り、高齢者《こうれいしゃ》の割合《わりあい》が高《たか》くなっていくことです。

これは日本《にほん》をはじめ先進国《せんしんこく》がかかえる大変深刻《たいへんしんこく》な問題《もんだい》です。しかしこの問題《もんだい》についての考《かんが》えを聞《き》かれて、「女《おんな》の人《ひと》がもっとたくさん子《こ》どもを産《う》んだらいい」とか、「お年寄《としよ》りの数《かず》を減《へ》らしたらいい」なんていう考《かんが》え方《かた》は、良《よ》いと思《おも》いますか。産《う》みたくても産《う》めない社会《しゃかい》だから問題《もんだい》なのです。「高齢者《こうれいしゃ》を減《へ》らす」という意見《いけん》にいたっては、どんな方法《ほうほう》で？　と、ちょっと恐《おそ》ろしくなってしまいます。

小学生《しょうがくせい》のみなさんにできることは何《なん》でしょう。妊娠中《にんしんちゅう》の女《おんな》の人《ひと》に親切《しんせつ》にする。お年寄《としよ》りとたくさん交流《こうりゅう》する。近所《きんじょ》の小《ちい》さな子《こ》どもたちと遊《あそ》んであげる。どれも少子化《しょうしか》・高齢化《こうれいか》を押《お》しとどめるようなものではありませんが、少子高齢社会《しょうしこうれいしゃかい》を生《い》きる私《わたし》たちが考《かんが》えるべきことは、今《いま》の世《よ》の中《なか》を少《すこ》しでも住《す》みやすいものにすることではないでしょうか。

ポイント

社会問題《しゃかいもんだい》についての作文《さくぶん》は、「自分《じぶん》には何《なに》ができるのか」を考《かんが》える。

身近な環境にも目を向ける

世界《せかい》や国《くに》ではなく、みなさんが住《す》む地域《ちいき》をテーマとした作文《さくぶん》が出題《しゅつだい》されることもあります。

住《す》んでいる町《まち》のこと、どれくらい知《し》っていますか？　人《ひと》が住《す》むところには必《かなら》ず産業《さんぎょう》があります。産業《さんぎょう》があるから人《ひと》は生活《せいかつ》していけるのです。農業《のうぎょう》、漁業《ぎょぎょう》、林業《りんぎょう》、工業《こうぎょう》、観光《かんこう》など、自分《じぶん》の町《まち》の主《おも》な産業《さんぎょう》を知《し》っておきましょう。

また、産業《さんぎょう》のかかえる問題《もんだい》も調《しら》べましょう。あなたの町《まち》で漁《ぎょ》業《ぎょう》がさかんだとします。漁獲高《ぎょかくだか》は上《あ》がっているでしょうか。それとも下《さ》がっているでしょうか。あとをつぐ若《わか》い人《ひと》はたくさんいるでしょうか。

自分《じぶん》の住《す》む「まち自慢《じまん》」をする、というのも、地方《ちほう》の公立中《こうりつちゅう》高一貫校《こういっかんこう》でよく聞《き》かれるパターンです。産業《さんぎょう》でもいいのですが、海《うみ》がきれいだとか、あまり知《し》られていない歴史的《れきしてき》な建物《たてもの》があるとかいったことでもかまいません。

公立中高一貫校《こうりつちゅうこういっかんこう》の「公立《こうりつ》」とは、「都道府県《とどうふけん》か市町村《しちょうそん》（これを地方公共団体《ちほうこうきょうだんたい》といいます）が立《た》てた」という意味《いみ》です。将来《しょうらい》は地域《ちいき》のためになるような立派《りっぱ》な人《ひと》に育《そだ》ってほしいという願《ねが》いが公立《こうりつ》の学校《がっこう》には必《かなら》ずあります。

地域《ちいき》のことを知《し》り、これから町《まち》を盛《も》り上《あ》げていったり、問題《もんだい》を解決《かいけつ》するためには何《なに》が必要《ひつよう》なのか、自分《じぶん》には何《なに》ができるのかを考《かんが》えましょう。

最《もっと》も身近《みぢか》な生活《せいかつ》の環境《かんきょう》は、毎日《まいにち》の生計《せいけい》をともにしている家族《かぞく》です。

このテーマの出題《しゅつだい》はあまり多《おお》くはありませんが、近年《きんねん》では家《か》族《ぞく》のメンバーに感謝《かんしゃ》していることや家族《かぞく》とともに努力《どりょく》した経《けい》験《けん》、毎日《まいにち》の食事《しょくじ》についての作文《さくぶん》がいくつか見《み》られます。家族《かぞく》の食生活《しょくせいかつ》は地元《じもと》の産業《さんぎょう》や食糧自給率《しょくりょうじきゅうりつ》との関《かか》わりで問《と》われることもあります。また家族《かぞく》の生活《せいかつ》は経済《けいざい》（お金《かね》の流《なが》れ）や法《ほう》律《りつ》と切《き》り離《はな》して考《かんが》えることはできません。

日本《にほん》という国《くに》の仕組《しく》みや社会問題《しゃかいもんだい》のなかに「家族《かぞく》」を位置《いち》づける視点《してん》をもちましょう。

ポイント

自分《じぶん》の住《す》む地域《ちいき》（都道府県《とどうふけん》・市町村《しちょうそん》）の主《おも》な産業《さんぎょう》、良《よ》いところ、問題点《もんだいてん》をまとめておこう。

似た問題を出す学校

自分《じぶん》たちの住《す》む地域《ちいき》の問題《もんだい》や、地域《ちいき》を盛《も》り上《あ》げるための方《ほう》法《ほう》を作文《さくぶん》にする出題《しゅつだい》は、地方都市《ちほうとし》の学校《がっこう》に特《とく》に多《おお》いようです。二〇一五年では**秋田県共通問題**《あきたけんきょうつうもんだい》で「わたしの住《す》むまちじまん」というテーマの作文《さくぶん》が出題《しゅつだい》されました。**新潟県**《にいがたけん》でも「あなたが住《す》んでいる地域《ちいき》をより住《す》みやすくするには、どのようなことをしたらいいと思《おも》うか」という文章《ぶんしょう》を書《か》く問題《もんだい》が出《で》ています。秋《あき》田県《たけん》と新潟県《にいがたけん》はこれ以前《いぜん》にも地域《ちいき》の産業《さんぎょう》や環境《かんきょう》についての問題《もんだい》が頻出《ひんしゅつ》です。

地域《ちいき》の産業《さんぎょう》についての作文《さくぶん》としては、**茨城県共通問題**《いばらきけんきょうつうもんだい》（二〇一四）で、「茨城県《いばらきけん》の農業《のうぎょう》について資料《しりょう》から読《よ》みとれること、それについて考《かんが》えること」という出題《しゅつだい》がありました。

日本《にほん》や世界《せかい》の問題《もんだい》についての作文《さくぶん》では、**福島県立会津学鳳中学校**《ふくしまけんりつあいづがくほうちゅうがっこう》（二〇一四）で、日本《にほん》の総人口《そうじんこう》の年齢比《ねんれいひ》を見《み》て気《き》づいたことそれについての考《かんが》えを問《と》う問題《もんだい》が出《で》ています。

世界《せかい》の問題《もんだい》も、地域《ちいき》の問題《もんだい》も、簡単《かんたん》には解決《かいけつ》できない難《むずか》しさをかかえています。いろいろな立場《たちば》の事情《じじょう》が複雑《ふくざつ》にからみあっているからです。みなさんに求《もと》められているのは、問題解決《もんだいかいけつ》のためのすばらしいアイディアを思《おも》いつくことではありません。

地域《ちいき》や社会《しゃかい》のことをふだんからしっかりと考《かんが》え、問題意識《もんだいいしき》をもっているかどうかが問《と》われているのです。

トレーニング

❶社会問題《しゃかいもんだい》についてまとめよう

知《し》っている社会問題《しゃかいもんだい》を書《か》き出《だ》してみましょう。

一つを選《えら》んで社会問題《しゃかいもんだい》を解決《かいけつ》したり、改善《かいぜん》するために政府《せいふ》や地方公共団体《ちほうこうきょうだんたい》はどうすればいいかを考《かんが》えてから、自分《じぶん》には何《なに》ができるのかを考《かんが》えましょう。

❷住《す》んでいる地域《ちいき》のじまんできること・問題点《もんだいてん》

まちのじまんを三つ、書《か》き出《だ》してみましょう。山《やま》や海《うみ》などの自然風景《しぜんふうけい》、お寺《てら》や神社《じんじゃ》、建物《たてもの》などの文化財《ぶんかざい》、有名《ゆうめい》な歴史人物《れきしじんぶつ》の出身地《しゅっしんち》であるなど、じまんできるポイントはたくさんあるはずです。

また、地域《ちいき》の問題《もんだい》も三つ、書《か》き出《だ》してみてください。地方都《ちほうと》市《し》なら過疎化《かそか》や高齢化《こうれいか》、都市部《としぶ》ならゴミ問題《もんだい》など、こちらも必《かなら》ずあると思《おも》います。そうした問題《もんだい》を解決《かいけつ》するためにあなたにできることを考《かんが》えましょう。小《ちい》さなことでもかまいません。

どうしても三つも思《おも》いつかない、という人《ひと》は、とりあえず空《くう》欄《らん》にしておいて、本《ほん》で調《しら》べたり先生《せんせい》やおうちの人《ひと》に聞《き》くなどしてみましょう。

トレーニング

❶社会問題についてまとめよう

知っている社会問題を書き出そう			
問題を三つ取り上げて、社会全体で取り組むべきことと あなたが自分でできることをまとめる	問題①	社会全体で取り組むこと	
		あなたが自分でできること	
	問題②	社会全体で取り組むこと	
		あなたが自分でできること	
	問題③	社会全体で取り組むこと	
		あなたが自分でできること	

❷あなたの地域についてまとめよう

あなたの住む地域のじまんできること		
地域の問題点と、解決のためにしていきたいこと	問題①	
	問題②	
	問題③	

第7章

家《いえ》でちゃんと勉強《べんきょう》してる？

読書《どくしょ》と学習《がくしゅう》

そうだ、読書《どくしょ》しよう

国語《こくご》の問題集《もんだいしゅう》はいろいろありますが、国語《こくご》力《りょく》をつけるためにいちばん役《やく》に立《た》つのは、やっぱりたくさん本《ほん》を読《よ》むこと。テレビゲームやアニメも悪《わる》くありませんが、毎日少《まいにちすこ》しずつでも、本《ほん》を読《よ》む習慣《しゅうかん》をもちましょう。

読書《どくしょ》や毎日《まいにち》の家庭学習《かていがくしゅう》をテーマとした問題《もんだい》もよく出題《しゅつだい》されます。友《とも》だちにおすすめできるすばらしい本《ほん》は何《なに》かと聞《き》かれて、すぐに答《こた》えることができますか？

例題　東京《とうきょう》都《と》立立川《りつたちかわ》国際《こくさい》中等《ちゅうとう》教育《きょういく》学校《がっこう》　二〇一五年改題

「ひとりの人を理解するまでには、すくなくも、一*トンの塩をいっしょに舐《な》めなければだめなのよ。」

ミラノで結婚《けっこん》してまもないころ、これといった深い考えもなく夫と知人のうわさをしていた私《わたし》にむかって、*姑《しゅうとめ》がいきなりこんなことをいった。とっさに喩《たと》えの意味がわからなくてきょとんとした私に、姑は、自分も若《わか》いころ姑から聞いたのだといって、こう説明してくれた。

一トンの塩をいっしょに舐めるっていうのはね、うれしいことや、かなしいことを、いろいろといっしょに経験するという意味なのよ。塩なんてたくさん使うものではないから、一トンというのはたいへんな量でしょう。それを舐めつくすには、長い長い時間がかかる。まあいってみれば、気が遠くなるほど長いことつきあっても、人間はなかなか理解しつくせないものだって、そんなことをいうのではないかしら。

＊他愛《たわい》ないうわさ話のさいちゅうに、姑がまじめな顔をしてこんな喩えを持ち出したものだから、新婚《しんこん》の日々《ひび》をうわの空で暮《く》らしていた私たちのことを、人生って、そんな＊生《なま》易《やさ》しいものじゃないんだよ、とやんわり釘《くぎ》をさされたのかと、そのときはひやりとしたが、月日が経《た》つうちに、彼女《かのじょ》がこの喩えを、折に触《ふ》れ、ときには微妙《びみょう》に＊ニュアンスをずらせて用いることに気づいた。塩をいっしょに舐める、というのが、苦労をともにする、という意味で「塩」が強調されることもあり、はじめて聞いたときのように「一トンの」という塩の量が、喩えの＊ポイントになったりした。

文学で＊古典といわれる作品を読んでいて、ふと、いまでもこの塩の話を思い出すことがある。この場合、相手は書物で、人間ではないのだから、「塩をいっしょに舐める」というのもちょっとおかしいのだけれど、すみからすみまで理解しつくすことの難《むずか》しさにおいてなら、本、とくに古典とのつきあいは、人間どうしの関係に似ているかもしれない。読むたびに、それまで気がつかなかった、あたらしい面がそういった本にはかくされていて、ああこんなことが書いてあったのか、と新鮮《しんせん》なおどろきに出会いつづける。

長いことつきあっている人でも、なにかの拍子《ひょうし》に、あっと思うようなことがあって衝撃《しょうげき》をうけるように、古典には、目に見えない無数のひだが隠《かく》されていて、読み返すたびに、それまで見えなかったひだがふいに見えてくることがある。しかも、一トンの塩とおなじで、そのひだは、相手を理解したいと思いつづける人間にだけ、ほんの少しずつ、開かれる。イタリアの作家カルヴィーノは、こんなふうに書いている。

「古典とは、その本についてあまりいろいろ人から聞いたので、すっかり知っているつもりになっていながら、いざ自分で読んでみると、これこそは、あたらしい、予想を上まわる、かつてだれも書いたことのない作品と思える、そんな書物のことだ。」

「自分で読んでみる」という、私たちの側からの積極的な行為《こうい》を、書物はだまって待っている。現代社会に暮らす私たちは、本についての情報に接する機会にはあきれるほどめぐまれていて、だれにも「あの本のことなら知っている」と思う本が何冊《なんさつ》かあるだろう。ところが、ある本「についての」知識を、いつのまにか「じっさいに読んだ」経験とすりかえて、私たちは、その本を読むことよりも、「それについての知識」をてっとり早く入手することで、*お茶を濁《にご》しすぎているのではないか。ときには、部分の抜粋《ばっすい》だけを読んで、全体を読んだ気になってしまうこともあって、「本」は、*ないがしろにされたままだ。本はまず、そのもの自体を読まなければ、なにもはじまらない。

さらに、こんなこともいえるかもしれない。私たちは、詩や小説の「すじ」だけを知ろうとして、それが「どんなふうに」書かれているかを自分で*把握《はあく》する手間をはぶくことが多すぎないか。たとえば*漱石《そうせき》の『吾輩《わがはい》は猫《ねこ》である』を、すじだけで語ってしまったら、作者がじっさいに力を入れたところを、きれいに無視《むし》するのだから、ずいぶん*貧弱《ひんじゃく》なたのしみしか味わえないだろう。おなじことはどの古典作品についてもいえる。読書のたのしみとは、ほかでもない、この「どのように」を味わうことにあるのだから。

カルヴィーノのいうように、「読んだつもり」になっていた本をじっさいに読んで、そのあたらしさにおどろくこともすばらしいが、ずっと以前に読んで、こうだと思っていた本を読み返してみて、まえに読んだときとはすっかり印象が違《ちが》って、それがなんともうれしいことがある。それは、年月のうちに、読み手自身が変わるからで、子供《こども》のときには喧嘩《けんか》したり、相手に無関心だったりしたのに、おとなになってから、なにかのきっかけで、深い親しみをもつようになる友人に似ている。一トンの塩を舐めるうちに、ある書物がかけがえのない友人になるのだ。そして、すぐれた本ほど、まるで読み手といっしょに成長したのではないかと思えるくらい、読み手の*受容度が高く、あるいは広くなった分だけ、あたらしい顔でこたえてくれる。それは、人生の経験がよりゆたかになったせいのこともあり、読むための技術をより多く身につけたせいのこともある。古典があたらしいひだを開いてくれないのは、読み手が人間的に成長していないか、いつまでも素手《すで》で本に挑《いど》もうとするからだろう。

「こんなふうにも読めるし、あんなふうにも読めるから、ほんとうはどういう意味なのかわからない。だから本はむずかしいのよね。」

一トンの塩の話をしてくれた姑は、よく私たちにこういって、「素手」でしか本を読めない自分をせつながった。ミラノを東に一〇〇キロほど行ったあたり、ブレーシャ市の*在《ざい》のまずしい農家に生まれて、小学校へもろくに行けなかった彼女は、それでも、*しんそこ読書の好きな人だった。私がたずねて行くと、食事のあと、木目のみえる古いキッチンのテーブルいっぱいに本や新聞をひろげて、まるで片《かた》端《はし》から食べてしまいそうな勢いでつぎつぎと読んでいた。

姑が「こんなふうにも読めるし、あんなふうにも読める」といって悩《なや》んでいたのは、息子《むすこ》の勤《つと》め先《さき》の書店で売っているような「ほんもの」の小説のことで、そのなかには、彼《かれ》の友人で、まだ無名のころ姑のところにもよく食事にやってきた作家のエリオ・ヴィットリーニの、そのころ、*もてはやされた作品もあった。「あんないい子なのに」と姑はまるで家に来なくなったヴィットリーニのことを思い出してよくいった。「書くものは、むずかしいばかりで、さっぱりわからない。」

わからないといいながらも、姑は読むことそのものが好きなので、昼食のあと、息子がちょっと横になりに寝室《しんしつ》に行っているあいだなど、大きなためいきを連発しながら、古い本棚《ほんだな》から抜《ぬ》きだしてきた「小説」を読んでいることがあった。

「こんなふうにも読めるし、あんなふうにも読めるから、いい小説なんだよ。」

夫がそういうと、姑は、勝手なことをいって、おまえのいうことなんてぜんぜん信用するものか、という顔をしたけれど、書店に出かける息子を送り出すときの彼女は、かがやいていた。

〈須賀敦子《すがあつこ》「塩一トンの読書」〈河出文庫〉による〉

【注】

一トン　一〇〇〇キログラム。
姑《しゅうとめ》　ここでは、筆者の夫の母親のこと。
他愛《たわい》**ない**　たいしたことがない。
生易《なまやさ》**しい**　簡単《かんたん》にできる。
ニュアンス　言葉の表面的な意味以外に感じられるびみょうな意味。
ポイント　大切なところ。要点。
古典　昔に作られ、長い間人々《ひとびと》に親しまれてきた書物のこと。
お茶を濁《にご》**す**　いいかげんなことを言って、その場をごまかすこと。
ないがしろ　ものごとや人を軽くみて、いいかげんにあつかうようす。
把握《はあく》**する**　ことがらを正しく知ったり理解したりすること。
漱石《そうせき》　夏目漱石《なつめそうせき》。明治時代の代表的な小説家。『吾輩《わがはい》は猫《ねこ》である』はその代表作の一つ。
貧弱《ひんじゃく》　内容がうすいこと。
受容度　受け入れる程度。
在《ざい》　田舎《いなか》。
しんそこ　心の底から。
もてはやす　さかんにほめたたえること。

問題

「読書のたのしみとは、ほかでもない、この「どのように」を味わうことにあるのだから。」の「どのように」を分かりやすく説明した上で、自分の読書体験をふまえ、「読書のたのしみ」とはどのようなものか、あなたの考えを三六〇字以上四〇〇字以内で書きなさい。
なお、次の【注意】に従《したが》って書きなさい。

【注意】
● 段落《だんらく》をかえたときの残りのます目は字数として数えます。
● 、や。や「なども、それぞれ字数に数えます。

解説

読書は国語力のカギ

「あ、この子《こ》はふだんから本《ほん》を読《よ》んでいるな」

少《すこ》しでも経験《けいけん》を積《つ》んだ先生《せんせい》なら、みなさんの話《はな》しぶりやテストの答案《とうあん》などを見《み》れば、本好《ほんず》きの子《こ》どもかどうかすぐに分《わ》かります。読書《どくしょ》がそれだけみなさんの言《い》うこと、することに影響《えいきょう》を与《あた》えているということです。

本《ほん》を読《よ》むことは、言葉《ことば》からイメージを思《おも》い描《えが》く作業《さぎょう》です。登《とう》場人物《じょうじんぶつ》の顔《かお》や性格《せいかく》、気持《きも》ち、情景《じょうけい》、それに目《め》には見《み》えない考《かんが》え方《かた》（概念《がいねん》）などを頭《あたま》の中《なか》にイメージすることは、みなさんのこれからの学習《がくしゅう》や大人《おとな》になってからの仕事《しごと》に欠《か》かせない「知性《ちせい》」と「想像《そうぞう》」を働《はたら》かせる行為《こうい》です。

静《しず》かに本《ほん》に向《む》かう時間《じかん》を持《も》つことで、集中力《しゅうちゅうりょく》をきたえることもできます。長《なが》い本《ほん》なら少《すこ》しずつ何日《なんにち》もかけて読《よ》みますから、記憶力《きおくりょく》や計画力《けいかくりょく》も身《み》につきます。

読書《どくしょ》の習慣《しゅうかん》はとても大切《たいせつ》です。

ポイント

読書《どくしょ》の良《よ》さを考《かんが》える。

「おすすめの本」を用意する

みなさんはどんな本《ほん》が好《す》きですか。

本《ほん》が好《す》きな小学生《しょうがくせい》でも、国語《こくご》の問題文《もんだいぶん》に使《つか》われるような本《ほん》をふだんから読《よ》んでいる、という人《ひと》はあまりいないと思《おも》います。

作文《さくぶん》を書《か》くからといって、難《むずか》しい本《ほん》を読《よ》む必要《ひつよう》はありません。少《すこ》し大《おお》きな本屋《ほんや》さんになら子《こ》ども向けの本《ほん》（児童書《じどうしょ》）コーナーがありますね。推理《すいり》ものや冒険《ぼうけん》もの、恋愛《れんあい》ものなど、読《よ》みやすくて楽《たの》しい物語《ものがたり》の書《か》かれた本《ほん》が並《なら》んでいます。そうした本《ほん》の中《なか》から好《この》みに合《あ》ったものを読《よ》めばいいのです。

「読書《どくしょ》」という行為《こうい》そのものは「学習《がくしゅう》」ではありません。あくまで「娯楽《ごらく》」、ゲームやテレビと同《おな》じ、楽《たの》しみの一つです。好《す》きでもない本《ほん》、開《ひら》くことも気《き》の進《すす》まない本《ほん》を無理《むり》に読《よ》もうとしても、読書《どくしょ》がいやになるだけです。

好《す》きな本《ほん》をたくさん読《よ》んだ後《あと》、問題集《もんだいしゅう》で使《つか》われていた物語《ものがたり》の続《つづ》きが読《よ》みたいとか、近所《きんじょ》のお兄《にい》さんやお姉《ねえ》さんが読《よ》んでいる本《ほん》に興味《きょうみ》がわいてきたら、それがあなたの読書生活《どくしょせいかつ》での「成《せい》長《ちょう》」の第一歩《だいいっぽ》です。そんなときには迷《まよ》わず、その本《ほん》を図書館《としょかん》や書店《しょてん》で見《み》つけ出《だ》して手《て》にとりましょう。今《いま》ならネットで書名《しょめい》を検索《けんさく》すると、ほとんど一発《いっぱつ》で出《で》てきます。

今《いま》までに「感動《かんどう》した本《ほん》」はありますか。というのも、これは適性検査《てきせいけんさ》の頻出問題《ひんしゅつもんだい》なのです。

感動《かんどう》というと「泣《な》く経験《けいけん》」のことだと思《おも》っている人《ひと》がいますが、別《べつ》に涙《なみだ》が出《で》なくてもかまいません。感動《かんどう》とは「心《こころ》が動《うご》く」ということです。その本《ほん》を読《よ》んだことで、読《よ》む前《まえ》とは考《かんが》え方《かた》が少《すこ》しでも変《か》わった、その後《あと》の生活《せいかつ》のなかで行動《こうどう》が変《か》わった、そういう体験《たいけん》のことです。

友《とも》だちにおすすめしたい本《ほん》や、読書《どくしょ》での感動体験《かんどうたいけん》。適性検査《てきせいけんさ》の対策《たいさく》としては、こうした内容《ないよう》もあらかじめ「用意《ようい》しておく」必要《ひつよう》があります。

好《す》きでもない本《ほん》を無理《むり》に読《よ》んで、どこかで聞《き》いたことのあるようなありきたりな感想《かんそう》をならべるのではなく、あなたが本当《ほんとう》におもしろいと感《かん》じた、感動《かんどう》した本《ほん》をぜひ紹介《しょうかい》してください。

ポイント

好《す》きな本《ほん》を見《み》つけて、その本《ほん》をだれにでも分《わ》かる言葉《ことば》で紹介《しょうかい》しよう。

勉強は「生活」そのもの

読書《どくしょ》からは少《すこ》し話《はなし》が変《か》わりますが「習慣《しゅうかん》」というつながりでは、毎日《まいにち》の「学習《がくしゅう》（勉強《べんきょう》）」についての作文《さくぶん》もよく出題《しゅつだい》されます。家庭学習《かていがくしゅう》も読書《どくしょ》も、ちゃんとできるかどうかはみなさんの家《いえ》での過《す》ごし方《かた》にかかっています。「ずっとテレビを見《み》ている」とか「ゲームしている」では、読書《どくしょ》や学習《がくしゅう》にじゅうぶんな学習《がくしゅう》時間《じかん》をとることはできません。

ゲームをしてはいけない、テレビを見《み》てはいけないということではなく、やるべきこと（宿題《しゅくだい》など）を残《のこ》したまま、ただダラダラとしていることが良《よ》くないのです。計画的《けいかくてき》に生活《せいかつ》できているかどうか。そこがいちばん大切《たいせつ》な部分《ぶぶん》です。

なんだかお説教《せっきょう》みたいになってしまいました。しかしこれは適性検査《てきせいけんさ》に出題《しゅつだい》されるというだけでなく、みなさんの中学《ちゅうがく》・高《こう》校生活《こうせいかつ》にとても大切《たいせつ》なことです。

公立中高一貫校《こうりつちゅうこういっかんこう》のなかでも大学進学実績《だいがくしんがくじっせき》が高《たか》い学校《がっこう》は、入学《にゅうがく》してからものすごい量《りょう》の宿題《しゅくだい》が毎日出《まいにちで》ます。さらには宿題《しゅくだい》だけでなく、予習《よしゅう》や復習《ふくしゅう》が自主的《じしゅてき》にできないと授業《じゅぎょう》についていけない、なんてこともめずらしくありません。

受検前《じゅけんまえ》だけ勉強《べんきょう》してたまたま合格《ごうかく》したけど、入学《にゅうがく》してから家《いえ》ではゴロゴロ……そういう生活《せいかつ》を送《おく》る人《ひと》はどうなると思《おも》いますか。恐《おそ》ろしすぎてここでは書《か》けない結果《けっか》が待《ま》っています。

学校《がっこう》の時間割《じかんわり》も、習《なら》い事《こと》や塾《じゅく》に通《かよ》う日《ひ》も、みなさんの生活《せいかつ》はおよそ一週間《しゅうかん》を一区切《くぎ》りとしたリズムで組《く》み立《た》てられています。学校《がっこう》から帰《かえ》ってすぐに習《なら》い事《こと》で、家《いえ》に帰《かえ》ると九時《じ》を過《す》ぎているという曜日《ようび》もあるかもしれません。そんな日《ひ》には学校《がっこう》の宿題《しゅくだい》をこなすのがやっとです。

毎日《まいにち》の習慣《しゅうかん》を続《つづ》けていくためには、生活《せいかつ》を一週間《しゅうかん》単位で見《み》なおし、時間《じかん》を作《つく》っていくことを心《こころ》がける必要《ひつよう》があります。

みなさん一度《ど》は学習計画表《がくしゅうけいかくひょう》を作《つく》った経験《けいけん》があるでしょう。夏《なつ》休《やす》み前《まえ》などに、学校《がっこう》でやりますね。

「この曜日《ようび》のこの時間帯《じかんたい》になら、まとまった時間《じかん》をとることができる」、「算数《さんすう》の復習《ふくしゅう》はこの日《ひ》にしよう」あるいは「この日《ひ》のこの時間《じかん》は、どうしても見《み》たいアニメがある」「木曜日《もくようび》の夕方《ゆうがた》は友《とも》だちの○○ちゃんの塾《じゅく》がないのでいっしょに遊《あそ》びたい」などなど。

計画表《けいかくひょう》というのは、作《つく》ってもその通《とお》りにいかないのが「お約束《やくそく》」ですが、作《つく》ることそのものにとても大《おお》きな意味《いみ》があります。一日《にち》は二十四時間《じかん》、一週間《しゅうかん》は百六十八時間《じかん》。これを学校《がっこう》の時間《じかん》、塾《じゅく》や習《なら》い事《こと》の時間《じかん》、友《とも》だちと遊《あそ》んだりテレビを見《み》たりする時間《じかん》、読書《どくしょ》の時間《じかん》、勉強《べんきょう》の時間《じかん》、それに食事《しょくじ》やお風呂《ふろ》、睡眠《すいみん》の時間《じかん》などにふり分《わ》けているのはだれでも同《おな》じです。

今回《こんかい》のトレーニングでは計画表《けいかくひょう》を作《つく》り、勉強時間《べんきょうじかん》をどのようにとればいいのかを一度《ど》じっくり考《かんが》えてみましょう。

似た問題を出す学校

読書《どくしょ》をテーマとした作文《さくぶん》を出題《しゅつだい》する学校《がっこう》はたくさんあります。二〇一五年では**神奈川県共通問題《かながわけんきょうつうもんだい》**、**岡山県立倉敷天城中学校《おかやまけんりつくらしきあまきちゅうがっこう》**、**高知県立高知南中学校《こうちけんりつこうちみなみちゅうがっこう》**、**宮崎県立都城泉ヶ丘高等学校附属中学校《みやざきけんりつみやこのじょういずみおかこうとうがっこうふぞくちゅうがっこう》**が、クラスの人《ひと》たちに読書《どくしょ》をすすめたり、これからの読書生活《どくしょせいかつ》をどうしていきたいかを書《か》く作文《さくぶん》を出題《しゅつだい》しています。

それ以前《いぜん》でも**さいたま市立浦和中学校《しりつうらわちゅうがっこう》**と**横浜市立南高等学校附属中学校《よこはましりつみなみこうとうがっこうふぞくちゅうがっこう》**、**和歌山県共通問題《わかやまけんきょうつうもんだい》**（二〇一四）、**宮城県仙台二華中学校《みやぎけんせんだいにかちゅうがっこう》**、**新潟県共通問題《にいがたけんきょうつうもんだい》**、**宮崎県立宮崎西高等学校附属中学《みやざきけんりつみやざきにしこうとうがっこうふぞくちゅうがっ》**

校《こう》、**鹿児島市立鹿児島玉龍中学校**《かごしましりつかごしまぎょくりゅうちゅうがっこう》など、枚挙《まいきょ》にいとまがありません。

読書《どくしょ》についての作文《さくぶん》は、地域《ちいき》や校風《こうふう》にかかわらず、いつ出題《しゅつだい》されてもおかしくない超頻出《ちょうひんしゅつ》のテーマと考《かんが》えておいた方《ほう》がいいでしょう。

いっぽう、家庭学習《かていがくしゅう》をテーマとした作文《さくぶん》は比較的最近《ひかくてきさいきん》の傾向《けいこう》です。二〇一五年に**岩手県立一関第一高等学校附属中学校**《いわてけんりついちのせきだいいちこうとうがっこうふぞくちゅうがっこう》で「家庭学習《かていがくしゅう》をよりよいものにするためにはどうすればよいか」を具体的《ぐたいてき》に考《かんが》える作文《さくぶん》が出《で》ています。**さいたま市立浦和中学校**《しりつうらわちゅうがっこう》も「学習《がくしゅう》との関連《かんれん》で望《のぞ》ましい生活習慣《せいかつしゅうかん》」について書《か》く作文《さくぶん》です。家庭学習《かていがくしゅう》の作文《さくぶん》はこれから増《ふ》えてくるかもしれません。

トレーニング

❶読書《どくしょ》のすばらしさをまとめる

読書《どくしょ》が「良《よ》くないこと」だと考《かんが》える人《ひと》はあまりいないと思《おも》います。では、読書《どくしょ》することの良《よ》さ、すばらしさとはどこにあるでしょう？

自分《じぶん》の言葉《ことば》で語《かた》れるように、箇条書《かじょうが》きにしてみてください。

❷おすすめの本《ほん》、感動《かんどう》した本《ほん》

友《とも》だちでも、先生《せんせい》でもかまいません。他人《たにん》に全力《ぜんりょく》でおすすめできる本《ほん》を一冊《さつ》、挙《あ》げてください。

ただおもしろおかしい本《ほん》ではなく、読《よ》む前《まえ》と読《よ》んだ後《あと》ではものの考《かんが》え方《かた》が変《か》わるような、読《よ》む人《ひと》を「感動《かんどう》」させる本《ほん》を選《えら》びましょう。

❸家庭学習計画表《かていがくしゅうけいかくひょう》を作《つく》る

毎日《まいにち》の家庭学習《かていがくしゅう》をいつ、どこで、どんなふうにするのか。どの教科《きょうか》をするのか。学習計画表《がくしゅうけいかくひょう》を作《つく》って、まとめてみましょう。

気《き》をつけて欲《ほ》しいのは、決《けっ》して「無理《むり》な」計画《けいかく》にはしないということ。どうしても見《み》たいテレビがあるなら、その時間《じかん》は「テレビ」と書《か》き込《こ》みましょう。したこともないような長時間《ちょうじかん》にわたる勉強量《べんきょうりょう》を設定《せってい》しないように。実現《じつげん》できる計画《けいかく》でなければ意《い》味《み》はありません。

トレーニング

❶読書のすばらしさについてまとめる

読書のよいところ	①	
	②	
	③	
なぜ読書が大切なのか		
読書にかかわる今までの思い出		

❷あなたがおすすめする本

おすすめする本の題名		
だれに読んでほしい？	友だち・おうちの人・先生・その他（　　　　　　）	
おすすめする点 感動する点	①	
	②	
	③	

❸家庭学習計画表

	午前 6:00	8:00	10:00	午後 0:00	2:00	4:00	6:00	8:00	10:00	12:00
日										
月										
火										
水										
木										
金										
土										

第8章

ぶっちゃけ、君《きみ》はヤバくない？

ことばの今《いま》と昔《むかし》

国語《こくご》は「言葉《ことば》」を学《まな》ぶ教科《きょうか》

「その日本語《にほんご》、間違《まちが》ってるよ」

こんなふうに言《い》われた経験《けいけん》、ありませんか。たいていの人《ひと》は赤《あか》ちゃんのときから言葉《ことば》を覚《おぼ》え始《はじ》め、いつの間《ま》にか話《はな》せるようになります。

しかし言葉《ことば》には決《き》まりがあります。決《き》まりがないと、相手《あいて》に気持《きも》ちを伝《つた》えることができませんからね。ただ、そのことを意識《いしき》することはあまりありません。

国語《こくご》はそうした言葉《ことば》のルールを学《まな》ぶ教科《きょうか》でもあります。

例題

熊本県共通問題《くまもとけんきょうつうもんだい》　二〇一五年改題

ひかるさんは、国語の授業で「日本語の特色」についてまとめることになりました。図書館で調べていると、日本語の食感表現について書かれたAの文章と、「食」を題材としたBの短歌を見つけました。よく読んで、あとの問いに答えなさい。

A

私《わたし》たちは、食べたり飲んだりするとき、さまざまな食感を楽しんでいます。ほくほくのかぼちゃ、ねばねばの納《なっ》豆《とう》、しっとりしたケーキ、バリッとしたおせんべいなど、食感を楽しむ食べものは数多くあります。（中略）

なぜ日本語には、食感表現が多いのでしょうか。理由は、大きく分けてふたつあります。

ひとつめの理由は、日本語の言語としての特徴《とくちょう》にあります。食べものの表現に限ったことではありませんが、日本人は擬音語《ぎおんご》・擬態語《ぎたいご》を多用します。日本語の食感表現も四百四十五語の約七十%は擬音語・擬態語です。「チーズがとろっととけて」、「エビがぷりぷりで」、「ふっくら炊《た》きたてのごはん」など、擬音語・擬態語を使うと、食感をリアルに表現することができます。

擬音語・擬態語は、文字で感覚を模《も》(注)しているので、たとえば、しゃきしゃき、しゃりしゃり、じゃりじゃり、など、微妙《びみょう》に異《こと》なる食感を表現し分けることができます。もし、ぴったりする言葉がなければ、容易に作ることもできます。最近の例では、「ぷるぷる」で表しきれない軟《やわ》らかさの描《びょう》写《しゃ》のために「ふるふる」、「ぷるぷる」にくっつく感じが加われば「ぷにぷに」が使われるようになりました。擬音語・擬態語は感覚を表現する際に、極《きわ》めて柔軟《じゅうなん》に対応できます。だから、食感を表す言葉の数も多くなるのです。

もうひとつの理由は、日本人の食感に対する意識の高さにあります。日本人は、さまざまな食材を食べています。

調理法も、生《なま》、さっとあぶる、コトコト煮込《にこ》む、蒸《む》す、油で揚《あ》げる、などさまざまです。特に、生で食べたり、さっと火を通したりして、食品そのものの食感を大切にするので、食感にはバラエティ(注)が生まれます。煮込んでつぶせば何でも、同じようなどろっとした食感になっていくことを考えれば、生で食べることがいかに多彩《たさい》な食感をもたらすかがわかるでしょう。日本人は食感に対して繊細《せんさい》で、食感にこだわりをもっているのだと思います。人は、こだわりをもっていること、重要視《し》していることに対して、表現は細かくなります。だから食感表現が多いのです。

四季折々の山海の珍味《ちんみ》(注)に恵《めぐ》まれ、水がきれいであったため、日本人はさまざまな食感を楽しむ喜びを知っています。さまざまな食感を表現する道具として、擬音語・擬態語を使いこなすこともできます。最近、何を食べても「ウマイ」、「ヤバイ」で済《す》ませていませんか。詳《くわ》しく表現したつもりでも「やわらかい」、「甘《あま》い」で済ませていませんか。おいしいものを食べて、それを言葉にして誰《だれ》かと共感できるのは、楽しいことです。言葉にすることで、食べものへの関心が高まることもあるでしょう。おいしさの記憶《きおく》が刻《きざ》まれ、好物への愛着も深まるかもしれません。これは、とても幸せなことだと思います。

（早川文代《はやかわふみよ》著《ちょ》「食感表現の豊かな日本語」『たべものがたり　食と環境７の話』〈ダイヤモンド社〉による。一部省略等がある。）

【注】
模して　まねて。似せて。
バラエティ　変化。
珍味　めったに味わえない、おいしいごちそう。

「食」を題材とした短歌

B

サキサキと　セロリ噛《か》みいて　あどけなき
(注)汝《なれ》を愛する　理由はいらず

佐佐木《ささき》　幸綱《ゆきつな》

【注】
汝　あなた。

問題　Bの短歌から日本語の食感表現についてあなたが考えたことを、Aの文章のことばを引用して、百四十字以上、百六十字以内で書きなさい。（あとの【注意】にしたがって書くこと。）

【注意】
- 「題名」や「名前」は書かずに、本文だけを書くこと。
- 書きだしは一マス空け、「、」や「。」も一字に数えること。

解説

日本語の特徴って？

「国語《こくご》」の大《おお》きな目的《もくてき》の一つは私《わたし》たちの言葉《ことば》、つまり日本語《にほんご》を学《まな》ぶこと。言葉《ことば》をテーマとした作文《さくぶん》が頻出《ひんしゅつ》なのは、自然《しぜん》のなりゆきですね。

今回取《こんかいと》り上《あ》げた例題《れいだい》は一見《いっけん》ユニークな問題《もんだい》に見《み》えますが、擬《ぎ》音語《おんご》や擬態語《ぎたいご》が多《おお》いという「日本語《にほんご》の特徴《とくちょう》」と、日本《にほん》に独特《どくとく》な詩《し》の形式《けいしき》である「短歌《たんか》」についての作文《さくぶん》を書《か》くわけですから、日本語《にほんご》への意識《いしき》の高《たか》さを試《ため》す良問《りょうもん》と言《い》えます。

擬音語《ぎおんご》と擬態語《ぎたいご》を合《あ》わせて「オノマトペ」と言《い》います。「ドン」とか、「スヤスヤ」といった、音《おと》や様子《ようす》をそのまま言葉《ことば》にしたものです。外国語《がいこくご》と比《くら》べたときに、このオノマトペが多《おお》いというのが、日本語《にほんご》の特徴《とくちょう》の一つです。

日本語《にほんご》にはほかにどんな特徴《とくちょう》があるか知《し》っていますか。まずは日本語《にほんご》を書《か》き表《あらわ》す文字《もじ》が漢字《かんじ》、ひらがな、カタカナの三種類《しゅるい》もあるということ。最近《さいきん》ではさらにローマ字《じ》（アルファベット）表記《ひょうき》も少《すく》なくありません。

同音異義語《どうおんいぎご》が多《おお》いというのも、よく言《い》われる特徴《とくちょう》です。同音《どうおん》異義語《いぎご》は同《おな》じ音読《おんよ》みをするけれども使《つか》う漢字《かんじ》も意味《いみ》もちがう言《こと》葉《ば》のことです。たとえば「関心《かんしん》」と「感心《かんしん》」。日本語《にほんご》を学《まな》ぶ外《がい》国人《こくじん》は、これに悩《なや》まされるそうです。

もう一つの大《おお》きな特徴《とくちょう》が「敬語《けいご》」です。外国語《がいこくご》にも敬語的《けいごてき》な表現《ひょうげん》はありますが、日本語《にほんご》のように豊《ゆた》かではありません。

敬語《けいご》には相手《あいて》の動作《どうさ》を敬《うやま》う「尊敬語《そんけいご》」、自分《じぶん》のすることを低《ひく》めることで話《はな》し相手《あいて》を高《たか》める「謙譲語《けんじょうご》」、表現《ひょうげん》を丁寧《ていねい》にする「丁寧《ていねい》語《ご》」の三つがあります。たとえば「食《た》べる」の尊敬語《そんけいご》は「召《め》し上《あ》がる」、謙譲語《けんじょうご》は「いただく」、丁寧語《ていねいご》だと「食《た》べます」です。敬語《けいご》は大人《おとな》でもときどき使《つか》い方《かた》を間違《まちが》ってしまうほど複雑《ふくざつ》です。社会《しゃかい》でコミュニケーションをとるためには必要《ひつよう》な知識《ちしき》なので、適性検査《てきせいけんさ》でも出題《しゅつだい》されるテーマです。

ポイント

日本語《にほんご》の特徴《とくちょう》を知《し》っておこう。
オノマトペ（擬音語《ぎおんご》・擬態語《ぎたいご》）が多《おお》い・文字《もじ》の種類《しゅるい》が多《おお》い・同音異義語《どうおんいぎご》が多《おお》い・敬語《けいご》表現《ひょうげん》が豊富《ほうふ》など。

言葉は生きている

言葉《ことば》の意味《いみ》が時代《じだい》によって変化《へんか》することも、作文《さくぶん》のテーマとしてよく取《と》り上《あ》げられます。

よくある例《れい》は、「こだわる」という言葉《ことば》の使《つか》い方《かた》。二十年ほど前《まえ》までは、この言葉《ことば》は「つまらないことに、いつまでもこだわっている」というように、良《よ》くない意味《いみ》で使《つか》われる言葉《ことば》でした。それが最近《さいきん》では「このうどんはダシにこだわりました」というように、職人《しょくにん》が時間《じかん》をかけて工夫《くふう》をこらしたという意味《いみ》でも使《つか》われるようになっています。

ほかにも身近《みぢか》な例《れい》では「ヤバい」が挙《あ》げられます。ちょっと前《まえ》までは「危険《きけん》がせまっている」という意味《いみ》で使《つか》われていましたが、今《いま》ではそこから転《てん》じて「(常識の限度《げんど》を超《こ》えて危険《きけん》なほど)すばらしい」という意味《いみ》で使《つか》われることがあります。

「このラーメン、ヤバくない?」というのは、毒《どく》が入《はい》っていて危険《きけん》だということではなく、とてもおいしいという意味《いみ》で使《つか》いますよね。

新《あたら》しく生《う》まれた言葉《ことば》もあります。十年くらい前《まえ》から「ガチで」という言《い》い方《かた》が若者《わかもの》のあいだでよく使《つか》われるようになりました。「本当《ほんとう》に」というほどの意味《いみ》ですが、三十年前《まえ》にはなかった言葉《ことば》です。

インターネットの掲示板《けいじばん》やメールで使《つか》う独特《どくとく》の新語《しんご》や顔文字《かおもじ》も、言葉《ことば》の使《つか》い方《かた》が変化《へんか》した例《れい》としてよく話題《わだい》にのぼります。

言葉《ことば》の意味《いみ》の変化《へんか》や新《あたら》しい言葉《ことば》について考《かんが》えるとき、大《おお》きく二つの立場《たちば》があります。一つ目《め》は新《あたら》しい言葉《ことば》を自然《しぜん》な言葉《ことば》の変《へん》化《か》と考《かんが》えて見守《みまも》ろうとする立場《たちば》。もう一つは日本語《にほんご》の乱《みだ》れと考《かんが》えて、直《なお》していかなければいけないと考《かんが》える立場《たちば》です。

このテーマで作文《さくぶん》が出題《しゅつだい》されるときには、どちらかの立場《たちば》に立《た》って自分《じぶん》の意見《いけん》を述《の》べることになります。

ポイント　言葉《ことば》の移《うつ》り変《か》わりについての意見《いけん》をまとめておこう。

大切な言葉を見つける

「座右《ざゆう》の銘《めい》」という言葉《ことば》を知《し》っていますか。自分《じぶん》が生《い》きていくうえで、大切《たいせつ》にしたい価値観《かちかん》や戒《いまし》めとしたいことなどを短《みじか》い言《こと》葉《ば》で表《あらわ》したものです。ことわざや四字熟語《じじゅくご》、昔《むかし》の偉《えら》い人《ひと》の名言《めいげん》であることもあります。

適性検査《てきせいけんさ》で「あなたの座右《ざゆう》の銘《めい》を書《か》きましょう」なんて課題《かだい》が出《だ》されたことはありませんが、よく似《に》た問題《もんだい》は何度《なんど》か出題《しゅつだい》されています。

自分《じぶん》だけの宝物《たからもの》のような言葉《ことば》を持《も》っている人《ひと》の心《こころ》は豊《ゆた》かだと思《おも》いませんか。みなさんもこれを機会《きかい》に、大切《たいせつ》な言葉《ことば》を探《さが》してみましょう。

ポイント
自分《じぶん》にとって「大切《たいせつ》な言葉《ことば》」は何《なに》か、それはなぜなのかを考《かんが》えよう。

似た問題を出す学校

福井県立高志中学校《ふくいけんりつこしちゅうがっこう》（二〇一五）は、友《とも》だちが考《かんが》えた「新《あたら》しい漢字《かんじ》」を見《み》て、その友《とも》だちがどんな思《おも》いでその漢字《かんじ》を作《つく》ったのかを考《かんが》えるというユニークな問題《もんだい》を出《だ》しました。漢字《かんじ》に対《たい》する意識《いしき》の高《たか》さを問《と》う問題《もんだい》です。

同《おな》じ年《とし》の**宮崎県立宮崎西高等学校附属中学校《みやざきけんりつみやざきにしこうとうがっこうふぞくちゅうがっこう》**では、いくつかの言葉《ことば》のなかから一つを選《えら》び、その言葉《ことば》があなたにとってどんな意味合《いみあ》いをもつものなのかを書《か》く作文《さくぶん》が出題《しゅつだい》されました。この章《しょう》の例題《れいだい》は**熊本県共通問題《くまもとけんきょうつうもんだい》**ですが、九州《きゅうしゅう》・四国《しこく》の学校《がっこう》で言葉《ことば》をテーマとした作文《さくぶん》の出題《しゅつだい》が多《おお》いように思《おも》います。

二〇一四年は**秋田県共通問題《あきたけんきょうつうもんだい》**で「大切《たいせつ》にしたい言葉《ことば》」についての作文《さくぶん》が出《で》ました。**東京都立立川国際中等教育学校《とうきょうとりつたちかわこくさいちゅうとうきょういくがっこう》**では敬語《けいご》について書《か》かれた文章《ぶんしょう》を読《よ》んで「理想的《りそうてき》な言語生活《げんごせいかつ》を送《おく》るにはどうしたらいいか」を考《かんが》える作文《さくぶん》が出題《しゅつだい》されています。

同《おな》じく東京《とうきょう》の**都立小石川中等教育学校《とりつこいしかわちゅうとうきょういくがっこう》**では言葉《ことば》の意味《いみ》の変化《へんか》について考《かんが》えを述《の》べる作文《さくぶん》が出《で》ました。**鹿児島市立鹿児島玉龍中学校《かごしましりつかごしまぎょくりゅうちゅうがっこう》**でも同《おな》じ年《とし》に「言葉《ことば》の意味《いみ》が時代《じだい》によって変化《へんか》するのはおかしいと思《おも》うか」という、小石川中《こいしかわちゅう》とよく似《に》た問題《もんだい》が出《で》ています。少《すこ》し前《まえ》になりますが、**東京都立白鷗高等学校附属中学校《とうきょうとりつはくおうこうとうがっこうふぞくちゅうがっこう》**（二〇一一）もほぼ同《おな》じような作文《さくぶん》を出題《しゅつだい》。同《おな》じ年《とし》の**京都市立西京高等学校附属中学校《きょうとしりつさいきょうこうとうがっこうふぞくちゅうがっこう》**でも、放送問題《ほうそうもんだい》で同種《どうしゅ》の要約問題《ようやくもんだい》が出《で》ています。言葉《ことば》の意味《いみ》の変化《へんか》について考《かんが》えを書《か》く作文《さくぶん》は頻出《ひんしゅつ》です。

徳島県共通問題《とくしまけんきょうつうもんだい》（二〇一四）は選択肢《せんたくし》のなかから「心《こころ》にとめておきたいことわざ」を一つ選《えら》び、作文《さくぶん》を書《か》く問題《もんだい》。前年《ぜんねん》には在校生《ざいこうせい》に送《おく》る漢字《かんじ》を一つ決《き》め、その理由《りゆう》と込《こ》めた思《おも》いを書《か》くという問題《もんだい》が出《で》ています。このように言葉《ことば》をテーマとした作文《さくぶん》を連続《れんぞく》で出題《しゅつだい》する学校《がっこう》もめずらしくありません。

和歌山県共通問題《わかやまけんきょうつうもんだい》（二〇一一）はアンケート調査《ちょうさ》の資料《しりょう》をもとに、あなたの考《かんが》える「美《うつく》しい日本語《にほんご》」についての考《かんが》えを書《か》く作文《さくぶん》が出《で》ています。

トレーニング

❶ 言葉《ことば》の変化《へんか》と、それについての考《かんが》えをまとめる

頻出《ひんしゅつ》テーマである「言葉《ことば》の意味《いみ》の移《うつ》り変《か》わり」について、考《かんが》えをまとめておきましょう。

まずは君《きみ》たちが生活《せいかつ》の中《なか》で感《かん》じる、「最近《さいきん》意味《いみ》の変《か》わった言《こと》葉《ば》」を探《さが》してみましょう。なかなか見《み》つからないかもしれませんが、テレビで使《つか》われる言葉《ことば》や流行語《りゅうこうご》のなかに、新《あたら》しい言葉《ことば》づかいがかくれています。すぐに思《おも》いつかない人《ひと》は、とりあえず何《なに》も書《か》かないでおいて、気《き》がついたときに書《か》き込《こ》んでみてください。

それから言葉《ことば》の意味《いみ》が時代《じだい》によって移《うつ》り変《か》わることの良《よ》い点《てん》（メリット）、悪《わる》い点《てん》（デメリット）も考《かんが》えてみてください。物《もの》事《ごと》にはプラスの面《めん》とマイナスの面《めん》があります。意見《いけん》を書《か》くときなどは、その両面《りょうめん》を見《み》ながら筋道《すじみち》を立《た》てて論理《ろんり》を組《く》み立《た》てる必《ひつ》要《よう》があります。

最後《さいご》に書《か》くのは、言葉《ことば》の意味《いみ》の変化《へんか》に、あなた自身《じしん》はどのような態度《たいど》でのぞむつもりなのか。これからたくさんの「新語《しんご》」と出合《であ》うであろう若者《わかもの》の一人《ひとり》として、よく考《かんが》えてみましょう。

❷ 大切《たいせつ》にしたい言葉《ことば》を考《かんが》える

ことわざ、名言《めいげん》、漢字《かんじ》など、これも一度《ど》考《かんが》えてみましょう。難《むずか》しく考《かんが》える必要《ひつよう》はありません。たとえば注意深《ちゅういぶか》く生《い》きていきたいのなら「石橋《いしばし》を叩《たた》いてわたる」でかまいません。ご両親《りょうしん》や先生《せんせい》がかけてくれた言葉《ことば》で、思《おも》い出深《でぶか》いものがあるのなら、それもいいでしょう。

どうして大切《たいせつ》に思《おも》うようになったのか、具体的《ぐたいてき》な時期《じき》や出来《でき》事《ごと》も合《あ》わせて書《か》いておけば、いつでも作文《さくぶん》にまとめることができます。

❸ 君《きみ》が思《おも》う「日本語《にほんご》のむずかしいところ」

日《ひ》ごろ何気《なにげ》なく使《つか》っている日本語《にほんご》について、立《た》ち止《と》まって考《かんが》えてみましょう。みなさんから見《み》て、日本語《にほんご》が難《むずか》しいと感《かん》じるのはどんなところですか。選択肢以外《せんたくしいがい》にも思《おも》うことがあれば、どんどん書《か》いてください。

トレーニング

❶言葉の変化と、それについての考えをまとめる

意味が変わった言葉の例	言葉	昔の意味・使い方	
		今の意味・使い方	
言葉の意味が変わることのメリット（良い点）			
言葉の意味が変わることのデメリット（悪い点）			
言葉の意味の変化にどのように対応していけばいいと考えるか			

❷大切にしている言葉

大切にしている言葉	
だれの言葉？	（　　　　　　）の言葉・ことわざ・自分で考えた！・その他
どうして？（理由）	
好きな漢字	
どうして？（理由）	

❸君が思う「日本語のむずかしいところ」

むずかしいところ	文字の多さ・同音異義語・敬語・擬音語・擬態語・その他（　　　　）
どういうところが難しい？	
これからどうやって学んでいきたい？	

第9章

はばたけ世界《せかい》へ！

日本文化《にほんぶんか》と国際交流《こくさいこうりゅう》

世界《せかい》につながる日本《にほん》

突然《とつぜん》ですが、海外旅行《かいがいりょこう》に行《い》きたいですか？中学《ちゅうがく》、高校《こうこう》、あるいは大学《だいがく》で、外国《がいこく》へ留学《りゅうがく》するつもりはありますか？

時代《じだい》は国際化《こくさいか》。外国《がいこく》の人《ひと》と関《かか》わる機会《きかい》がこれからますます増《ふ》えることは間違《まちが》いありません。外国《がいこく》の文化《ぶんか》を知《し》り、また外国《がいこく》の人《ひと》に日本《にほん》のことを知《し》ってもらうためには、まずみなさん一人《ひとり》ひとりが自分《じぶん》の国《くに》の文化《ぶんか》を知《し》ることは、真《しん》の国際《こくさい》人《じん》になるために大切《たいせつ》です。

例題　**滋賀県共通問題《しがけんきょうつうもんだい》　二〇一五年改題**

俵万智《たわらまち》が桜を題材にして書いた文章をよく読んで、あとの問いに答えましょう。

和歌の世界では、「花」といえばすなわち桜のことをさす。歌人たちに多くの名歌を詠《よ》ませてきたという点において、桜はまさにナンバーワンの花、堂々たる名花だ。けれど桜に対する思い入れは、日本人独特のもののようだ。以前、デンマークの学校で、日本の古典について話をする機会があった。

たとえば、と私は、在原業平《ありわらのなりひら》の次の歌をあげた。

世の中に絶えて桜のなかりせば春の心はのどけからまし

「春になると私たちは、もうすぐ桜が咲《さ》くなあとわくわくし、早く咲かないかなあとイライラもし、咲けば咲いたでうきうきするいっぽう、風や雨で散ることを心配し、散りはじめるとがっかりしてしまう……。ほんとうに桜というのは私たちの心を振《ふ》り回すもの。この世に桜というものがなければ、春の心はどんなにかのんびりと穏《おだ》やかなものであろうか——という逆説的な言い方で、桜の素晴らしさと存在感を讃《たた》えているんですね」

我ながらうまく説明できたと思ったのだけれど、学生たちはぽかんとしている。何故《なぜ》、大の大人《おとな》がそこまで一生懸《いっしょうけん》命《めい》になるのか、大げさなんじゃないの、という反応《はんのう》である。

〈中略〉

しかも、別のヨーロッパの国で「なんで、あんな薄汚《うすぎたな》い色の花がいいのか?」と質問されたことがある。たしかに、ピンクといっても、バラやスイトピーのようにはっきりしてはいない。しかしそれが、日本の春のやさしい青空とぼんやりした空気とに、実によく合うのだ。たとえば真紅《しんく》の桜なんて、考えただけでも目眩《めまい》がしそうだ。

桜というのは、花だけをとりだして観賞するものではないのかもしれない。桜の咲いている空間ごと、そして時間ごと、日本の春という舞台《ぶたい》のすべてを含《ふく》めて桜なのだという気がする。

（俵 万智『風の組曲』〈河出書房新社〉による。）

【注】 在原業平　平安時代の歌人。

問題　筆者が、日本人にとっての桜の素晴らしさと存在感を外国の人に伝えようとしたように、日本の伝統や文化をしょうかいする文章を次の【条件】に合わせて書きましょう。

【条件】

- 季節をあらわす言葉を題材にして書くこと。ただし、「桜」という題材は使わないこと。
- 百字以上、百二十字以内にまとめて書くこと。

解説

文化は自然によって作られる

「文化《ぶんか》」とは何《なん》でしょう？

日本《にほん》でいえば、短歌《たんか》や俳句《はいく》、能《のう》や狂言《きょうげん》、水墨画《すいぼくが》や浮世絵《うきよえ》、お寺《てら》や神社《じんじゃ》……。昔《むかし》から伝《つた》わる芸術《げいじゅつ》や芸能《げいのう》、建築《けんちく》などが、まず思《おも》い浮《う》かぶと思《おも》います。

でもそれだけではありません。たとえば日本人《にっぽんじん》はごはんを食《た》べるときに箸《はし》を使《つか》います。家《いえ》に入《はい》るときにはくつをぬぎます。魚《さかな》を生《なま》で食《た》べます。人《ひと》と会《あ》ったらお辞儀《じぎ》をします。このように私《わたし》たちが何気《なにげ》なくしていることも文化《ぶんか》なのです。

また昔《むかし》から続《つづ》いていることでなくても、日本独特《にほんどくとく》の文化《ぶんか》はたくさんあります。すぐれたアニメ作品《さくひん》は世界中《せかいじゅう》から認《みと》められる日本《にほん》の映像文化《えいぞうぶんか》です。

このような、私《わたし》たちの生活《せいかつ》に結《むす》びついた「文化《ぶんか》」を、日《ひ》ごろから意識《いしき》しましょう。みなさんが「あたりまえ」と思《おも》っていることが、実《じつ》は日本独特《にほんどくとく》の文化《ぶんか》であった、なんてことがきっとあるはずです。

「小《ちい》さいころから歌舞伎《かぶき》が大好《だいす》きで、誕生日《たんじょうび》に京都《きょうと》の南座《みなみざ》へ公《こう》演《えん》に連《つ》れて行《い》ってもらった」

このような趣味《しゅみ》の小学生《しょうがくせい》はあまり多《おお》くないかもしれませんが、アニメが大好《だいす》きな人《ひと》、マグロのお刺身《さしみ》が好《す》きな人《ひと》、ごはんには必《かなら》ず味噌汁《みそしる》が欲《ほ》しい人《ひと》ならたくさんいるでしょう。

例題《れいだい》の問題文《もんだいぶん》で、俵万智《たわらまち》さんは桜《さくら》を美《うつく》しいと感《かん》じる日本《にほん》の文《ぶん》化《か》を季節《きせつ》や気候《きこう》と関係《かんけい》づけていました。

カレンダーに書《か》きこまれているお祭《まつ》りやイベントは、そのほとんどが日本《にほん》の季節《きせつ》や人々《ひとびと》の暮《く》らしに結《むす》びついた伝統的《でんとうてき》な文化《ぶんか》です。もちろんクリスマスやハロウィンは別《べつ》ですけどね。

それぞれの国《くに》には、その国《くに》をとりまく自然《しぜん》（風土《ふうど》）があります。文化《ぶんか》とは、その国《くに》の風土《ふうど》に合《あ》わせて長《なが》い時間《じかん》をかけて育《はぐく》まれてきたものです。

桜《さくら》がきれいに咲《さ》く気候《きこう》でなければ、日本《にほん》に桜《さくら》の花《はな》を愛《あい》する文《ぶん》化《か》は育《そだ》たなかったでしょう。海《うみ》に囲《かこ》まれ、新鮮《しんせん》な魚《さかな》を手《て》に入《い》れやすかったから、魚《さかな》を生《なま》で食《た》べる文化《ぶんか》が生《う》まれました。山《やま》と森《もり》に恵《めぐ》まれ、木材《もくざい》に困《こま》らなかったから、木造《もくぞう》の建築物《けんちくぶつ》がたくさん造《つく》られたのです。

人《ひと》の考《かんが》え方《かた》も、風土《ふうど》の影響《えいきょう》を受《う》けています。私《わたし》たちが人《ひと》との「和《わ》」を大切《たいせつ》にするのは、日本《にほん》に稲作《いなさく》が伝《つた》わってから農業《のうぎょう》がさかんになり、子《こ》どもから孫《まご》へ、そのまた孫《まご》へと、同《おな》じ場所《ばしょ》にずっと住《す》み続《つづ》けるようになったので、となり近所《きんじょ》の人《ひと》たちと仲良《なかよ》くやっていく気持《きも》ちが大切《たいせつ》にされるようになったからだと言《い》われています。

砂漠《さばく》で育《そだ》った人《ひと》は、木《き》ではなく石《いし》や砂《すな》で家《いえ》を作《つく》ります。ラクダで旅《たび》をし、途中《とちゅう》の街《まち》や出会《であ》う人《ひと》と商売《しょうばい》しながら生活《せいかつ》するので、自分《じぶん》の言《い》いたいことを「主張《しゅちょう》」したり他人《たにん》と「交渉《こうしょう》」したりすることを大切《たいせつ》だと考《かんが》えます。草原《そうげん》に住《す》む人々《ひとびと》の食《た》べ物《もの》は魚《さかな》や米《こめ》ではなく、羊《ひつじ》です。

人々《ひとびと》の文化《ぶんか》はその土地《とち》の風土《ふうど》の影響《えいきょう》を強《つよ》く受《う》けているという視点《してん》を持《も》ちましょう。今回《こんかい》の例題《れいだい》とは直接関係《ちょくせつかんけい》ありませんが、適性検査《てきせいけんさ》でこうしたテーマの問題文《もんだいぶん》は少《すく》なくありません。

自分《じぶん》たちの文化《ぶんか》がなんとなく「美《うつく》しい」とか「こっちのほうがいい」と感《かん》じるだけではなく、文化《ぶんか》がどうして生《う》まれたのかを客観的《きゃっかんてき》に考《かんが》えるようにしてください。奇妙《きみょう》に思《おも》える外国《がいこく》の文《ぶん》化《か》にも、大抵《たいてい》はその風土《ふうど》に根《ね》ざした納得《なっとく》のいく理由《りゆう》があります。

ポイント

①伝統芸能《でんとうげいのう》や美術《びじゅつ》だけでなく、日常生活《にちじょうせいかつ》のなかの文化《ぶんか》にも目《め》を向《む》けよう。

②「文化《ぶんか》」はその国《くに》の「風土《ふうど》」に深《ふか》く関《かか》わっている。

世界を知ることは日本を知ること

インターネットが普及《ふきゅう》し、海外《かいがい》との行《い》き来《き》がますますさかんになっている今日《こんにち》、日《ひ》ごろの生活《せいかつ》のいろいろな場面《ばめん》で「国際《こくさい》化《か》」や「グローバル化《か》」を感《かん》じることができます。「国際《こくさい》」というのは国《くに》と国《くに》との交流《こうりゅう》のこと。「グローバル」というのは英《えい》語《ご》で「世界的《せかいてき》な」とか「地球全体《ちきゅうぜんたい》の」という意味《いみ》です。どちらも日本《にほん》やアメリカ、中国《ちゅうごく》といった「国《くに》」の境界《きょうかい》や枠組《わくぐ》みをこえた活動《かつどう》がさかんになることを意味《いみ》します。

みなさんも外国《がいこく》に行《い》ったり、外国人《がいこくじん》といっしょに勉強《べんきょう》や仕事《しごと》をしたり、外国語《がいこくご》を学《まな》んだり見聞《みき》きしたりする機会《きかい》が増《ふ》えていくことでしょう。そのときのために、英語《えいご》をはじめとする外国《がいこく》語《ご》を学《まな》ぶことはとても大切《たいせつ》です。

外国《がいこく》の人《ひと》と関《かか》わることは、そのまま「異文化《いぶんか》」に触《ふ》れることを意味《いみ》します。住《す》んでいる国《くに》によってちがうのは言葉《ことば》だけではありません。ものの考《かんが》え方《かた》や笑《わら》ったり怒《おこ》ったりするポイント、あいさつのタイミング、時間《じかん》の感覚《かんかく》、食事《しょくじ》のときの作法《さほう》など、さまざまな部分《ぶぶん》に微妙《びみょう》なちがいがあります。

たとえば牛《うし》の生《い》き血《ち》を飲《の》む文化《ぶんか》や猿《さる》の脳《のう》みそを食《た》べる文化《ぶんか》があります。

「うげ〜！　気持《きも》ち悪《わる》い！」

正直《しょうじき》にそう感《かん》じてしまうのはしかたのないことです。しかし、それは私《わたし》たちが「日本《にほん》」という国《くに》の食文化《しょくぶんか》のなかで生活《せいかつ》しているからです。マグロやタイの刺身《さしみ》をおいしそうに食《た》べる私《わたし》たちを見《み》て、

「気持《きも》ち悪《わる》い！」

と思《おも》う文化《ぶんか》は、世界中《せかいじゅう》にたくさんあります。

私《わたし》たちが「あたりまえ」だと思《おも》っていることが、外国《がいこく》の人《ひと》から見《み》ればとても奇妙《きみょう》に思《おも》えることも少《すく》なくありません。日本《にほん》の文化《ぶんか》の特徴《とくちょう》を知《し》るためには外国《がいこく》の文化《ぶんか》を知《し》り、比《くら》べることが大切《たいせつ》ですし、逆《ぎゃく》に外国《がいこく》の文化《ぶんか》を知《し》るためには日本文化《にほんぶんか》のなかで「あたりまえ」であるとして慣《な》らされてきたものを客観的《きゃっかんてき》に見《み》つめなおすことが必要《ひつよう》です。

「日本《にほん》は生《なま》の魚《さかな》を食《た》べる野蛮《やばん》な国《くに》だ」

なんてほかの国《くに》の人《ひと》に言《い》われたら、いやですね。それなら、私《わたし》たちも牛《うし》の生《い》き血《ち》を飲《の》んだりサルの脳《のう》みそを食《た》べたりする国《くに》を認《みと》める必要《ひつよう》があります。

なにも猿《さる》の脳《のう》みそを食《た》べられるようにならないといけない、ということではありません。そうしたほかの文化《ぶんか》を自分《じぶん》たちの文化《ぶんか》の尺度《しゃくど》でだけ測《はか》り、「野蛮《やばん》だ」とか「気持《きも》ち悪《わる》い」といってしりぞけてしまうことは良《よ》くないということです。ほかの文化《ぶんか》は文化《ぶんか》として認《みと》めなければいけません。

ポイント

①私《わたし》たちの日本文化《にほんぶんか》を、「世界《せかい》のさまざまな文化《ぶんか》のなかの一つ」ととらえる視点《してん》を持《も》つ。

②大切《たいせつ》なのは「比較《ひかく》する」ことと「認《みと》める」こと

あこがれの海外留学

例題《れいだい》のテーマから少《すこ》し外《はず》れますが、海外留学《かいがいりゅうがく》をテーマにした問題《もんだい》も適性検査《てきせいけんさ》ではよく出題《しゅつだい》されます。とくに**SGH（スーパーグローバルハイスクール）**に指定《してい》されている学校《がっこう》では頻出《ひんしゅつ》です。

ただ留学《りゅうがく》がテーマとはいっても、小学生《しょうがくせい》のみなさんに留学経験《りゅうがくけいけん》がある人《ひと》はあまりいないでしょう。ですから作文《さくぶん》は「中学《ちゅうがく》・高校《こうこう》で留学《りゅうがく》したら、何《なに》を学《まな》ぶか」といったように、これからの留学《りゅうがく》を思《おも》い描《えが》く内容《ないよう》を書《か》くことになります。

海外留学《かいがいりゅうがく》を考《かんが》えている人《ひと》や積極的《せっきょくてき》に留学生《りゅうがくせい》を送《おく》り出《だ》す学校《がっこう》を受検《じゅけん》する人《ひと》は、留学《りゅうがく》することの目的《もくてき》は何《なん》なのかをよく考《かんが》えておきましょう。

また、みなさんが留学《りゅうがく》するのではなく、みなさんの中学《ちゅうがく》に

やってきた海外《かいがい》からの留学生《りゅうがくせい》とどう関《かか》わっていきたいか、というテーマの出題《しゅつだい》もよく見《み》かけます。

いずれにせよ、みなさんには異文化《いぶんか》を積極的《せっきょくてき》に理解《りかい》しようとする姿勢《しせい》と、異文化《いぶんか》に属《ぞく》する人《ひと》たちに自分《じぶん》たちの文化《ぶんか》（日本文化《にほんぶんか》）をしっかり説明《せつめい》し、理解《りかい》してもらえるよう努《つと》める姿勢《しせい》が求《もと》められています。これらは国際社会《こくさいしゃかい》に飛《と》び出《だ》していくみなさんにとって、とても重要《じゅうよう》な素養《そよう》です。

ポイント

異文化《いぶんか》を理解《りかい》し、自分《じぶん》の文化《ぶんか》を分《わ》かってもらおうとする姿勢《しせい》を持《も》つことが大切《たいせつ》

似た問題を出す学校

広島県《ひろしまけん》の**福山市立福山中学校《ふくやましりつふくやまちゅうがっこう》**は問題文《もんだいぶん》やこれまで学習《がくしゅう》してきたことの一覧表《いちらんひょう》から「わたしたちが取《と》り組《く》む国際交流《こくさいこうりゅう》」をテーマとしたレポートを書《か》く作文《さくぶん》を出題《しゅつだい》しました（二〇一五）。

群馬県立中央中等教育学校《ぐんまけんりつちゅうおうちゅうとうきょういくがっこう》ではアメリカに留学《りゅうがく》したときの体験《たいけん》をもとにした文章《ぶんしょう》を読《よ》んで、言葉《ことば》によるコミュニケーションの大切《たいせつ》さについて書《か》く作文《さくぶん》が出《で》ています（二〇一四）。日常的《にちじょうてき》な文化《ぶんか》のちがいをどう考《かんが》えるかという姿勢《しせい》が問《と》われる問題《もんだい》です。同《おな》じ年《とし》の**新潟県共通問題《にいがたけんきょうつうもんだい》**では、将来《しょうらい》、外国《がいこく》の学校《がっこう》で学《まな》ぶことになったときに身《み》につけたいと思《おも》うことを作文《さくぶん》にする問題《もんだい》が出題《しゅつだい》されました。

二〇一三年は前年《ぜんねん》にオリンピックが開催《かいさい》された影響《えいきょう》から、国際的《こくさいてき》な感覚《かんかく》や問題意識《もんだいいしき》を問《と》う作文課題《さくぶんかだい》が多《おお》く出題《しゅつだい》されました。

東京都立桜修館中等教育学校《とうきょうとりつおうしゅうかんちゅうとうきょういくがっこう》は、海外《かいがい》で使《つか》われている世界地図《せかいちず》を見《み》て感《かん》じたことを書《か》く作文《さくぶん》を出題《しゅつだい》しました。私《わたし》たちが見慣《みな》れているのは日本《にほん》が中心《ちゅうしん》に描《えが》かれている世界地図《せかいちず》ですが、ヨーロッパやアフリカ、オーストラリアに住《す》んでいる人《ひと》の地図《ちず》は様子《ようす》がちがいます。簡潔《かんけつ》な図表《ずひょう》から国際的《こくさいてき》な感覚《かんかく》を問《と》う良問《りょうもん》です。

静岡県立清水南高等学校中等部《しずおかけんりつしみずみなみこうとうがっこうちゅうとうぶ》は東南《とうなん》アジアで日本《にほん》の食品《しょくひん》やペットフードを生産《せいさん》する業者《ぎょうしゃ》の厳《きび》しい現実《げんじつ》を紹介《しょうかい》する文章《ぶんしょう》を読《よ》み、考《かんが》えを述《の》べる作文《さくぶん》を出題《しゅつだい》。「グローバル化《か》」の影《かげ》の部分《ぶぶん》に目《め》を向《む》けた問題《もんだい》といえるでしょう。

岡山県立岡山操山中学校《おかやまけんりつおかやまそうざんちゅうがっこう》ではさまざまな国《くに》のあいさつの仕方《しかた》を描《えが》いた絵《え》を資料《しりょう》に、世界《せかい》の国《くに》の人々《ひとびと》と交流《こうりゅう》するときに大切《たいせつ》なことを述《の》べる問題《もんだい》が出《で》ています。**高知県立中村中学校《こうちけんりつなかむらちゅうがっこう》**では韓国《かんこく》への修学旅行《しゅうがくりょこう》で紹介《しょうかい》したい日本文化《にほんぶんか》について、**京都市立西京高等学校附属中学校《きょうとしりつさいきょうこうとうがっこうふぞくちゅうがっこう》**では解決《かいけつ》しなければいけない世界的《せかいてき》な問題《もんだい》についての考《かんが》えが問《と》われています。

とくに**オリンピックの翌年《よくねん》**は国際問題《こくさいもんだい》が要《よう》チェックです。

トレーニング

①外国《がいこく》に紹介《しょうかい》したい日本《にほん》の文化《ぶんか》をまとめよう

芸能《げいのう》や美術品《びじゅつひん》、お祭《まつ》りなどの行事《ぎょうじ》と、日常的《にちじょうてき》なしきたりや作《さ》法《ほう》、食文化《しょくぶんか》について、それぞれ三つずつ紹介《しょうかい》しましょう。

それらの文化《ぶんか》の良《よ》い点《てん》、すばらしいと思《おも》う点《てん》、外国《がいこく》の人《ひと》にとって難《むずか》しいと思《おも》われる点《てん》もまとめましょう。

②文化《ぶんか》を比較《ひかく》しよう

みなさんが知《し》っている外国《がいこく》と日本《にほん》の文化《ぶんか》のちがいについてまとめましょう。

「外国《がいこく》」はイギリス、フランスなどのヨーロッパやアメリカだけとは限《かぎ》りません。中国《ちゅうごく》や韓国《かんこく》、ベトナム、インドなどのアジアやブラジル、チリといった南米《なんべい》、アフリカなどとのちがいも、もし知《し》っていたら書《か》き込《こ》んでみましょう。

③海外《かいがい》で何《なに》を学《まな》びたいか

もしみなさんが将来海外留学《しょうらいかいがいりゅうがく》をするとしたら、行《い》きたい国《くに》、その国《くに》で学《まな》びたいことは何《なに》ですか。今《いま》のところ海外留学《かいがいりゅうがく》する気《き》はなくても、これを機会《きかい》に考《かんが》えてみてください。

④世界《せかい》の問題《もんだい》

日本《にほん》だけではなく、世界全体《せかいぜんたい》の問題《もんだい》があります。そのような問題《もんだい》から一つ、知《し》っているものを挙《あ》げて、解決《かいけつ》のために自分《じぶん》はどうしていきたいかを簡単《かんたん》にまとめましょう。

トレーニング

❶紹介したい日本の文化

	紹介したい日本の文化	すばらしい点	外国人にとって難しい点
美術・建築など			
日常的な文化			

❷日本と外国の文化のちがい

日本の文化	（　　　　　　）の文化	なぜ、ちがいがあるのか

❸留学したい国と、学びたいこと

海外留学したい国	その国を選んだ理由	何を学びたいか

❹世界の問題と、その解決策

世界的な問題	解決のために世界がするべきこと	あなた自身ができること

第10章

科学《かがく》と文明《ぶんめい》

その技術《ぎじゅつ》はだれのために

ダイナマイトは大発明《だいはつめい》!?

「ノーベル賞《しょう》」でおなじみのアルフレッド・ノーベルは、ダイナマイトを発明《はつめい》したことで知《し》られる十九世紀《せいき》の発明家《はつめいか》です。兵器《へいき》の開発《かいはつ》で巨万《きょまん》の富《とみ》を築《きず》き、そのお金《かね》でノーベル賞《しょう》を創設《そうせつ》しました。

「すごい発明《はつめい》をして世《よ》の中《なか》の役《やく》に立《た》っただけでなく、賞《しょう》まで作《つく》ったノーベルってえらい！」と思《おも》いますか？　それとも「戦争《せんそう》に使《つか》う兵器《へいき》を発明《はつめい》したなんて、とんでもない人《ひと》だ。武器商人《ぶきしょうにん》の作《つく》った賞《しょう》なんてもらいたくない！」と思《おも》いますか？

科学技術《かがくぎじゅつ》の発達《はったつ》は良《よ》いことか、それとも悪《わる》いことか。適性検査《てきせいけんさ》の頻出《ひんしゅつ》テーマです。

例題　静岡県立清水南高等学校中等部《しずおかけんりつしみずみなみこうとうがっこうちゅうとうぶ》　二〇一五年改題

次の二つの文章を読んで、後の問いに答えなさい。

（※これは、およそ50年前に未来のことを予想して書かれたお話です。科学者のエフ博士は、メーターやランプ、マイク、スピーカーがついている「エルマ」という名前のコンピュータを作り、趣味《しゅみ》決定業という商売を始めました。以下は一人のお客がエフ博士のもとを訪れた場面です。）

A

まずエフ博士は、お客にカードを渡しそれに記入させる。性別、年齢、学歴。つとめている人なら、勤務先の職種、収入、家庭状況、健康などについてだ。これらは趣味決定の要素となる。

　それから、博士はエルマの前に案内し、椅子《いす》にかけさせる。お客の青年が聞く。

「これから、なにがはじまるのですか。どうやればいいのですか」

「そのスピーカーから、エルマが各種のことを話しかけてきます。あなたは、マイクにむかって、それに答えればいいのです。簡単なことですから、気軽にどうぞ」

　コンピューターのエルマは、いろいろなことを質問してくる。椅子は一種のうそ発見器にもなっているので、さきにカードに記入したことがいいかげんだと、訂正《ていせい》されてしまう。

　また、連想テストなどもおこなわれる。「木という言葉からなにを連想しますか」とか「青という色からは」とか「会社という言葉からは」というたぐいだ。

　お客は頭に浮《う》かんだものを答える。答えるまでの時間も測定される。このようにして、本人の性格が明らかになってゆくのだ。

　同時にカードのデータとも総合され、範囲《はんい》がしぼられてゆく。エルマはカチカチと音をたてて計算し、質問をし、また計算し、質問をする。

　たとえば、水に関係のあることが適当となると、さらに、では釣《つ》りと熱帯魚飼育とどちらがいいかとの問題になる。水の関係から、水泳かボートかとわけられることもある。

　かくして、最後に指示が一枚のカードとなって出てくる。それには、その本人に最もふさわしい趣味が記されているのだ。また、入門書の書名とか、教習所の所在地とかいったものも付記《ふき》されている。

　お客は喜び、エフ博士に料金を払《はら》って帰ってゆく。性格にぴったりの趣味なのだから、上達も早い。これが最適との保証つきだから、途中《とちゅう》であきて投げ出すこともない。


星新一著「趣味決定業」（新潮文庫刊『盗賊会社』所収）より部分掲載

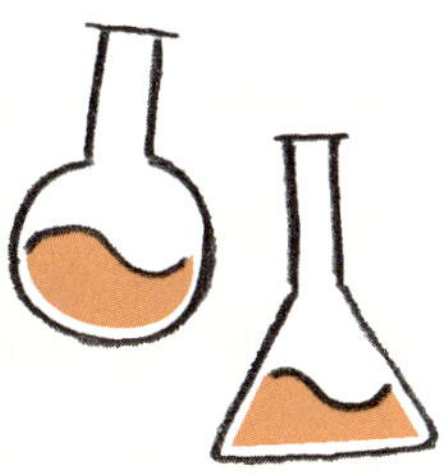

（※回転寿司《ずし》は、むやみに寿司《すし》を流すと廃棄《はいき》率（食べられないまま時間がたってしまい、売り物にならない寿司の割合）が高まって利益が減ってしまうことがあります。どの寿司を流せば手に取ってもらえるかという予測は、寿司職人がそれまでの経験から判断していましたが、現在では「回転すし総合管理システム」が開発されました。以下は「回転すし総合管理システム」についての説明です。）

B

これは、それまで職人が「経験知」として行ってきた、「いつ、どの寿司を流すか」という判断をコンピュータが行うという画期的なシステムです。

具体的にご説明しましょう。

まず、お店の入り口に設置されている「来店客用タッチパネル」に、お客様が「大人ふたりと子どもひとり」などと来店者情報を入力します。その後、空いた席にお通しした際に、「座席番号○○に、大人ふたりと子どもひとりが着席」という情報が、お店の「総合管理システム」に入力されます。

「総合管理システム」とは、それまで職人が蓄積《ちくせき》してきた「経験知」や、「単品管理システム」で蓄積されたデータをもとに構築された「予測モデル」。つまり、「大人ふたりと子どもひとり」という情報が入力されると、お客様が「食べたい」と思うであろう寿司を自動的に予測するのです。その情報が、キッチンに設置された大型モニターに表示され、それに基《もと》づいて従業員が寿司をレーンに流していくというわけです。

まずは、マグロやサーモンなどの定番商品からスタート。定番商品をひととおり食べたら、目先を変えた創作寿司などで皿を手にとっていただけるように仕掛《しか》けます。30分ほどすぎて、お腹が満たされてきたお子さまは、ジュースやデザートに興味を示すでしょう。そうしたニーズを先取りして、商品を流すことによって、お客様の満足度を高めるとともに、廃棄率を低下させることができるのです。

（『まっすぐバカ正直にやり続ける。』／株式会社あきんどスシロー
豊崎賢一〈ダイヤモンド社〉より）

【――線の語の意味】

単品管理システム　どの寿司がいくつ売れたのか、どの寿司をいくつ廃棄したのかをコンピュータで管理する仕組み

ニーズ　要望

問題　コンピュータが発達することに対するあなたの意見を、A・Bどちらかの文章にふれながら四〇〇字から五〇〇字以内で書きなさい。

- 原稿《げんこう》用紙の正しい使い方に従って書きなさい。
- 題名、氏名は書かないで、本文から書き始めること。

解説

技術は人を不幸にもする

文章Ａはコンピュータが自分《じぶん》の趣味《しゅみ》を決《き》めてくれるという、昔《むかし》に書《か》かれたＳＦ物語《ものがたり》。文章Ｂは現代《げんだい》の回転《かいてん》ずし店《てん》で実際《じっさい》に行《おこな》われている、お客《きゃく》さんの種類《しゅるい》によって流《なが》す寿司《すし》の種類《しゅるい》をコンピュータが自動的《じどうてき》に決《き》める仕組《しく》みについて説明《せつめい》した文章《ぶんしょう》です。

パソコンやスマートフォンなど、現代《げんだい》では高性能《こうせいのう》なコンピュータが身近《みぢか》にあふれています。Ａの「趣味決定業《しゅみけっていぎょう》」も、現《げん》代《だい》の技術《ぎじゅつ》ならやろうと思《おも》えばできるでしょう。Ｂの「回転《かいてん》すし総合管理《そうごうかんり》システム」は「趣味決定業《しゅみけっていぎょう》」とはちがいますが、お客《きゃく》さんの好《この》みや食《た》べる量《りょう》をコンピュータで分析《ぶんせき》するという点《てん》では同《おな》じですね。ちなみに、趣味《しゅみ》ではありませんが、「あなたに向《む》いている仕事《しごと》をコンピュータが分析《ぶんせき》して紹介《しょうかい》します」という転《てん》職《しょく》サイト（仕事《しごと》を変《か》えたい人《ひと》に新《あたら》しい仕事《しごと》を紹介《しょうかい》するインターネットサイト）は、今《いま》では本当《ほんとう》にあります。

コンピュータが発達《はったつ》することによって、私《わたし》たちの生活《せいかつ》はどんどん便利《べんり》になっていきます。でもそれは私《わたし》たちにとって本当《ほんとう》に幸《しあわ》せなことなのでしょうか？　仕事《しごと》や勉強以外《べんきょういがい》の空《あ》いた時間《じかん》を好《す》きに過《す》ごすための「趣味《しゅみ》」さえコンピュータに決《き》めてもらう世《よ》の中《なか》を、あなたはどう思《おも》いましたか？　この点《てん》を考《かんが》えることができるかどうかが、今回《こんかい》の問題《もんだい》のいちばん大切《たいせつ》なポイントです。

コンピュータにかぎらず、科学技術《かがくぎじゅつ》の進歩《しんぽ》には**良《よ》い面《めん》（メリット）**と**悪《わる》い面《めん》（デメリット）**があります。最初《さいしょ》に紹介《しょうかい》したダイナマイトもその一つです。戦争《せんそう》に使《つか》う爆薬《ばくやく》にももちろん使《つか》われますが、たとえばトンネルを掘《ほ》るときなど、土木《どぼく》・建築現場《けんちくげんば》でダイナマイトは大活躍《だいかつやく》します。農薬《のうやく》が発明《はつめい》されたことで農作物《のうさくぶつ》を安定《あんてい》して収穫《しゅうかく》できるようになりましたが、強《つよ》すぎる農薬《のうやく》は畑《はたけ》に住《す》む動物《どうぶつ》を殺《ころ》し、農薬《のうやく》のまかれた野菜《やさい》を食《た》べる人間《にんげん》の健康《けんこう》に害《がい》を与《あた》えます。原子力《げんしりょく》は石油《せきゆ》や天然《てんねん》ガスなどの化石燃料《かせきねんりょう》が少《すく》ない日本《にほん》にとって大切《たいせつ》なエネルギー源《げん》でしたが、東日本大震災《ひがしにほんだいしんさい》以《い》来《らい》、安全性《あんぜんせい》が問題視《もんだいし》されていますし、原子力《げんしりょく》は原子爆弾《げんしばくだん》や核爆《かくばく》弾《だん》という大量破壊兵器《たいりょうはかいへいき》を作《つく》り出《だ》す技術《ぎじゅつ》でもあります。

世《よ》の中《なか》を良《よ》くするために発明《はつめい》された科学技術《かがくぎじゅつ》が、人《ひと》や動植物《どうしょくぶつ》を不幸《ふこう》にすることもある。あるいは逆《ぎゃく》に、もとは戦争《せんそう》や兵器《へいき》のために開発《かいはつ》された技術《ぎじゅつ》を利用《りよう》することで、くらしが快適《かいてき》になることもある——科学技術《かがくぎじゅつ》はいつでもこうした「二面性《めんせい》」を持《も》っています。

これからの中学《ちゅうがく》・高校生活《こうこうせいかつ》で「科学《かがく》」を学《まな》ぶみなさんには、このことを理解《りかい》しておいて欲《ほ》しい。そんな思《おも》いで、このテーマの問題《もんだい》が出題《しゅつだい》されます。

「コンピュータが発達《はったつ》するのは良《よ》くないと思《おも》う。趣味《しゅみ》は自分《じぶん》で決《き》めたいから」とか、「コンピュータが発達《はったつ》するのは良《よ》いと思《おも》う。職人《しょくにん》がすしを作《つく》るのに集中《しゅうちゅう》できるから」といった、あまり単純《たんじゅん》な意見《いけん》を書《か》くのは考《かんが》えものです。物事《ものごと》の片方《かたほう》の面《めん》だけを見《み》て判《はん》断《だん》してしまっていることになるからです。

実《じつ》はこのテーマを考《かんが》えるときに出《で》てくる答《こた》えはほとんど決《き》まっています。それは技術《ぎじゅつ》が常《つね》に「道具《どうぐ》」でしかない、ということです。科学技術《かがくぎじゅつ》そのものは善《ぜん》でも悪《あく》でもありません。ある技術《ぎじゅつ》で人《ひと》を傷《きず》つける武器《ぶき》を作《つく》るのか、生活《せいかつ》に役立《やくだ》つエネルギーを生《う》み出《だ》すかは、使《つか》う人《ひと》の心《こころ》のありようにかかっています。

何《なに》が正《ただ》しいか正《ただ》しくないかを判断《はんだん》し、正《ただ》しいことを行《おこな》おうとする心《こころ》のことを**倫理感**《りんりかん》といいます。科学《かがく》に携《たずさ》わる人《ひと》は、この倫《りん》理感《りかん》が強《つよ》くなければいけません。十年後《ご》、二十年後《ご》に、技術《ぎじゅつ》の「使《つか》い方《かた》」を決《き》めるのは、今《いま》の若《わか》い世代《せだい》、つまりみなさんです。

ポイント

科学技術《かがくぎじゅつ》が世《よ》の中《なか》の役《やく》に立《た》つかどうかは使《つか》う人《ひと》にかかっている。だから科学《かがく》を学《まな》ぶ人《ひと》は正《ただ》しいことと悪《わる》いことを区別《くべつ》する倫理感《りんりかん》が必要《ひつよう》。

「勉強」の向こうがわ

科学《かがく》をテーマにした作文問題《さくぶんもんだい》が頻出《ひんしゅつ》なのは、みなさんが中《ちゅう》学《がく》・高校《こうこう》でこれから学《まな》ぶことのほとんどが、広《ひろ》い意味《いみ》の「科《か》学《がく》」だからです。

「科学《かがく》って、理科《りか》のことじゃないの？」

こう思《おも》う人《ひと》も多《おお》いでしょう。せまい意味《いみ》では、確《たし》かにそのとおりです。

でももう少《すこ》し意味《いみ》を広《ひろ》くとると、国語《こくご》や社会《しゃかい》も「科学《かがく》」です。国語《こくご》や歴史《れきし》は「人文科学《じんぶんかがく》」、政治《せいじ》や経済《けいざい》の仕組《しく》みは「社会科学《しゃかいかがく》」と言《い》います。理科《りか》や算数《さんすう》（数学《すうがく》）は、そのくくりで言《い》えば「自《し》然科学《ぜんかがく》」です。体育《たいいく》や音楽《おんがく》の実技《じつぎ》を除《のぞ》けば、学校《がっこう》で習《なら》うことのほとんどは「科学《かがく》」のなかに含《ふく》まれます。

白衣《はくい》を着《き》た研究者《けんきゅうしゃ》が、実験室《じっけんしつ》でビーカーや三角《かく》フラスコに薬《やく》品《ひん》を入《い》れて実験《じっけん》することだけが「科学《かがく》」なのではありません。

もう少《すこ》し具体的《ぐたいてき》に言《い》えば、大学《だいがく》の学部《がくぶ》になっている研究分野《けんきゅうぶんや》は、すべて科学《かがく》です。仏教《ぶっきょう》やキリスト教《きょう》など、宗教《しゅうきょう》を信《しん》じることそのものは科学《かがく》ではありませんが、宗教《しゅうきょう》を研究《けんきゅう》する「宗教《しゅうきょう》（科《か》）学《がく》」は科学《かがく》の一分野《ぶんや》です。野球《やきゅう》をすること自体《じたい》は科学《かがく》ではありませんが「スポーツ科学《かがく》」という学問分野《がくもんぶんや》もあります。お母《かあ》さんが子《こ》どもにいろいろなことを教《おし》えるのは科学《かがく》ではありませんが、それを科学的方法《かがくてきほうほう》で研究《けんきゅう》すると「教育学《きょういくがく》」になります。

大学《だいがく》に入学《にゅうがく》することになれば、みなさんは必《かなら》ず何《なに》かの学問《がくもん》（＝科学《かがく》）を修《おさ》めることになります。

中学《ちゅうがく》・高校《こうこう》で学習《がくしゅう》する内容《ないよう》は、その基礎《きそ》となる部分《ぶぶん》です。科《か》学《がく》についての出題《しゅつだい》が多《おお》いのは、そう考《かんが》えればあたりまえのことですね。

「どうして勉強《べんきょう》するのか？」

こう聞《き》かれて「受験《じゅけん》に必要《ひつよう》な知識《ちしき》だから」というのは答《こた》えとして最低《さいてい》です。

公立中高一貫校《こうりつちゅうこういっかんこう》は「公立《こうりつ》」ですから、主《おも》に地域《ちいき》に住《す》む人《ひと》たちの税金《ぜいきん》で運営《うんえい》されています。学校《がっこう》で学《まな》んだ知識《ちしき》や方法《ほうほう》を使《つか》って、自分《じぶん》の人生《じんせい》や社会《しゃかい》に役立《やくだ》つ仕事《しごと》（生産活動《せいさんかつどう》）をする。「恩返《おんがえ》しをしなさい」とまでは言《い》いませんが、学校《がっこう》の先生《せんせい》たちは国《くに》や地《ち》域《いき》に貢献《こうけん》できるすばらしい人物《じんぶつ》が育《そだ》ってくれることを願《ねが》っているはずです。

このことを意識《いしき》するだけで、作文《さくぶん》に書《か》く内容《ないよう》は変《か》わってきます。

ポイント

中学《ちゅうがく》・高校《こうこう》で学《まな》ぶことを、将来《しょうらい》の職業《しょくぎょう》や生活《せいかつ》にどう役《やく》立《だ》てていくのかを意識《いしき》した作文《さくぶん》を書《か》こう。

「科学的」であるということ

それでは「科学的《かがくてき》」であるというのは、どういうことでしょうか。

科学《かがく》の本《ほん》をたくさん読《よ》んでいること？　ちがいます。

あることが科学的《かがくてき》であるというのは、**「合理的《ごうりてき》に証明《しょうめい》されている」**ということです。また合理的《ごうりてき》とは、理屈《りくつ》が通《とお》っているということです。

昔《むかし》から言《い》われている、あるいはたくさんの人《ひと》がそう信《しん》じているというだけでは「科学的《かがくてき》」に実証《じっしょう》された事実《じじつ》とは言《い》えません。「地球《ちきゅう》は太陽《たいよう》のまわりを回《まわ》っている」とか、「人類《じんるい》はサルから進《しん》化《か》した」とか、「経済《けいざい》は好景気《こうけいき》と不景気《ふけいき》をくり返《かえ》す」といった、今《いま》では多《おお》くの人《ひと》が知《し》っている「科学的《かがくてき》」なことがらは、さまざまな観察《かんさつ》や実験《じっけん》で得《え》られた証拠《しょうこ》をもとに証明《しょうめい》された「仮説《かせつ》」です。

科学的《かがくてき》な方法《ほうほう》を順序立《じゅんじょだ》てて図式化《ずしきか》すると、このようになります。

①仮説《かせつ》をたてる　「こうなんじゃないかな?」と思《おも》うこと

⇩

②検証《けんしょう》(実証《じっしょう》)する　仮説《かせつ》が本当《ほんとう》かどうかを調《しら》べること

調《しら》べる方法《ほうほう》は実験《じっけん》、統計《とうけい》、文献《ぶんけん》にもとづく論証《ろんしょう》など、学問分《がくもんぶん》野《や》や調《しら》べる内容《ないよう》によっていろいろあります。

「検証《けんしょう》」は、だれにでも納得《なっとく》できる理《り》にかなった(合理的《ごうりてき》な)方法《ほうほう》で、かつ、だれがやり直《なお》しても同《おな》じ結果《けっか》が出《で》るものでなければなりません(**再現可能性《さいげんかのうせい》**)。

「私《わたし》はできたけど、あなたたちにはできないかもね」

このような実験《じっけん》のやり方《かた》は科学的《かがくてき》ではありません。科学的《かがくてき》なことがらには、難《むずか》しくてすぐには理解《りかい》できないことが少《すく》なくありませんが、ちゃんと勉強《べんきょう》すればだれでも分《わ》かるものでなければいけないのです。

みなさんがこれから中学《ちゅうがく》・高校《こうこう》で取《と》り組《く》む勉強《べんきょう》は、難《むずか》しいことでも「ちゃんと分《わ》かる」ために必要《ひつよう》なものである、とも言《い》えるでしょう。

ポイント

「思《おも》い込《こ》み」や「知識《ちしき》」ではなく、疑問《ぎもん》に感《かん》じたことについて「仮説《かせつ》」を立《た》て、それを「実証《じっしょう》」するのが科《か》学的方法《がくてきほうほう》。

似た問題を出す学校

科学的《かがくてき》なものの考《かんが》え方《かた》がしっかり備《そな》わっているかどうかを見《み》る作文問題《さくぶんもんだい》は、理系科目《りけいかもく》に力《ちから》を入《い》れている学校《がっこう》で頻出《ひんしゅつ》です。**SSH(スーパーサイエンスハイスクール)**の認定《にんてい》を受《う》けている学校《がっこう》を受検《じゅけん》する人《ひと》は、この章《しょう》の解説《かいせつ》に書《か》かれていることをしっかり理解《りかい》してのぞみましょう。

奈良県《ならけん》に新《あたら》しくできた**県立青翔中学校《けんりつせいしょうちゅうがっこう》**は資料《しりょう》をもとにヤモリの足《あし》が壁《かべ》に張《は》りつくしくみをレポートにまとめる作文《さくぶん》を出題《しゅつだい》しました(二〇一五)。**東京都立南多摩中等教育学校《とうきょうとりつみなみたまちゅうとうきょういくがっこう》**では、「今関《いまかん》心《しん》を持《も》っているがまだ調《しら》べていないことを、どのような手順《てじゅん》で明《あき》らかにしていくか」を作文《さくぶん》にまとめる問題《もんだい》が出《で》ています(二〇一四)。科学的《かがくてき》な方法《ほうほう》についての理解《りかい》をためす問題《もんだい》です。

同《おな》じ年《とし》の**長崎県共通問題《ながさきけんきょうつうもんだい》**は、日本製《にほんせい》ロケット「イプシロン」

が発射中止《はっしゃちゅうし》になったときの新聞記事《しんぶんきじ》を読《よ》み、その感想《かんそう》を書《か》くというものでした。科学的《かがくてき》な研究《けんきゅう》の難《むずか》しさと厳《きび》しさ、それを乗《の》り越《こ》えて夢《ゆめ》を実現《じつげん》する喜《よろこ》びを読《よ》み取《と》ることができるかどうかが、合否《ごうひ》のカギをにぎります。

二〇一二年の**東京都立武蔵高等学校附属中学校**《とうきょうとりつむさしこうとうがっこうふぞくちゅうがっこう》は、現代《げんだい》の便《べん》利《り》な生活《せいかつ》についての考《かんが》えを述《の》べる作文《さくぶん》が出題《しゅつだい》されています。今《こん》回《かい》の例題《れいだい》とよく似《に》ていますね。

次《つぎ》の章《しょう》の例題《れいだい》で取《と》り上《あ》げる**京都府立洛北高等学校附属中学校**《きょうとふりつらくほくこうとうがっこうふぞくちゅうがっこう》は、科学的《かがくてき》なものの考《かんが》え方《かた》や科学《かがく》を研究《けんきゅう》する人《ひと》の倫理感《りんりかん》を問《と》う問題《もんだい》が頻出《ひんしゅつ》です。

トレーニング

❶身《み》の回《まわ》りの科学技術《かがくぎじゅつ》の良《よ》い面《めん》・悪《わる》い面《めん》

私《わたし》たちの生活《せいかつ》にとけこんでいる科学技術《かがくぎじゅつ》をいくつかとりあげて、その良《よ》い面《めん》（メリット）、悪《わる》い面《めん》（デメリット）を考《かんが》えましょう。また、そうした良《よ》い面《めん》と悪《わる》い面《めん》を考《かんが》えに入《い》れながら、君《きみ》たち自身《じしん》がどのような点《てん》に気《き》をつけて利用《りよう》していくべきなのかをまとめましょう。

❷実験《じっけん》ノートを作《つく》ろう

みなさんが自分《じぶん》で調《しら》べたいと思《おも》っている疑問《ぎもん》を一つ挙《あ》げて、そのことについての仮説《かせつ》と、仮説《かせつ》を検証《けんしょう》するための方法《ほうほう》を考《かんが》えてみてください。

これはかなりの難問《なんもん》です。思《おも》いつくまで時間《じかん》がかかかるかもしれませんが、ぜひ考《かんが》えてみてください。

みなさんの「ちょっとした疑問《ぎもん》」は、今《いま》ではインターネットで検索《けんさく》すればすぐに解決《かいけつ》してしまうかもしれません。このトレーニングは本番《ほんばん》の適性検査《てきせいけんさ》で聞《き》かれることを考《かんが》えて、検索《けんさく》すれば分《わ》かってしまうようなことでもかまわないので、「調《しら》べたいこと」を決《き》めてください。

「検証《けんしょう》する方法《ほうほう》」は、インターネットや本《ほん》で調《しら》べるのではなく、自分《じぶん》の目《め》で観察《かんさつ》・実験《じっけん》して結論《けつろん》が出《だ》せる方法《ほうほう》を考《かんが》えましょう。

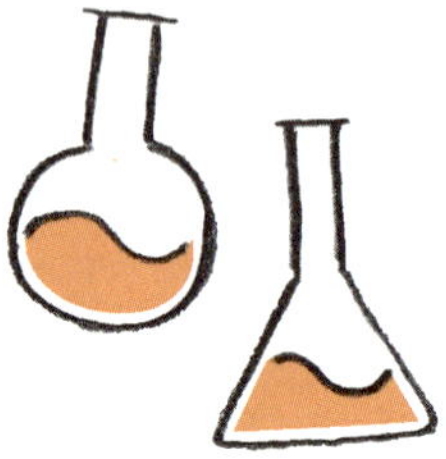

トレーニング

❶身の回りの科学技術の良い面・悪い面

		良い面（メリット）	悪い面（デメリット）	気をつける点
例	テレビ	楽しい 遠い場所の情報がすぐに分かる	目に悪い 勉強などの時間がなくなる	時間に気をつけて見る 情報をそのまま信じない
❶	自動車			
❷	スマートフォン			
❸	電子辞書			
❹	太陽光発電			
❺	防犯カメラ			

❷実験ノート

調べたいこと	
仮説	
検証する方法	
こんな結果が出れば仮説は検証される！	

第11章 思《おも》い出《で》をつづろう 体験《たいけん》と成長《せいちょう》

経験《けいけん》を書《か》く

「問題文《もんだいぶん》の内容《ないよう》をふまえて、自分《じぶん》の体験《たいけん》や見聞《みき》きしたことを例《れい》に挙《あ》げながら、あなたの考《かんが》えを書《か》きなさい。」

作文問題《さくぶんもんだい》でよく見《み》られる一節《いっせつ》です。

問題文《もんだいぶん》の意図《いと》を正《ただ》しく読《よ》みとることはできても、適当《てきとう》な体験《たいけん》を思《おも》いつくことができずに、最《さい》後《ご》まで書《か》ききれずにタイムアップ……こんなパターンはめずらしくありません。

自分《じぶん》の体験《たいけん》を上手《じょうず》に書《か》く、というのも、ひとつのテクニックです。この章《しょう》で「体験《たいけん》を書《か》く」トレーニングをしていきましょう。

例題

京都府立《きょうとふりつ》洛北《らくほく》高等学校《こうとうがっこう》附属中学校《ふぞくちゅうがっこう》・福知山《ふくちやま》高等学校《こうとうがっこう》附属中学校《ふぞくちゅうがっこう》・園部《そのべ》高等学校《こうとうがっこう》附属中学校《ふぞくちゅうがっこう》 二〇一五年改題

次の文章は、田中修《たなかおさむ》さんの『植物のあっぱれな生き方』〈幻冬舎新書〉から引用したものです。それらを読んで、あとの問いに答えなさい。

同じ種類の植物は、花粉をやり取りするために、打ち合わせたように、同じ季節や同じ月日に、花を咲かせます。

しかし、季節や月日を打ち合わせても、まだ安心できない植物たちがいます。開花して一日以内に萎《しお》れてしまう寿命《じゅみょう》の短い花々を咲かせる植物たちです。これらは、同じ季節や同じ月日に花を咲かせるだけでなく、同じ時刻にいっせいに花を咲かせます。

アサガオは、朝に花が咲くと決まっています。ツキミソウは、夕方に花が咲くと決まっています。ゲッカビジンは、夜八時ごろから一〇時ごろにかけて、いっせいに花を咲かせます。オシロイバナは、英語で「フォー・オクロック」といわれ、四時ごろに花が咲く植物です。日本では、夏の夕方、六時ごろに花が咲きます。これらの植物たちは、同じ時刻に、仲間が打ち合わせて、「いっしょに、ツボミを開こう」と、花を咲かせるのです。

　公園や遊園地に、「花時計」というのがあります。見に行くと、花壇《かだん》の上を、時計の針がまわっています。文字盤《もじばん》が花壇であり、花で装飾《そうしょく》※されただけの時計です。「花時計」は、辞書（広辞苑《こうじえん》）でも、「文字盤に花を美しく植え込《こ》んだ大きな時計。公園や広場などに設ける」と説明されています。だから、これでいいのかもしれません。でも、本来の「花時計」は、花壇の上を時計の針がまわるという味気《あじけ》※ないものではありません。

　一八世紀、スウェーデンの植物学者、カール・リンネがつくろうとした花時計は、時計盤上の花壇のそれぞれの時刻の位置にその時刻に花咲く植物が植えられており、どの場所の花が咲いているかを見て、時刻を知る時計でした。

　実際に、リンネが描《えが》いた花時計には、時刻を決めて花を開く植物だけでなく、時刻を決めて花を閉《と》じる植物も混じっていました。しかし、本来の「花時計」とは、多くの植物たちが同じ時刻にいっせいに花を咲かせる性質を象徴《しょうちょう》※するものです。

　「実り多き生涯《しょうがい》」という言葉があります。若い人々が社会に巣立っていく卒業式や、結婚式《けっこんしき》のような新しい人生の門《かど》出《で》※に際して、「実り多き生涯でありますように」というように使われます。また、「実り多き人生」とか、「実り多き仕事」とか、「実り多き活動」などのように「実り多き」という言葉はよく使われます。

　この「実り多き」という言葉は、植物たちがすばらしい多くの実をならせることにちなんだ※表現です。しかし、この言葉が頻繁《ひんぱん》※に使われる割には、「植物たちが多くの実を結ぶために、もっとも大切にしていることが、何であるか」ということが、意外と知られていません。何だと思われますか。

　花粉の移動を風や虫に託《たく》※す植物たちには、花粉をたくさんつくることや、虫をうまく呼《よ》び寄せることが大切です。でも、植物たちが実り多き生涯を送るために、もっとも大切にしていることがあります。それは、同じ季節の、同じ月日の、同じ時刻に、仲間が打ち合わせていっしょに花を咲かせることなのです。

　つまり、植物たちは、一人で美しく香《かお》り高い花を咲かせることではなく、「仲間とのつながり」をもっとも大切にしているのです。私たち人間も、実り多き生涯を送り、実り多き仕事や活動をするためには、植物たちにならって、「仲間とのつながり」を大切にしなければなりません。私たちの場合、同じ職場、同じ仕事、同じ趣味《しゅみ》など、仲間はいろいろです。しかし、いっしょに力を合わせて努力してこそ、目標は達成でき、実り多き生涯にすることができます。

　私たちは、植物たちの〝あっぱれ〟な生き方を見習わなければなりません。

【注】

装飾《そうしょく》　かざりつけ。

味気《あじけ》ない　おもしろみや、魅力《みりょく》がなく、つまらない。

象徴《しょうちょう》　考えや気持ちなど形のないものを、色や形にたとえて表すこと。また、表したもの。シンボル。

門出《かどで》　出発。

ちなんだ　つながりをもった。

頻繁《ひんぱん》　たびたび起こるようす。

託《たく》す　まかせる。

問題　文章を読んで、私たち人間の、仲間とのつながりについて、あなたの思ったことや考えたことを、これまで体験したこと、あるいは見たり聞いたりしたことを例にあげながら、三百六十一字以上四百五十字以内で書きなさい。

● 句読点（「。」や「、」）も一ます使います。

● 題や氏名は書かないで、一行目から書き始めなさい。

解説

「体験」を用意する！

みなさんはまだまだ小学生《しょうがくせい》。適性検査《てきせいけんさ》で取《と》り上《あ》げられるようなテーマに合《あ》った体験《たいけん》をすぐに思《おも》い出《だ》せるほど、器用《きよう》でないのが普通《ふつう》です。

毎日《まいにち》の生活《せいかつ》を有意義《ゆういぎ》に過《す》ごそうとすること、出来事《できごと》を日記《にっき》に書《か》きとめたりして記憶《きおく》に残《のこ》そうとすることは大切《たいせつ》です。でもそれと同時《どうじ》に、体験《たいけん》を書《か》く作文《さくぶん》を出題《しゅつだい》する学校《がっこう》を受《う》ける人《ひと》は、その対策《たいさく》として体験《たいけん》を「準備《じゅんび》する」必要《ひつよう》があります。

「修学旅行《しゅうがくりょこう》はみんなでホテルに泊《と》まって楽《たの》しかった。」

こんな体験《たいけん》を作文《さくぶん》に書《か》く人《ひと》がいます。これだけの内容《ないよう》では、合格点《ごうかくてん》をもらうことは難《むずか》しいと思《おも》います。

大切《たいせつ》なのは、**その体験《たいけん》を通《つう》じてあなたが何《なに》を学《まな》び、どのように成長《せいちょう》できたか**ということです。

「修学旅行《しゅうがくりょこう》のグループ行動《こうどう》ではみんなが意見《いけん》を出《だ》し合《あ》って、行《い》く場所《ばしょ》を決《き》めました。はじめは意見《いけん》の対立《たいりつ》もありましたが、話《はな》し合《あ》いのなかでみんなが納得《なっとく》する場所《ばしょ》を選《えら》ぶことができ、とても楽《たの》しく過《す》ごすことができました。わたしは改《あらた》めて、話《はな》し合《あ》いの大切《たいせつ》さを実感《じっかん》しました。」

「体験《たいけん》」は「学《まな》び」なのです。

ポイント
「体験《たいけん》」とは、自分《じぶん》の「成長《せいちょう》の記録《きろく》」。

「文章を読んで」＋「体験を書く」

もう一つ注意《ちゅうい》しなければいけないのは「文章を読んで」という部分《ぶぶん》です。

仲間《なかま》とのつながりについて思《おも》ったことを自由《じゆう》に書《か》くだけでも不正解《ふせいかい》にはなりませんが、高得点《こうとくてん》は難《むずか》しいでしょう。

問題文《もんだいぶん》の筆者《ひっしゃ》が「仲間とのつながり」というテーマで何《なに》を言《い》っていたのかを読《よ》みとることが大切《たいせつ》です。そして、あなたが書《か》くべき「体験」は、そのテーマに通《つう》じるものであることが望《のぞ》ましいのです。

「筆者《ひっしゃ》のメッセージ」と「あなたの考《かんが》え」をつなぐ直線上《ちょくせんじょう》に、「あなたの体験《たいけん》」を書《か》くイメージを持《も》ちましょう。

図式化《ずしきか》するとこうなります。

筆者《ひっしゃ》のメッセージ
あなたの体験《たいけん》
あなたの考《かんが》え

筆者《ひっしゃ》が文章《ぶんしょう》で書《か》いている「仲間とのつながり」とは、どのようなものだったでしょう。筆者《ひっしゃ》は花《はな》の咲《さ》く時間《じかん》を合《あ》わせることで受粉《じゅふん》のチャンスをできるだけ大《おお》きくする植物《しょくぶつ》について説明《せつめい》するなかで、「仲間とのつながり」の大切《たいせつ》さについて述《の》べています。

植物《しょくぶつ》が「力を合わせて努力して」いることから、人間《にんげん》も同《おな》じように、仲間《なかま》と力《ちから》を合《あ》わせて努力《どりょく》することが大切《たいせつ》だと言《い》っています。

あなたの作文《さくぶん》でも「力《ちから》を合《あ》わせて努力《どりょく》する仲間《なかま》」とのつながりについて書《か》いていきましょう。

ポイント
自分《じぶん》の考《かんが》えは、問題文《もんだいぶん》の内容《ないよう》や筆者《ひっしゃ》のメッセージと関《かん》連《れん》させて書《か》く。

「自分の考え」とは？

この問題《もんだい》で書《か》かなければいけないことは三つです。

①筆者《ひっしゃ》の考《かんが》え
②自分《じぶん》の体験《たいけん》・見聞《みき》きしたこと
③自分《じぶん》の考《かんが》え

制限文字数《せいげんもじすう》にもよりますが、今回《こんかい》のような四百字前後《じぜんご》の作文《さくぶん》なら、この三つの内容《ないよう》をそれぞれ一段落《だんらく》にまとめ、三段落構成《だんらくこうせい》で書《か》くのがちょうどいいと思《おも》います。

学校《がっこう》によっては、あらかじめ段落構成《だんらくこうせい》を指定《してい》している問題《もんだい》もあります。そのときにはもちろん指定《してい》に従《したが》いましょう。

次《つぎ》にどのような順番《じゅんばん》で書《か》くかということですが、これも指定《してい》がないかぎりは好《す》きなように書《か》いてかまいません。ただ、作文《さくぶん》の最後《さいご》に「筆者《ひっしゃ》の考《かんが》え」を書《か》くのはおかしいですね。

自分《じぶん》の体験《たいけん》→筆者《ひっしゃ》の考《かんが》え→自分《じぶん》の考《かんが》え
または、
筆者《ひっしゃ》の考《かんが》え→自分《じぶん》の体験《たいけん》→自分《じぶん》の考《かんが》え

このどちらかの順番《じゅんばん》で書《か》くと、うまくまとまります。

「自分《じぶん》の考《かんが》え（意見《いけん》）」から書《か》き始《はじ》めようとする人《ひと》が多《おお》いのですが、それをやってしまうと、文章《ぶんしょう》が後《あと》に続《つづ》かなくなってしまいがちです。

書《か》き始《はじ》める前《まえ》に、先《さき》に書《か》いた三つの内容《ないよう》、「筆者《ひっしゃ》の考《かんが》え」、「自分《じぶん》の体験《たいけん》」、「自分《じぶん》の考《かんが》え」を、問題用紙《もんだいようし》の空《あ》いたところにメモしましょう。

さてここからが本題《ほんだい》です。

「自分《じぶん》の考《かんが》え」はどう書《か》けばいいでしょうか。

筆者《ひっしゃ》とはあえて反対《はんたい》の意見《いけん》を主張《しゅちょう》する、というのも一つのやり方《かた》なのですが、今回《こんかい》のような内容《ないよう》の場合《ばあい》、「仲間《なかま》と協力《きょうりょく》するのは大切《たいせつ》ではない」とか、「だれの力《ちから》も借《か》りずに一人《ひとり》でがんばるほうが大切《たいせつ》だ」という意見《いけん》を述《の》べるのは難《むずか》しいことです。

こうしたときに、みなさんがよく書《か》くのは、

「私《わたし》も、この文章《ぶんしょう》の筆者《ひっしゃ》と同《おな》じで、仲間《なかま》と協力《きょうりょく》して努力《どりょく》することは大切《たいせつ》だと思《おも》います」

というものです。

「筆者《ひっしゃ》と同《おな》じで」とか「筆者《ひっしゃ》の意見《いけん》に賛成《さんせい》です」という書《か》き方《かた》はどうしても、「自分《じぶん》の考《かんが》えや思《おも》ったこと」の部分《ぶぶん》が薄《うす》くなってしまいます。

ここは、あえて筆者《ひっしゃ》の意見《いけん》に賛成《さんせい》か、反対《はんたい》かということは問題《もんだい》にせず、筆者《ひっしゃ》の考《かんが》えを受《う》け入《い》れたうえで、「自分《じぶん》はこれからこうしていきたい」という内容《ないよう》でまとめてみるのはどうでしょうか。求《もと》められているのは「こうすべきだ」という「意見《いけん》」ではなく、「思《おも》ったことや考《かんが》えたこと」です。

「筆者《ひっしゃ》は、植物《しょくぶつ》と同《おな》じように人間《にんげん》も仲間《なかま》と協力《きょうりょく》し合《あ》い、努力《どりょく》していくことが大切《たいせつ》だと言《い》っています。

私《わたし》もこれからの中学生活《ちゅうがくせいかつ》では、クラスや学校《がっこう》の仲間《なかま》と協力《きょうりょく》し、文化祭《ぶんかさい》や生徒会《せいとかい》など、たくさんの活動《かつどう》で努力《どりょく》して多《おお》くのことを学《まな》んでいきたいと思《おも》います。」

本当《ほんとう》はもう少《すこ》し具体的《ぐたいてき》な内容《ないよう》の方《ほう》がいいのですが、こんな感《かん》じで作文《さくぶん》をまとめることができれば、適性検査《てきせいけんさ》の解答《かいとう》としてはじゅうぶんな点数《てんすう》がもらえるはずです。

ポイント

筆者《ひっしゃ》の考《かんが》え、自分《じぶん》の体験《たいけん》、自分《じぶん》の考《かんが》えは、それぞれ一段落《だんらく》にまとめて書《か》く。

自分《じぶん》と筆者《ひっしゃ》の意見《いけん》にちがいを見《み》つけられないときは、将来《しょうらい》の希望《きぼう》など、筆者《ひっしゃ》の意見《いけん》を自分《じぶん》にとって身近《みぢか》な具《ぐ》体例《たいれい》に引《ひ》きつけて書《か》く。

似た問題を出す学校

作文《さくぶん》に体験《たいけん》や見聞《みき》きしてきたことを盛《も》りこむ指定《してい》がある学校《がっこう》はとても多《おお》く、数《かぞ》えあげればきりがありません。**宮城県立仙台二華中学校**《みやぎけんりつせんだいにかちゅうがっこう》、**東京都立白鷗高等学校附属中学校**《とうきょうとりつはくおうこうとうがっこうふぞくちゅうがっこう》、**両国高等学校附属中学校**《りょうごくこうとうがっこうふぞくちゅうがっこう》、**三鷹中等教育学校**《みたかちゅうとうきょういくがっこう》など、都市部《としぶ》の人気校《にんきこう》、つまり難関校《なんかんこう》にこのタイプの問題《もんだい》を出《だ》す学校《がっこう》が多《おお》いようです。巻末《かんまつ》の『全国公立中高一貫校《ぜんこくこうりつちゅうこういっかんこう》 作文問題《さくぶんもんだい》リスト』に「体験《たいけん》」という項目《こうもく》を用意《ようい》しました。この欄《らん》にマルのついている問題《もんだい》は、作文《さくぶん》のなかに体験《たいけん》を書《か》くよう指定《してい》されています。

トレーニング

「思《おも》い出《で》一覧表《いちらんひょう》」を作《つく》ろう

次《つぎ》のテーマについて、「思《おも》い出日記《でにっき》」を書《か》いてみましょう。日付《ひづけ》ははっきり覚《おぼ》えていなければ、ぼんやりとでかまいません（小学《しょうがく》四年の春《はる》、など）。

体験《たいけん》だけでなく、それによって学《まな》んだことをまとめましょう。

このような「体験《たいけん》」を書《か》きためておくと、ちがうことを聞《き》かれても、応用《おうよう》して使《つか》うことができます。たとえば「小学校《しょうがっこう》でいちばん心《こころ》に残《のこ》っていることは何《なに》か」と聞《き》かれたときに、❸や❺の体験《たいけん》をそのまま書《か》いても問題《もんだい》ありません。

頭《あたま》の中《なか》で思《おも》い浮《う》かべるだけではいけません。「このような出来事《できごと》があって、こういうことを学《まな》んで、こんな自分《じぶん》に成長《せいちょう》できた」という体験談《たいけんだん》は、一つの物語《ものがたり》といってもいいでしょう。できるだけ多《おお》くの「物語《ものがたり》」を書《か》いておき、適性検査本番《てきせいけんさほんばん》で使《つか》えるようにしましょう。

トレーニング

思い出一覧表

		いつごろ?	できごと	学んだこと
❶	疑問に思ったことと、調べて分かったこと			
❷	勉強が実際の生活に役立ったこと			
❸	努力の大切さが分かったこと			
❹	自分が成長したと感じたこと			
❺	本を読むことが大切だと感じたこと			
❻	家族の大切さを感じたこと			
❼	友達の大切さを感じたこと			
❽	クラスや学校単位で取り組んで、なしとげたこと			
❾	科学と自分の生活が結びついていると感じたこと			
❿	旅から学んだこと			
⓫	小学校でがんばったこと			
⓬	遊びが大切だと思ったこと			
⓭	何かを初めてチャレンジしてみたときのこと			

第12章 やりたい仕事《しごと》は？ 夢《ゆめ》と目標《もくひょう》

夢《ゆめ》を語《かた》れ！

「将来《しょうらい》の夢《ゆめ》はなんですか？」

みなさんの人生《じんせい》に関《かか》わる超《ちょう》ビッグテーマです。作文《さくぶん》だけでなく、面接《めんせつ》でもよく聞《き》かれることなので、これを機会《きかい》に一度《ど》考《かんが》えておきましょう。

例題　**東京《とうきょう》都立《とりつ》白鷗《はくおう》高等学校《こうとうがっこう》附属《ふぞく》中学校《ちゅうがっこう》　二〇一五年改題**

資料A

学び[※1]て思わざれば、すなわち罔《くら》し。思いて学ばざれば、すなわち殆《あやう》し

　短い言葉ではあるけれども、学問というもののあるべき姿《すがた》をよく喝破《かっぱ》[※2]し得て、私《わたし》にはひとしお味わい深い言葉である。自然科学に限らず、広く学問一般《いっぱん》に何が大切かということを、この言葉は雄弁《ゆうべん》に物語っているように思えてならない。孔子《こうし》は、こんなふうに説いているのだ。

　学ぶこと、それは現代的な表現に改めれば、対人関係や自分自身の経験、あるいは先人の知識からの情報の収集《しゅうしゅう》と蓄積《ちくせき》[※4]ということになるであろうが、それだけでは罔い。すなわち、それだけでは学問を照らす光が十分に発してこない。では、何が欠けているか。それが、思うことである。思考、思索《しさく》[※5]である。思うというのは、一定の前提から結《けつ》論《ろん》を導き出すのに、いささか[※6]の恣意《しい》もまじえずに純粋《じゅんすい》に論《ろん》[※7]理的《りてき》に思考することであるが、さりとて[※8]、頭で思うだけで

学ばないのは、とんでもない独りよがりの結論を導き出してしまう危険《きけん》がある、すなわち、殆いのである。それゆえ、学問には、学ぶことと思うことが、あたかも鳥の両翼《りょうよく》のように、ともに備わっていなければならない。こう孔子は訓《おし》えているのだが、私たちがふつう学校という教育の現場にいて日々努めていることも、実は「学ぶ」と「思う」、この二つのことにほかならないのである。

ところで、思うということを「論理的に思考すること」と、今仮に言い改めてみたが、この置《お》き換《か》えは、もう少し吟味《ぎんみ》[※9]してみる必要がある。「思う」とは、論理的思考以外の何ものをも含《ふく》まない頭の働きであろうか。「思う」の中から論理的要素をすべて除去《じょきょ》すれば、そこにはもう何も残らないのであろうか。

人間の頭の働きに関するこの興味深い問題について、私はかつて、問いに応じて自分の考え、というより信念を口にしたことがある。

一九八一年の十二月十二日、スウェーデンの国営放送のテレビ番組に、その年ノーベル賞を受賞した八人の自然科学者が招かれて出演した。「科学と人間」というテーマのもとに、その番組では種々の興味深い問題が取り上げられた。そして、私に対して、

――科学的直観は存在《そんざい》すると思うか？　存在するとすればどう定義するか？

というきわめて難《むずか》しい問題が提起[※10]されたのである。「科学的直観」とは、いかにも面妖《めんよう》[※11]な言葉と受け取られるかもしれないが、自然科学者がこれについて議論《ぎろん》する時は、おおむね次のような意味に用いている。

自然科学者が何か新しいものを創《つく》る。それは理論《りろん》でも法則でもよいが、その創造《そうぞう》の過程[※12]で自然科学者はもろもろの選択《せんたく》を迫《せま》られる。さて、そうした選択をなすに際してものをいうのは、過去における情報の収集と蓄積、すなわち『論語《ろんご》』にいう「学ぶ」と、論理的思考である。だが、果たしてそれだけで、もろもろの選択がすべてなされるかというと、意見は真っ二つに分かれてしまうのである。一つは、その選択には論理的思考以外に何ものも関与《かんよ》[※13]しないと主張する考え方である。もう一つは、否《いな》[※14]、科学的には証明できないが、選択に入《はい》り込《こ》んでくる不可思議な頭の働きが存在する、と主張する。そして、後者の意見に立つ学者

は、神秘《しんぴ》のベールに覆《おお》われたその頭の働きを「科学的直観」と呼《よ》ぶわけである。

それでは、そもそも科学的直観とは、何であろうか。練※15達な司会者から受けたその質問に対して、「あえて言葉にすれば、それは合理性※16によらない選択だと言《い》い替《か》えられる底《てい》※17のものだと思う」こういう意味のことを私は答えたのであった。

くり返して申し上げなければならないが、これは私の考えというより、経験からきた信念の一つにすぎない。理屈《りくつ》によらない選択はあり得《う》る。そしてそれは、科学者の「思う」という頭の働きの一つに含まれている、こう経験から私は信じているわけである。

（福井謙一《ふくいけんいち》「学問の創造《そうぞう》」〈朝日文庫〉による）

資料B

将棋《しょうぎ》は、一つの局面※18で平均八十通りの可能性があると言われている。

そこから直感によって二つないし三つの候補手《こうほて》を選び、さらにそこから歩《ふ》を動かすとか、飛車を動かすとか、桂馬《けいま》を跳《と》ぶとか、具体的なシミュレーションを始める。

残りの七十七から七十八の可能性について考えることは、基本的にはしない。〈中略〉

直感とは、数多くの選択肢《せんたくし》から適当に選んでいるのではなく、自分自身が今までに積み上げてきた蓄積《ちくせき》のなかから経験則によって選択《せんたく》しているのではないかと、私《わたし》は考えている。

だから、研鑽《けんさん》※19を積んだ者でなければ直感は働かないはずだ。

私が子供《こども》の頃《ころ》の将棋では、考えることはほとんどなく、ただやみくもに指していた。もちろん、直感のレベルからはほど遠いものだった。考える材料を持ち合わせていないので、考えたくても考えることができなかったのだ。週に一回通っていた将棋クラブでは、三～四時間の限られた時間のなかで、十～二十局は指していた。一手何秒という世界だから目まぐるしく、通うのがとても楽しかった。

こうして、たくさんの実戦を経験するなかで、考える材料が増えてゆき、少しずつではあるが、直感の精度が上がっていったのだと思っている。

ある程度の経験を積まないことには、磨《みが》かれた直感にはならないのである。

では、経験を積む以外に直感を磨く方法はあるだろうか?

それは、自分のとった行動、行った選択を、きちんと冷静に検証することだと思う。

将棋界《しょうぎかい》には、感想戦という習慣がある。反省会や検討会《けんとうかい》と似たようなもので、対局が終わったあと、その一局を最初から並《なら》べ返《かえ》して、どこが良かったか悪かったか、どこが問題であったかなどを振《ふ》り返《かえ》るのだ。

(羽生善治《はぶよしはる》「大局観《たいきょくかん》」〈角川oneテーマ21〉による)

問題 あなたの将来《しょうらい》の目標について、資料A・資料Bをふまえ、次の条件①~③を全《すべ》て満たして四百字以上五百字以内で書きなさい。書き出しや改行などの空らん、記号(、や。や「」など)も字数に数えなさい。

条件① 学校や家庭での生活の中で、あなたが「直観」または「直感」を使った例や経験を書く。

条件② あなたの将来の目標に近づくために、今後身に付けていく必要があることを書く。

条件③ 条件①の例や経験と条件②の必要なことがどのように結びつくと考えるかを書く。

【注】

※1 **学びて思わざれば、すなわち罔《くら》し。思いて学ばざれば、すなわち殆《あやう》し** この言葉は、紀元前の中国の思想家・孔子《こうし》の言葉を集めた『論語《ろんご》』という書物の中に出てくる。【意味】物事を学んでも、自分でそれについて深く考えてみなければ、本当の理解にはならない。考えるだけで学ばなければ、ひとりよがりで危険《きけん》である。

※2 **喝破《かっぱ》し得て** 説明できて。

※3 **雄弁《ゆうべん》に物語って** 堂々と上《じょう》手《ず》に表して。

※4 **蓄積《ちくせき》** たくわえること。

※5 **思索《しさく》** 筋道《すじみち》を立てて、深く考えること。

※6 **いささかの恣意《しい》** ほんの少しの自分勝手な考え。

※7 **論理的《ろんりてき》に** 筋道が通るように。

※8 **さりとて** だからといって。

※9 **吟味《ぎんみ》して** よく調べて。

※10 **提起された** もちだされた。

※11 **面妖《めんよう》な** 不思議な。あやしい。

※12 **過程** 途中《とちゅう》の経過。プロセス。

※13 **関与《かんよ》しない** 関わりをもたない。

※14 **否《いな》** そうではなくて。(前に述べたことを打ち消す。)

※15 **練達な** なれていて上手な。

※16 **合理性** 筋《すじ》が通っている性質。

※17 **底《てい》** 程度。種類。

※18 **局面** 勝負。

※19 **研鑽《けんさん》** 深い研究。

解説

「自分」という物語をつづろう

夢《ゆめ》がある人《ひと》は輝《かがや》いている！

こんなことが、よく言《い》われます。

小学生《しょうがくせい》がみんな、はっきりした将来《しょうらい》の夢《ゆめ》を持《も》っているかと言《い》うと、そんなこともありませんが、公立中高一貫校《こうりつちゅうこういっかんこう》を受検《じゅけん》するみなさんは、それではいけません。

夢《ゆめ》がないなら、今《いま》すぐここで考《かんが》えましょう。

夢《ゆめ》なんてずっと前《まえ》からあります、という君《きみ》も要注意《ようちゅうい》。

その夢《ゆめ》、本当《ほんとう》に自分《じぶん》で考《かんが》えたものですか？

「医者《いしゃ》になりたいです。なぜって、お母《かあ》さんがそうしろと言《い》ったから」

小学《しょうがく》二年生《せい》までなら許《ゆる》されるでしょう。でも大人《おとな》の入《い》り口《くち》に立《た》とうとしているみなさんには幼稚《ようち》すぎる考《かんが》えです。

今《いま》の自分《じぶん》をどのように将来《しょうらい》の自分《じぶん》へつなげていくのか。将来《しょうらい》の夢《ゆめ》や目標《もくひょう》を語《かた》ることは、現在《げんざい》の自分《じぶん》を語《かた》ることです。

そして今《いま》の自分《じぶん》を語《かた》ろうと思《おも》えば、必《かなら》ず今《いま》までの自分《じぶん》を作《つく》ってきたもの、つまり過去《かこ》の経験《けいけん》をも語《かた》らなければいけません。

夢《ゆめ》を語《かた》ることは、あなたという「人生《じんせい》の物語《ものがたり》」をつづることなのです。次《つぎ》の三点《てん》を具体的《ぐたいてき》にまとめましょう。

❶ 将来《しょうらい》の夢《ゆめ》・目標《もくひょう》〈未来《みらい》〉

将来《しょうらい》の夢《ゆめ》と言《い》われると、宇宙飛行士《うちゅうひこうし》とか政治家《せいじか》のような職業《しょくぎょう》を思《おも》いうかべてしまいますが、そうでなくてもかまいません。

例《たと》えば「世界旅行《せかいりょこう》がしたい」、「犬《いぬ》を百匹《ぴき》飼《か》いたい」、「ノーベル賞《しょう》を取《と》りたい」、「エベレストに登頂《とうちょう》したい」といった、「成《な》しとげたいこと」を夢《ゆめ》にかかげてもいいのです。

ただ、問題《もんだい》によっては「将来《しょうらい》つきたい仕事《しごと》は何《なん》ですか」と直《ちょく》接《せつ》聞《き》いてくるものもあるので、興味《きょうみ》のある仕事《しごと》について今《いま》のうちにじっくり考《かんが》えておく必要《ひつよう》はあります。

例 先生《せんせい》になりたい、保育士《ほいくし》になりたい、医者《いしゃ》になりたい、社《しゃ》長《ちょう》になりたい、外国《がいこく》に住《す》みたい、ピアノコンクールで賞《しょう》をとりたい、スポーツで全国大会《ぜんこくたいかい》に出場《しゅつじょう》したい、など

❷ 今《いま》、努力《どりょく》していること〈現在《げんざい》〉

小学生《しょうがくせい》のあいだにできることは限《かぎ》られています。たとえば医《い》

者《しゃ》になりたいからといって、今《いま》から医学《いがく》の勉強《べんきょう》を始《はじ》める必要《ひつよう》はありません。

しかし、たとえば理科《りか》の勉強《べんきょう》をがんばる、おじいちゃんやおばあちゃんの介護《かいご》を手伝《てつだ》うなど、できることはあるはずです。今《いま》はこれといって何《なに》もしていなかったとしても、部活《ぶかつ》を始《はじ》めるなど、中学《ちゅうがく》に入《はい》ってからしようと思《おも》っていることでもいいのです。

具体的《ぐたいてき》なものを、一つか二つ、考《かんが》えておきましょう。

例 ○○の勉強《べんきょう》をしている、トレーニングや練習《れんしゅう》をがんばっている、夢《ゆめ》に関係《かんけい》する本《ほん》を読《よ》んでいる、など

❸どうしてそのような夢《ゆめ》を持《も》つことになったのか〈過去《かこ》〉

夢《ゆめ》を持《も》つにいたったきっかけが、たとえ「お母《かあ》さんが言《い》ったから」だったとしても、大切《たいせつ》なのは、それがいつ、どのような経緯《けいい》で「あなた自身《じしん》」の夢《ゆめ》になったのか、ということです。

ここが、あなたの〈自分《じぶん》という物語《ものがたり》〉を引《ひ》き立《た》てる部分《ぶぶん》です。

例 自分《じぶん》が病気《びょうき》になったときに、看護師《かんごし》さんにやさしくしてもらったから、私《わたし》も看護師《かんごし》になって病気《びょうき》の子《こ》どもをはげましてあげたいと思《おも》った

この三点《てん》をまとめることができれば、過去《かこ》から現在《げんざい》、未来《みらい》にまっすぐつながる「自分《じぶん》という物語《ものがたり》」をつづれるようになります。

作文《さくぶん》や面接《めんせつ》で聞《き》かれても、自信《じしん》をもって答《こた》えることができるでしょう。

ポイント
未来《みらい》につながる過去《かこ》と現在《げんざい》について考《かんが》えることも大切《たいせつ》。

「夢」「目標」とは

「夢《ゆめ》は億万長者《おくまんちょうじゃ》になることです！」

なんでもいいから夢《ゆめ》を決《き》めよう、という話《はなし》をすると、こんなことを書《か》く人《ひと》がいます。

少《すこ》し考《かんが》えてみてください。

夢《ゆめ》をかなえることで、あなたや家族《かぞく》のほかに喜《よろこ》ぶ人《ひと》は何人《なんにん》いますか？

お金《かね》がもらえてうれしいとか、そういう話《はなし》ではありません。

大切《たいせつ》なことは、夢《ゆめ》をかなえることで、世《よ》の中《なか》をどのように良《よ》くすることができるのか、ということです。

「医者《いしゃ》になれば、一般的《いっぱんてき》なほかの職業《しょくぎょう》につくよりもお金《かね》がもらえる。」

医者《いしゃ》になる目的《もくてき》は、それだけですか？

「病気《びょうき》や怪我《けが》の人《ひと》を治療《ちりょう》して、一人《ひとり》でも多《おお》くの人《ひと》を幸《しあわ》せにする。」

これが医者《いしゃ》になることの大《おお》きな意義《いぎ》ではないでしょうか？

だれかの役《やく》に立《た》つ、だれかを幸《しあわ》せにする、世《よ》の中《なか》を少《すこ》しでも住《す》みやすく、明《あか》るくする。

夢《ゆめ》は地域《ちいき》や国《くに》や世界《せかい》にいくらかの「貢献《こうけん》」をするものであるべきです。

「億万長者《おくまんちょうじゃ》になるのが夢《ゆめ》」の人《ひと》も、集《あつ》めたお金《かね》をどんなふうに使《つか》うのかをよく考《かんが》えれば、それはそれで立派《りっぱ》な「夢《ゆめ》」になるでしょう。

ポイント

夢《ゆめ》をつかんだときに、周囲《しゅうい》の人《ひと》や世《よ》の中《なか》をどれだけ幸《しあわ》せにできるかを考《かんが》えよう。

直観は「これだ！」というひらめき

今回《こんかい》の例題《れいだい》で難《むずか》しいのは、単《たん》に将来《しょうらい》の目標《もくひょう》を書《か》くだけでないところです。問題文《もんだいぶん》にある「直観《ちょっかん》（直感《ちょっかん》）」を使《つか》った体験《たいけん》を挙《あ》げて、しかもそれを目標《もくひょう》を成《な》しとげるための努力《どりょく》とどう結《むす》びつくのかを考《かんが》える、という条件《じょうけん》がついています。

将来《しょうらい》の目標《もくひょう》（夢《ゆめ》）とそのために必要《ひつよう》なことは用意《ようい》できても、作文《さくぶん》のテーマにふさわしいような「直観《ちょっかん》」を使《つか》った経験《けいけん》を思《おも》いつかない人《ひと》が多《おお》かったのではないでしょうか。

「ウ〜ン、ウ〜ン……」と頭《あたま》を抱《かか》えて、結局《けっきょく》そのまま白紙《はくし》で提《てい》出《しゅつ》。残念《ざんねん》ですが、不合格《ふごうかく》です。

一見《いっけん》、条件《じょうけん》が多《おお》くて難《むずか》しく思《おも》える問題《もんだい》については、こう考《かんが》えるようにしましょう。

「条件《じょうけん》はヒントである。」

はっきり明示《めいじ》されていませんが、実《じつ》はこの問題《もんだい》、条件《じょうけん》①から③をそれぞれ一段落《だんらく》ずつまとめると、自然《しぜん》に四百字程度《じていど》の作文《さくぶん》

が書《か》き上《あ》がるようになっています。つまり、

段落《だんらく》1　直観《ちょっかん》を使《つか》った例《れい》・経験《けいけん》
段落《だんらく》2　自分《じぶん》の将来《しょうらい》の目標《もくひょう》とそのために必要《ひつよう》なこと
段落《だんらく》3　直観《ちょっかん》の例《れい》・経験《けいけん》と、将来《しょうらい》に必要《ひつよう》なことがどう結《むす》びつくのか考《かんが》える

この段落構成《だんらくこうせい》でうまくまとまります。「段落《だんらく》２」の内容《ないよう》が事《じ》前《ぜん》にしっかり用意《ようい》できているなら、あと考《かんが》えなければいけないのは「段落《だんらく》１」と「段落《だんらく》３」です。

直観《ちょっかん》にまつわる体験《たいけん》を思《おも》い出《だ》す前《まえ》に、問題文《もんだいぶん》で書《か》かれていた「直観《ちょっかん》（直感《ちょっかん》）」とはどんなものだったのかを、もう一度《いちど》読《よ》み直《なお》してみましょう。

資料Ａでは「科学的直観」を「合理性によらない選択」、または「理屈《りくつ》によらない選択」であると言《い》っています。科学者《かがくしゃ》はさまざまな資料《しりょう》をもとに合理的《ごうりてき》な考《かんが》えをつきつめて新《あたら》しい発見《はっけん》をするものだと思《おも》われていますが、実《じつ》は、重要《じゅうよう》な発見《はっけん》につながる思考《しこう》の中《なか》には、そうした理屈《りくつ》や科学的《かがくてき》な根拠《こんきょ》とは全《まった》くちがうものが含《ふく》まれているというのです。

資料Ｂでは将棋《しょうぎ》を指《さ》すときの「直感」について書《か》かれていますね。こちらも資料Ａの「科学的直観」に似《に》ていますが、それは経験《けいけん》を積《つ》み重《かさ》ねることで「磨《みが》かれる」ものであると述《の》べられています。

二つの文章《ぶんしょう》で書《か》かれている「直観《ちょっかん》」をまとめれば、「経験《けいけん》を積《つ》むことで磨《みが》かれる、理屈《りくつ》では説明《せつめい》できない選択《せんたく》」です。

こうした直観《ちょっかん》を使《つか》った経験《けいけん》が全《まった》くない、という人《ひと》はいないはずです。「近所《きんじょ》にできたラーメン屋《や》さん、食《た》べたことないけどおいしそうだな」と思《おも》っていて、実際《じっさい》に食《た》べてみたらおいしかったとか、「転任《てんにん》してきた先生《せんせい》は優《やさ》しくておもしろそうだ」と思《おも》っていたらそのとおりだったとか。

直観《ちょっかん》は外《はず》れてしまうこともあるでしょうが、当《あ》たっていたという経験《けいけん》の方《ほう》が多《おお》いのではないでしょうか。それは、みなさんの「直観《ちょっかん》」がただの「勘《かん》」ではなく、それまでいくつかのラーメン屋《や》さんや先生《せんせい》たちと接《せっ》してきた経験《けいけん》のなかで磨《みが》かれてきたものだからです。ラーメン屋《や》さんならお店《みせ》の名前《なまえ》や店構《みせがま》えやメニューなどから、先生《せんせい》なら顔《かお》つきや話《はな》し方《かた》から、ある程度《ていど》のことを瞬間的《しゅんかんてき》に感《かん》じとることができます。

「でもぼくはラーメン屋《や》さんや学校《がっこう》の先生《せんせい》になりたいわけじゃない。こんな経験《けいけん》は作文《さくぶん》に書《か》けないよ」

たしかにそのとおり。直観《ちょっかん》を使《つか》った経験《けいけん》が、そのまま将来《しょうらい》の目標《もくひょう》につながる内容《ないよう》であれば、この問題《もんだい》はほぼパーフェクトです。しかし実際《じっさい》にそんなにすばらしい経験《けいけん》を試験時間内《しけんじかんない》に思《おも》い

出《だ》し、作文《さくぶん》としてまとめ上《あ》げられる人《ひと》は少《すく》ないと思《おも》います。

でも考《かんが》えてみてください。みなさんがこれまでに「選択《せんたく》」した目標《もくひょう》は、理屈《りくつ》で説明《せつめい》できるものですか？ そのための努力《どりょく》は、すべて論理的《ろんりてき》な思考《しこう》のもとに行《おこな》われているものですか？ そうではありませんね。たぶん、理屈《りくつ》ではうまく説明《せつめい》できなくても、みなさんがこれまで生《い》きてきた「経験《けいけん》」のなかから、直観的《ちょっかんてき》に「これだ」と思《おも》ったものを目標《もくひょう》としているのではありませんか？

資料Bにあるとおり、直感《ちょっかん》の力《ちから》を高《たか》めるのは「経験《けいけん》」です。そう、この「経験《けいけん》」こそ、みなさんがこれからの中学《ちゅうがく》・高校生《こうこうせい》活《かつ》で「学《まな》ぶ」べきものなのです。

分《わ》かりましたか。「条件③」は、実《じつ》は答《こた》えが用意《ようい》されています。そこに気づけば、「条件①」は必《かなら》ずしも自分《じぶん》の将来《しょうらい》の目標《もくひょう》や、目標《もくひょう》に対《たい》して努力《どりょく》していることと直接関《ちょくせつかか》わりがなくても、一貫《いっかん》した作文《さくぶん》に仕上《しあ》げることができます。

ポイント
設問中《せつもんちゅう》の「条件《じょうけん》」はすべて「ヒント」である！

似た問題を出す学校

二〇一五年の適性検査《てきせいけんさ》では、例題《れいだい》として使《つか》った**東京都立白鷗《とうきょうとりつはくおう》高等学校附属中学校《こうとうがっこうふぞくちゅうがっこう》**以外に**高知県立安芸中学校《こうちけんりつあきちゅうがっこう》**で、将来《しょうらい》の夢《ゆめ》について書《か》く作文《さくぶん》が出題《しゅつだい》されています。二〇一四年の**宮崎県《みやざきけん》立都城泉ヶ丘高等学校附属中学校《りつみやこのじょういずみがおかこうとうがっこうふぞくちゅうがっこう》**では、夢《ゆめ》を「絵《え》」と見立《みた》て、その絵《え》を完成《かんせい》させるためにどんなことに取《と》り組《く》んでいきたいかという変《か》わりダネの問題《もんだい》が出《で》ています。

二〇一二年には**秋田県共通問題《あきたけんきょうつうもんだい》**で夢《ゆめ》について、**長野県立屋代高等学校附属中学校《ながのけんりつやしろこうとうがっこうふぞくちゅうがっこう》**が職業《しょくぎょう》や仕事《しごと》についての作文《さくぶん》を出題《しゅつだい》。二〇一一年は**青森県立三本木高等学校附属中学校《あおもりけんりつさんぼんぎこうとうがっこうふぞくちゅうがっこう》**、**滋賀県共通《しがけんきょうつう》問題《もんだい》**、**鹿児島市立鹿児島玉龍中学校《かごしましりつかごしまぎょくりゅうちゅうがっこう》**が、同《おな》じテーマの問題《もんだい》を出題《しゅつだい》しています。

将来《しょうらい》や学校生活《がっこうせいかつ》での目標《もくひょう》を書《か》く問題《もんだい》は地域《ちいき》に関《かか》わらず出題《しゅつだい》される頻出《ひんしゅつ》テーマと言《い》えそうです。トレーニングで用意《ようい》したメニューをこなし、本番《ほんばん》で出題《しゅつだい》されてもあせらない準備《じゅんび》を整《ととの》えておきたいものです。

トレーニング

❶「未来履歴書《みらいりれきしょ》」を作《つく》ろう

将来《しょうらい》の夢《ゆめ》や目標《もくひょう》を聞《き》かれて答《こた》えにつまらないように、今《いま》のうちに自分《じぶん》を見《み》つめておきましょう。

思《おも》いつきでいいので、まずは何《なに》か書《か》いてみること。そこから考《かんが》えが広《ひろ》がったり、深《ふか》まったりしていくものです。

❷夢《ゆめ》・目標《もくひょう》についての短作文《たんさくぶん》を書《か》こう

これらのテーマについて、二百字以内《じいない》でまとめよう。

(1) 将来《しょうらい》つきたい仕事《しごと》

例 調理師《ちょうりし》、医者《いしゃ》、学者《がくしゃ》、自衛官《じえいかん》、看護師《かんごし》、教師《きょうし》

(2) 一生《いっしょう》に一度《ど》はやってみたいこと

例 世界一周旅行《せかいいっしゅうりょこう》、海外留学《かいがいりゅうがく》、エベレスト登頂《とうちょう》、バスの運転《うんてん》

(3) 中学《ちゅうがく》・高校生活《こうこうせいかつ》でがんばりたいこと

例 部活《ぶかつ》、生徒会《せいとかい》、勉強《べんきょう》

(4) 十年後《ご》にはこんな大人《おとな》になっていたい！

例 だれにでも優《やさ》しくできる、子《こ》どもがたくさんいる、みんなに尊敬《そんけい》される、正《ただ》しいと思《おも》うことをはっきり言《い》える

(5) 大人《おとな》になるまでに乗《の》り越《こ》えたい自分《じぶん》の弱点《じゃくてん》

例 算数《さんすう》、ひっこみ思案《じあん》、怒《おこ》りっぽい、せっかち、雑《ざつ》

(6) 大切《たいせつ》にしたい価値観《かちかん》

例 友《とも》だちを大切《たいせつ》にする、うそをつかない、家族《かぞく》を思《おも》いやる

トレーニング ❶未来履歴書〈過去－現在－未来〉

過去	**きっかけの出来事** 夢（目標）を もつことになった きっかけ	①	
		②	
		③	
	小学校までの思い出 夢や目標にかかわる できごとなど	①	
		②	
		③	

現在	**努力していること** 夢・目標のためにしている こと	①	
		②	
		③	
	必要だと思うこと 近い未来（中学・高校）に しようと思っていること	①	
		②	
		③	
	人間関係 いっしょにがんばっている仲間 応援してくれる人など	①	
		②	
		③	

未来	**職業** 将来ついてみたい職業 興味のある仕事など （できるだけたくさん）	①	
		②	
		③	
	やりたいこと 仕事以外の分野で （ボランティア、旅行、 スポーツなど）	①	
		②	
		③	

トレーニング ❷夢・目標についての短作文を書こう

（二百字以内）

200

例題《れいだい》解答《かいとう》・トレーニング記入例《きにゅうれい》

ここに書《か》いている作文《さくぶん》やトレーニングの解答例《かいとうれい》、記入例《きにゅうれい》は、あくまで一つの例《れい》です。何《なに》をどのように書《か》くのか、どうしても思《おも》いつかないときに、参考《さんこう》のために読《よ》むようにしてください。

例題《れいだい》の解答例《かいとうれい》は満点《まんてん》の作文《さくぶん》ではなく、普通《ふつう》の小学生《しょうがくせい》が書《か》く文《ぶん》体《たい》・内容《ないよう》のものです。適性検査《てきせいけんさ》の解答《かいとう》としては好《この》ましくない表《ひょう》現《げん》もあえて入《い》れています。直《なお》すべき部分《ぶぶん》は《コメント》に記《しる》しておきましたので、こちらも合《あ》わせて読《よ》みましょう。

また、レイアウトの都合上《つごうじょう》、例題解答例《れいだいかいとうれい》と別冊《べっさつ》の解答用紙《かいとうようし》は一行《いちぎょう》の字数《じすう》が異《こと》なります。それぞれの用紙《ようし》の条件《じょうけん》に合《あ》わせて書《か》いてください。

なお、第《だい》12章《しょう》のトレーニング②はみなさんの夢《ゆめ》や目標《もくひょう》について書《か》くものですから、記入例《きにゅうれい》は載《の》せていません。自由《じゆう》に、思《おも》いきり、大《おお》きな夢《ゆめ》を書《か》きつづってください。

第1章 例題

▼12ページ

問一 花がなければ種子を残せないが、小さな花をつければわずかでも種子を残し、命をつなぐことができるというちがい。

問二 たくさんの小さな花が咲くことで大輪の花に負けない大きさになり、昆虫に見つかりやすくなって受粉の機会が増えるという結果。

第1章 トレーニング 文章のメッセージを見つけよう

▶21ページ

❶文章の「考え」にあたる部分に線を引こう。

スマートフォン、略して「スマホ」が世の中に現れて数年がたつ。今ではスマホ以外の携帯電話は「ガラケー」と呼ばれ、使用者は少数派になってしまった。「スマホを持ってないんです」と告白すると、あからさまな軽べつの視線を投げつけてくる人もいる。スマホひとつ使いこなせないわたしのことを「時代おくれの原始人」とでも思っているにちがいない。

便利で機能的、そのうえスタイリッシュ。電話機能はもちろんのこと、映像の送受信や道案内、ＳＮＳを利用した安価で気軽な人との「つながり」、内臓カメラの性能も年々向上している。おまけに退屈なときには読書やゲームまで楽しめるのだから、使い慣れた人にとっては生活から切りはなすことなど考えられないのだろう。

スマホの魅《み》力を、私ももちろん感じている。購入・契約のためのお金がないというわけでもない（もったいない、という感覚はあるが）。それでも私がいまだガラケーに踏みとどまっているのは、心にひっかかるある情景があるからである。乗客の全員がスマートフォンの小さな画面を吸い込まれるように見つめている、電車のなかのよくある風景である。

スマホに依存する人たち。私もこの人たちの一人になってしまうのだろうか。スマホを持っている人であっても、「品格」を保つことのできる人、つまりスマホに依存せずに、単なる道具として使いこなすことができる人は少なくないだろう。しかし私には自信がない。便利な道具に魅入られて、電車の中で食い入るように画面を見つめる人になってしまうのではないかという不安が消えるまで、購入は先のばしにするつもりである。

❷筆者のメッセージをまとめよう。

スマホの魅力を筆者も感じているが、スマホに依存する人になってしまうのではないかと不安なので、まだ契約をしないつもりだ。

▼22ページ

問一 疑問に立ち止まり、先入観にとらわれず、知りたいという気持ちを持って、忍耐づよく研究を続けてください。（50字）

問二

1

二つの文章に共通するメッセージは、自分が正しいと信じたことを、忍耐づよく続けることが大切だということだと思います。

私は、ようち園の年中のときからバレエをしています。練習がつらくてやめたいと思ったこともありましたが、お母さんや先生にはげまされて続けてきました。発表会に出るときはうれしくて、「続けてよかった」と思いました。中学では勉強もこの気持ちでがんばりたいです。（195字）

コメント 文章《ぶんしょう》の共通点《きょうつうてん》を短《みじか》くまとめられています。自分《じぶん》のバレエの体験《たいけん》を盛《も》り込《こ》むことで、個性《こせい》も出《で》ていると思《おも》います。

作文《さくぶん》で肉親《にくしん》を登場《とうじょう》させるときには、「お母《かあ》さん」「お父《とう》さん」「おばあちゃん」「お兄《にい》ちゃん」などではなく、「母《はは》」「父《ちち》」「祖《そ》母《ぼ》」「兄《あに》」と書《か》きましょう。また「がんばる」という表現《ひょうげん》は「努力《どりょく》する」とした方《ほう》が、作文《さくぶん》として形《かたち》が整《ととの》います。

2

文章Aでは、科学を使うのはわたしたちなので、正しい使い方を判断しなければいけないことが書かれています。Bでは正義の人になりなさいと書かれています。なので、共通するのは、正しいと思ったことをよく考えるということだと思います。

みんながしていることでも、正しくないということはときどきあります。そんなときでも、自分が正しいと思うことを続けていきたいと思いました。（183字）

コメント こちらは一段落目《だんらくめ》の共通《きょうつう》するメッセージを長《なが》めに書《か》いています。このような書《か》き方《かた》でもいいと思《おも》います。接続詞《せつぞくし》として使《つか》う「なので」は幼稚《ようち》な印象《いんしょう》を与《あた》えるので「ですから」「だから」を使《つか》うようにしてください。また、最後《さいご》の「思《おも》いました」は考《かんが》えではなく感想《かんそう》なので「思《おも》います」としましょう。

第2章 トレーニング 二つの文章の共通点を見つけよう

▶37ページ

文章の「考え」にあたる部分に線を引こう。

文章A

「ありのままの自分」や「自分の本当のすがた」を追い求める人がいる。

いつもは自分の「ありのまま」を見せることができていないと感じている人が、こうした目的を見出すのだろう。しかし、自分の内にある「ありのまま」を周囲に見てもらおうと意気込んでも、いざ人の輪の中に飛び込んだところでとまどってしまうだけだ。そして一人になったときにこう考える。

「やはりわたしはありのままの自分を見せられていない。次こそは必ず、本当の自分をさらけだして見せるわ」

ところが何度やっても同じ結果に終わる。なぜなら「ありのままの自分」など、はじめからどこにも存在しないからである。

「そんなことはない。私は本当の自分を見せていないだけ。あなたに私の何が分かるの」

このように反論したい気持ちは理解できる。しかしそんなあなたの考えている「本当の自分」というのは、実際にはほんの数行でまとめることができる言葉のひとかたまりにすぎない。「私は本当はおしゃべりなの」、「本当はさびしがりやなの」、「本当は〇〇が好きなの」。

「本当の自分を見せることができていない人」が人間として内容が薄っぺらだと言っているのではない。問題なのは「本当の自分」の内容ではなく、「自分を見せる」方法であるということを言いたいのである。

逆に言えば、「ありのままの自分」を見せることができている（ように見える）人は、自分を見せるための表現の仕方が上手なのだ。

これは単純に技術の問題であり、練習によって上達することができる。

文章B

学生時代、本業であるはずの学問もそこそこに旅行へ出かけた。国内はもちろん、中国や東南アジア、インド、ヨーロッパ。アルバイトで稼いだなけなしの金はほとんどがその旅費に消えた。

「ほんとに旅行が好きだね。何のために行くの。ひょっとして『自分探し』？」

大学に戻ると、こんな言葉をかけられたものだ。もちろん皮肉である。本当の自分に出会うために旅に出るという「自分探しの旅」は、すでに若者の旅行スタイルとして定着していた。それだけに「本当の自分なんてないのだから、一人旅をしたところで出会うことなどあり得ない」という賢《さか》しげな「オトナの見解」も、当時から存在していた。

だが私はそんな皮肉に対して、

「そのとおり。自分探しに行ってきたんだ」

と答えることにしていた。

自分はどこまでも自分でしかない。そんなことは分かっている。しかし「自分探し」の面白さや感動は、実際に経験した者にしか分からない。

私たちはそれぞれ、日本という国のなかにある小さな社会に住み着いていて、無意識のうちにそこで与えられた地位や役割に縛《しば》られながら毎日を過ごしている。母親らしいふるまいや子どもらしいふるまい、教師らしいふるまい、サラリーマンらしいふるまいなどなど。私たちはこうした役割を演じている。そしてその狭い社会で表現できる自分は限定されたものにすぎない。

旅は限定された自分を解放する。旅行者という存在は、旅先の土地で「お客さん」以上の存在ではない。つまり役割が希薄《きはく》である。そこでの私のふるまいは、意識しなくても日常とは当然ちがったものになる。初めて見る異郷の文化に身をおけば、なおさらのことだ。

旅先での自分は「ほんとうの」自分ではない。そもそもほんとうの自分などない。しかしそれまでの自分が知ることのなかった「新しい」自分ではある。

未知の自分との出会い。それが「自分探しの旅」の真髄《しんずい》である。

AとBに共通する考えをまとめよう（共通する考えにあたる部分に線を引こう）。

「本当の自分」や「ありのままの自分」があると思っていても、本当は存在しないということ。

「自分」は表現するものであるということ。

▼38ページ

1

　文章1では、理科系の文書を書くときには、はっきりものを言わなければいけないということが書かれています。日本人はあいまいな言葉づかいをすることが多いからです。筆者はむきつけな言い方を避けて相手が察してくれることを期待する日本語のもの言いの美しさを愛しますが、理科系の仕事の文章は正確であり、意見はできるかぎり明確かつ具体的でなければいけません。

　文章2は情報化されるものだけが存在すると考えるネット社会は貧しいと言っています。具体的な説明をしながら、虫捕りは楽しいと伝えるメタメッセージが大切だからです。

　わたしは言葉ではっきり伝えることは大事だと思います。言いたいことを言わないと、友だちに誤解されることがあるからです。また、悪いこともしっかり注意しないと、わからない人もいると思うので言ったほうがいいと思います。ただ、言葉だけでは伝えきれないこともあると思うので、メタメッセージも考えながら伝えていきたいです。

（431字）

コメント　一段落《だんらく》に文章1、二段落《だんらく》に文章2というパターンの作文《さくぶん》です。条件《じょうけん》に合《あ》わせてよく書《か》いています。ただ、第《だい》一段落《だんらく》（文章1の要点《ようてん》をまとめた部分《ぶぶん》）に本文《ほんぶん》そのままの文章《ぶんしょう》がありますので、もう少《すこ》しけずって最後《さいご》の段落《だんらく》に自《じ》分《ぶん》の考《かんが》えをくわしく書《か》けばもっと良《よ》い作文になります。

2

　文章1は日本人もはっきりとものを言わなければいけないと書いてありました。文章2はその反対に、言葉だけでは伝わらないことがあり、メタメッセージを大切にしない世界は貧しいと書いていました。

　ぼくにはつりが大好きな友だちがいます。ぼくはつりをしたことがないので楽しさがよくわかりませんでした。でもその友だちはつりの話をぼくによくするので、ぼくもつりがしたくなってきました。その友だちのお父さんに連れて行ってもらってつりに行ってみたら、とても楽しかったのでまた行きたいと思いました。
　友だちがつりの話を何回もぼくにしたので、楽しさがぼくに伝わったのだと思います。これがメタメッセージなんだと思います。ぼくはメタメッセージのように、言葉で説明しなくても伝わることは大事だと思います。しかしつりに行く話は言葉で伝えないといけなかったと思うので、はっきり言葉で伝えることも大事だと思います。そのときによって伝え方を考えていくのが一番大切だと思います。

（434字）

コメント　一段落目《だんらくめ》に二つの文章《ぶんしょう》の要点《ようてん》を簡単《かんたん》にまとめて、二段落目《だんらくめ》に自分《じぶん》の経験《けいけん》、三段落目《だんらくめ》で考《かんが》えを書《か》いています。小学生《しょうがくせい》で、「メタメッセージ」の意味《いみ》をしっかりととらえているのは大《たい》したものです。「〜なんだと思います」は話《はな》し言葉《ことば》ですから「なのだと」としましょう。

第3章 トレーニング 対立する意見をふまえて自分の考えを書こう ▶47ページ

テーマ1

動物園について

意見1	意見2
動物園は動物がおりに閉じ込められて かわいそうだ。動物園はないほうがいい。	動物園は街に住んでいる人が 野生の動物にふれあうチャンスなので、 あったほうがいい。

あなたの考え

街の人にとって、動物園は大切だと思う。
なるべく自然に近い環境で生活できるように、
おりを広くするなど工夫すればいいと思う。

テーマ2

うそをつくことについて

意見1	意見2
うそをつくことは相手を裏切ることだから、 うそはつかないほうがいい。	相手を傷つけないための やさしいうそもあるし、 本当のことを伝えて相手を傷つけることもある。

あなたの考え

やさしいうそは、あると思う。
しかし、なるべくならうそはつかないほうがいいと思う。

テーマ3

子どもが電子書籍《でんししょせき》で読書することについて

意見1	意見2
便利な道具はどんどん使うべきだ。 電子書籍を使っても問題ない。	子どものうちは紙の本を読んだほうがいい。 目にも、紙のほうがいい。

あなたの考え

電子書籍は便利だが、子どものうちは使わないほうがいいと思う。
目に悪いし、紙の本を読まなくなってしまうのはよくない。

▼50ページ

1

友情は成長の遅い植物であるとは、友情を育てるには長い時間がかかるし、毎日水をやるように手入れをしなければならないということだと思います。
私には一年生のときからの友だちがいます。家が近いので学校に行くのもいっしょでしたが、三年でクラスが別になって少し遊ばないときがありました。何ヶ月かたってその友だちから電話が来て、また遊ぶことになりました。友だちが電話をくれなければ、友情は終わっていたかもしれません。手紙や電話などで気持を伝えることが大切だと思います。

（227字）

コメント 条件《じょうけん》に合《あ》わせて書《か》けています。自分《じぶん》の体験《たいけん》を入《い》れながら、友情《ゆうじょう》について考《かんが》えることができました。

2

友情は植物のように成長が遅くて、一日や二日では大きくならないのだと思います。毎日水をやらないとかれてしまうので、世話も大変です。しかし、大きくなればきれいな花がさいたり、おいしい実がなったりしてうれしいのだと思いました。
ぼくにはクラスに仲のいい友だちがいますが、この言葉のような友情はまだ育っていないと思います。でも、今の友だちとの友情を育てていけば、きっと大きな木のような友情になると思います。中学では友だちを大切にして、友情を育てていきたいです。

（230字）

コメント 育《そだ》てるのに長《なが》い時間《じかん》がかかる「友情《ゆうじょう》」を、自《じ》分《ぶん》の中学《ちゅうがく》の目標《もくひょう》の一つにまとめることができました。「でも」は「しかし」にしましょう。

トレーニング　友だちについて考えよう

▶ 55ページ

❶	友だちって どういう人のこと？	ほんとうに困ったときに助けあえる人。
		本当に思ったことをえんりょなく言える人。
❷	どういう人と 友だちに なりたい？	まちがったことはまちがっているとはっきり言ってくれる人。
		知らなかったことを親切に教えてくれる人。
❸	クラスで意見が まとまらないとき どうする？	それぞれの意見のよいところと悪いところを比べる。
		ふたつの意見の中間がないかどうかを考えてみる。
❹	クラスの子が、 親友の悪口を 言ってきた。 どうする？	「親友の悪口を言わないで」とはっきり伝える。
		親友のいいところを分かってもらえるように説明する。
❺	友だちから 悪いことに 誘われた。 どうする？	きっぱりと断る。
		友だちも、悪いことをしないように説得する。
❻	クラスの一人が いじめられている。 どうする？	先生に相談する。
		いじめがなくなるようにクラスで話し合う。
❼	話し合いで大切だと 思うことは？	自分とちがう考えを持っている人の話をよく聞く。
		自分の考えの理由がちゃんと伝わるように説明する。
❽	クラス委員に なりました。 どんなクラスに したい？	みんなが自分の考えを自由に言い合えるクラス。
		仲間はずれのいない明るいクラス。

第5章 例題

▼56ページ

1

私は、ボール遊びをしてもいいところと、してはいけないところに分けたらいいと思います。スマイルにこにこ公園は家の多い場所と川と雑木林に近いので、ボール遊びをしてもいいところを雑木林と川に近い方角にすれば、ボールが飛んでいって家に当たることもないと思います。

コメント 地図《ちず》に注目《ちゅうもく》して「ボール遊《あそ》びをしてもいいところ」と「ボール遊《あそ》びをしてはいけないところ」に分《わ》けるという考《かんが》えです。おそらく多《おお》くの人《ひと》が考《かんが》えつく、いい考《かんが》えだと思《おも》います。ボール遊《あそ》びをしたい人《ひと》、してほしくない人《ひと》も、これなら公園《こうえん》を利用《りよう》することができますね。

2

私はボール遊びといっても、野球やサッカーはボールが遠くに飛んでしまうことがあるので、やってはいけないと思う。小さい子どもやお年寄りにボールが当たったら危険だからだ。ドッジボールやキックベースなら、そんなに遠くにボールが飛ばないので、してもいいだろう。公園の、雑木林に近い場所でだけ、そういう遊びができるようなルールにして、みんなが使える公園にすればいいと思う。

コメント こちらも地図《ちず》を見《み》て、ボール遊《あそ》びをしてもいい場所《ばしょ》としてはいけない場所《ばしょ》に分《わ》けています。出《だ》された資料《しりょう》はしっかり使《つか》うという姿勢《しせい》は大切《たいせつ》です。さらに、まわりに迷惑《めいわく》をかけそうなボール遊《あそ》びとそうでない遊《あそ》びを分《わ》けて、してもいいボール遊《あそ》びを決《き》めているところが、この作文《さくぶん》のすばらしいところです。

トレーニング　みんなのためのルール作り

▶63ページ

議題❶

公園でボール遊びをしてもいいかどうか	
賛成の理由	反対の理由
子どもが自由にボール遊びをできる場所がない 広い場所なのでボール遊びに最適	近くの家に当たるかもしれない お年寄りや小さい子どももいるので危険
解決策（両方が納得するルール・決め方など）	
野球・サッカーなどの遠くへボールが飛ぶ球技は禁止する キャッチボールやドッジボールをする場所を作る	

議題❷

町の図書館で勉強してもいいかどうか	
賛成の理由	反対の理由
家に兄弟が多い人などは、 静かな図書館で勉強したい。 調べたい本がすぐに見つかるので便利。	図書館では本を読むべきだ。 勉強のために集まった小中学生が さわいだら迷惑。
解決策（両方が納得するルール・決め方など）	
勉強してもいい時間と、だめな時間を決める。 あまり使っていない部屋を勉強のための部屋にして、 そのほかは勉強禁止にする。	

議題❸

公園で犬の散歩をしてもいいかどうか	
賛成の理由	反対の理由
広い場所で犬を遊ばせてやりたい。 車が通る道路より安全。	犬のオシッコなどがきたない。 犬をこわがる子どももいる。
解決策（両方が納得するルール・決め方など）	
ふんは必ず持ち帰るというルールをつくる。 子どもがあつまる時間（平日の夕方、土日の昼間など）は散歩禁止にする。	

▼64ページ

1

五年生の時、学年で川原のゴミ拾いに行きました。行ってみると空き缶や箱など、たくさんのゴミが落ちていました。すぐ近くにゴミ箱があるのにポイ捨てされているゴミもあって、「マナーの悪い大人もいるんだな」と思いました。先生は「ゴミはきたないだけでなく、鳥などが食べると死ぬこともある」と言いました。ゴミ拾いをすることも大事ですが、私は大人になってもゴミをポイ捨てしないようにしたいと思います。

（192字）

コメント

身近《みぢか》な環境問題《かんきょうもんだい》について、実体験《じったいけん》をまじえながら書《か》いています。先生《せんせい》から学《まな》んだことも内容《ないよう》に盛《も》り込《こ》んであり、設問《せつもん》の条件《じょうけん》にあっていますね。

先生《せんせい》の言葉《ことば》は、尊敬語《そんけいご》を使《つか》って「おっしゃいました」あるいは「言《い》われました」とする方《ほう》が良《よ》いでしょう。

2

社会の時間に、熱帯林が減っているということを学びました。熱帯林は酸素をたくさん作っているのでなくなると地球の酸素が足りなくなります。酸素がなくなれば、地球の生き物はぜんぶ死んでしまいます。そうならないために、森林を減らすのはやめないといけないと思います。ぼくは学校で花を育てたり木に水をやったりして、自然を大切にしたいです。みんなが自然を大切にすれば、森林が減らないのでいいと思います。

（192字）

コメント

熱帯林《ねったいりん》の伐採《ばっさい》は世界的《せかいてき》な環境問題《かんきょうもんだい》で、作文《さくぶん》のテーマとしてはとてもいいと思《おも》います。ただ、熱帯林《ねったいりん》がなくなれば酸素《さんそ》がなくなって生《い》き物《もの》がすべて死《し》んでしまう、というのは、少《すこ》し先走《さきばし》りすぎた考《かんが》えかもしれませんね。森林《しんりん》の破壊《はかい》は酸素《さんそ》だけでなく、その森《もり》に住《す》む生物《せいぶつ》の絶滅《ぜつめつ》や周辺《しゅうへん》に住《す》む人《ひと》たちの生活《せいかつ》など、さまざまな影響《えいきょう》があります。こうした点《てん》にもふれることができれば、より視野《しや》の広《ひろ》い文章《ぶんしょう》を書《か》くことができたのではないでしょうか。

❶社会問題についてまとめよう

▶73ページ

知っている社会問題を書き出そう	少子化、高齢化、人口の減少、食糧自給率が低い、発電（原子力発電など）、地球温暖化、森林の減少、ゴミ処理、酸性雨、砂漠化、食糧不足、テロ		
問題を三つ取り上げて、社会全体で取り組むべきこととあなたが自分でできることをまとめる	問題① 地球温暖化	社会全体で取り組むこと	二酸化炭素を出さないようにする（排気ガス、工場など）
		あなたが自分でできること	電気の無駄使いをやめる 車よりも電車などを利用するようにする
	問題② 食糧自給率	社会全体で取り組むこと	農業・漁業がさかんになるように援助する
		あなたが自分でできること	国内産の食べ物をたくさん食べるようにする 食べ物を買うときには産地に気をつける
	問題③ ゴミ処理	社会全体で取り組むこと	ゴミの分別を厳しくする ゴミ処理場をたくさん作る
		あなたが自分でできること	紙の無駄使いをしないようにする リユースできるものは使う

❷あなたの地域についてまとめよう

あなたの住む地域のじまんできること	海や川など、自然が美しい。 魚や貝などがたくさんとれる（漁業がさかん）。	
	歴史的な建物がある。	
	夏祭りがとても有名。	
地域の問題点と、解決のためにしていきたいこと	問題①	漁業の良さをもっと学びたい。
	問題②	人が集まってくる明るい町にするためにあいさつをしっかりする。
	問題③	お年寄りとふれあう機会を大切にする。

▼74ページ

1

　本を「どのように」読むかということは、書いてあることを細かく読んで、登場人物の気持ちを深く理解するということだと思います。

　そう思った体験があります。ある探ていが出てくる物語を読んでいたときのことです。犯人がだれなのかわからないので、どきどきしながら読んでいたのですが、あまり注意しないで読んでいたときに大切なところを読み飛ばしてしまい、最後に犯人がわかったときも「?」となってしまったことがありました。

　あとで前のところを読み直して、やっと「ああ、そういうことか」とわかりました。わたしはそのとき、書いてあることはちゃんと読まないと途中でわからなくなってしまうのでいけないと思いました。

　このように、細かく読むことは大事だと思います。それと、分からないときにあとで前のところを読みなおせるのが本の楽しいところです。

（385字）

コメント

問題《もんだい》の条件《じょうけん》を満《み》たすために、よく努力《どりょく》したと思《おも》います。伝《つた》えたいこともよく分《わ》かりますので、点数《てんすう》はつくでしょう。

ただ、問題《もんだい》で問《と》われている「読書《どくしょ》のたのしみ」について、もう少《すこ》し具体的《ぐたいてき》なことを書《か》いた方《ほう》が良《よ》かったのではないでしょうか。「前《まえ》のほうを読《よ》みなおせる」ことだけなら、ビデオでもできますからね。

❶読書のすばらしさについてまとめる

▶83ページ

読書のよいところ	①	登場人物や景色を想像することができる。
	②	言葉をたくさん知ることができる。 むずかしい言葉の使い方を知ることができる。
	③	ほかのひとの気持ちがわかる。
なぜ読書が大切なのか		言葉でものを考えたり、他人の気持ちが分かるようになるため。
読書にかかわる 今までの思い出		小学三年生のとき、おじさんに買ってもらった本がとてもおもしろくて、 それから本を読むことが好きになった。

❷あなたがおすすめする本

おすすめする 本の題名		安東みきえ『天のシーソー』
だれに読んでほしい？		(友だち)・おうちの人・先生・その他（　　　　）
おすすめする点 感動する点	①	いろいろな事情がある人が出てきて、 やさしい気持ちをもつことが大切だと教えてくれる。
	②	主人公のミオの考えることが、共感できる。 （母や友だちとの関係など）
	③	物語のなかで、きれいな景色が出てくる。 （海のなかの町など）

❸家庭学習計画表

	午前 6:00	8:00	10:00	午後 0:00	2:00	4:00	6:00	8:00	10:00	12:00
日	起きる （7時）		勉強 （算数）	ごはん	友だちとあそぶ		勉強 （社会・理科）	ごはん おふろ	寝る	
月	起きる （7時）	学校				勉強（宿題）		ごはん おふろ	寝る	
火	起きる （7時）	学校				ピアノ練習 勉強（宿題）	じゅく	ごはん おふろ	寝る	
水	起きる （7時）	学校				勉強 （宿題）	ピアノ	ごはん おふろ	寝る	
木	起きる （7時）	学校				勉強 （宿題）	友だちと あそぶ	ごはん おふろ	寝る	
金	起きる （7時）	学校				勉強 （宿題）	じゅく	ごはん おふろ	寝る	
土	起きる （7時）		サッカー			ゲーム	勉強 （国語）	ごはん おふろ	寝る	

第8章 例題

▼84ページ

1

Aの文章に「日本人は擬音語・擬態語を多用します」と書いてあります。Bの短歌の「サキサキと」という擬音語は、私は見たことがありませんが、セロリのかたい感じがよくわかると思います。聞いたことのない擬音語でも、食べ物の食感を表すことができて、日本語はすごいと思うので、私もいろいろな表現を使っていきたいと思います。

（155字）

コメント 文字制限《もじせいげん》のなかで、問題《もんだい》に問《と》われたことにしっかり答《こた》えています。「すごい」という表現《ひょうげん》はどう「すごい」のかが伝《つた》わりにくいですし、幼稚《ようち》な印象《いんしょう》を与《あた》えるので、ここでは「とても便利《べんり》だ」とか「すばらしい」に変《か》えるとよいでしょう。

2

セロリの歯ごたえを短歌に表現するとき、作者は「ぴったりする言葉」がなかったので、あたらしく「サキサキと」という表現を作ったのだと思います。私ははじめ、この言い方がよくわからなかったのですが、セロリを食べたときを思い出すと、なるほどと思いました。擬音語を考えるのは難しいですが、おもしろくもあるので私もやってみたいです。

（159字）

コメント この問題《もんだい》は百四十字《じ》～百六十字《じ》と、文字制限《もじせいげん》の幅《はば》が短《みじか》いので、使《つか》う言葉《ことば》を工夫《くふう》してまとめていく必要《ひつよう》があります。文章Aからの引用《いんよう》が短《みじか》いですが、条件《じょうけん》に合《あ》わせて書《か》けています。

❶言葉の変化と、それについての考えをまとめる

▶91ページ

意味が変わった言葉の例	言葉 残念な	昔の意味・使い方	できごとがうまくいかなかったときに使う 「残念な結果に終わった」など
		今の意味・使い方	うまくいっていない人やものに使う 「残念なキャラクター」など
言葉の意味が変わることのメリット（良い点）	新しい言葉の意味ができるのは楽しいし、時代が新しくなった気がする。 若い世代の言葉になる。		
言葉の意味が変わることのデメリット（悪い点）	年を取った人と若い人の話が通じにくくなる。 昔からの言葉の歴史がこわれる。		
言葉の意味の変化にどのように対応していけばいいと考えるか	すぐに消える流行語をあまり使いすぎるのはよくない。 人を傷つけるような言葉の使い方はよくないのでしないようにする。 古い意味、新しい意味の両方が使えるようにする。		

❷大切にしている言葉

大切にしている言葉	情けは人のためならず
だれの言葉？	（　　　　　）の言葉・ことわざ（○）・自分で考えた！・その他
どうして？（理由）	祖母がよく言う言葉だから。 いつでも人に優しくできるから。
好きな漢字	念
どうして？（理由）	「今」の「心」を大切にして生きていたいと思うから。

❸君が思う「日本語のむずかしいところ」

むずかしいところ	文字の多さ・同音異義語・敬語（○）・擬音語・擬態語・その他（　　　　）
どういうところが難しい？	まちがって使ってしまうところ。 尊敬語と謙譲語が、ときどき分からなくなる！
これからどうやって学んでいきたい？	国語の問題集を解くだけでなく、ふだんの生活でも使ってなれていきたい。

第9章 例題

▼92ページ

1

私は紅葉を紹介したいと思います。十一月の終わりごろ、イチョウやモミジの葉が赤や黄色になるのを日本人はとても楽しみにしています。外国ではただの「かれ葉」と思われるそうですが、とてもきれいなのでぜひ見てください。

（104字）

コメント 紅葉《こうよう》の美《うつく》しさを、短《みじか》い言葉《ことば》で表現《ひょうげん》できています。外国《がいこく》ではどう思《おも》われているかという点《てん》をちゃんと書《か》けているところがすばらしいです。

2

五月五日は「子供の日」です。子ども（とくに男の子）が元気に育つように、こいのぼりや五月人形をかざります。ちまきを食べたり、お風呂にしょうぶをいれたりもします。女の子のお祭りは三月三日の「ひな祭り」です。

（101字）

コメント 日本《にほん》の伝統《でんとう》である「こどもの日《ひ》（端午《たんご》の節句《せっく》）」を紹介《しょうかい》した文章《ぶんしょう》です。しっかり書《か》けていますが、問題《もんだい》の条《じょう》件《けん》に「季節《きせつ》をあらわす言葉《ことば》にすること」とあるので、「こどもの日《ひ》」よりも「こいのぼり」とする方《ほう》が無難《ぶなん》だったかもしれません。

日本《にほん》の伝統《でんとう》を一つ紹介《しょうかい》する、という問題《もんだい》なので、「ひな祭《まつ》り」については書《か》かなくても良《よ》かったと思《おも》います。

❶紹介したい日本の文化

▶99ページ

	紹介したい日本の文化	すばらしい点	外国人にとって難しい点
美術・建築など	落語	ひとりで何人もの役をして、おもしろい話をする	日本語がわかりにくい
	おちゃわんなど（陶器）	きれいな食器を、ふだんの生活で使える	外国人には地味に思えるかも？
	アニメ	おもしろい キャラクターがかわいい	ピンクや緑のかみの毛の人がよく出てくる
日常的な文化	はしを使って ごはんを食べる	刃物や先のとがったものを使わずに食事ができる いろいろな使いかたがある	ステーキやパンを食べるのには向いていない
	くつをぬいで 家の中に入る	家の中をきれいに保てる 家の中ではリラックスできる	はだしでいるのは、慣れないと不安かもしれない
	あいさつのとき おじぎをする	心がこもったあいさつができる	謝っているように思われる

❷日本と外国の文化のちがい

日本の文化	（アメリカなど）の文化	なぜ、ちがいがあるのか
ふとんでねる	ベッドでねる	日本にはたたみがあるから ベッドだと、しめりやすいから

❸留学したい国と、学びたいこと

海外留学したい国	その国を選んだ理由	何を学びたいか
カナダ	景色がきれいで安全だから	英語 外国での生活のしかた

❹世界の問題と、その解決策

世界的な問題	解決のために世界がするべきこと	あなた自身ができること
食べ物が足りない	農業をひろげてたくさん作る あまっている食べ物を まずしい国に分けてあげる	食べ残しをしない 食べすぎない

▼100ページ

1

　私の父の車にはカーナビがついていますが、父はふだん電源を切っています。なぜなのかと聞いてみると、「カーナビに慣れすぎてしまうと、方向感覚がにぶってしまうから」と父は答えました。

　絶対に使わないというわけではありません。旅行に行くときなど、本当に道が分からなくなったときには電源を入れて道を確認します。便利な道具は、あまりたより過ぎないように上手に使うほうがいいと、父は教えてくれました。

　文章Aの「趣味決定業」のように、自分の趣味までコンピュータに決められたいとは私は思いません。自分の趣味くらい、自分で決めたいと思いますし、コンピュータに頼りすぎると、いつの間にか自分で趣味も決められない人になってしまうと思います。しかし、老後に時間ができてひまになったときなどに、趣味決定業のコンピュータに相談してみるのは悪くないと思います。

　コンピュータが発達することは、世の中が便利になるのでいいことだと思います。しかしあまりたより過ぎにならないよう、使うときを考えることが大切だと思います。


（468字）

コメント 「趣味決定業《しゅみけっていぎょう》」は小説《しょうせつ》のなかに登場《とうじょう》する架空《かくう》の業者《ぎょうしゃ》ですが、現代《げんだい》に実在《じつざい》するカーナビを例《れい》に挙《あ》げることで、現実味《げんじつみ》のある内容《ないよう》になっています。意見《いけん》も筋《すじ》が通《とお》っていて、すばらしいです。最後《さいご》の方《ほう》で、「思《おも》います」という文末《ぶんまつ》が続《つづ》いてしまいました。表現《ひょうげん》を変《か》えていくようにすれば完璧《かんぺき》です。

2

　私はコンピュータが発達するのはいいことだと思います。回転ずしに流すすしをコンピュータが決めれば、残ったすしをごみに出す量が減るからです。すし職人も、すしを作ることに集中できていいと思うからです。

　私は回転ずしに行ったことがあります。私の行った店は、すし職人は店の奥のほうにいて、お客さんからは見えませんでした。いろいろなすしが流れてきましたが、食べたいものがないときにはタッチパネルで注文して少し待てば流れてきました。すしをコンピュータで決めているかどうかは分かりませんが、注文もできるのなら、流すすしはそんなに正確じゃなくてもいいと思います。だから職人さんが考えるより、コンピュータで決めればいいと思います。

　コンピュータが発達すれば、世の中は便利になります。スマホやパソコンのおかげで、私たちはいろいろなことを調べることができます。便利になると、人はなまけてしまって悪いこともありますが、楽になったぶんだけ勉強や仕事など、ほかのことをすればいいと思います。

（446字）

コメント　コンピュータが発達《はったつ》すれば世《よ》の中《なか》が便利《べんり》になり、しなくていいことが増《ふ》えるのでそのぶんを人間《にんげん》らしい活動《かつどう》にあてることができる。とてもいい意見《いけん》だと思《おも》います。

　文末表現《ぶんまつひょうげん》、第《だい》一段落《だんらく》で「からです」が続《つづ》いているのはよくありません。同《おな》じ文末《ぶんまつ》や同《おな》じ接続詞《せつぞくし》を連続《れんぞく》して使《つか》わないように注意《ちゅうい》しましょう。また、二段落目《だんらくめ》の終《お》わりに「正確じゃなくても」とありますが、ここは「正確ではなくても」にしましょう。

❶身の回りの科学技術の良い面・悪い面

▶109ページ

		良い面（メリット）	悪い面（デメリット）	気をつける点
例	テレビ	楽しい 遠い場所の情報がすぐに分かる	目に悪い 勉強などの時間がなくなる	時間に気をつけて見る 情報をそのまま信じない
❶	自動車	好きな場所にいつでも行ける	環境に悪い 交通渋滞をおこす	なるべく電車やバスを使う 必要なときに乗る
❷	スマートフォン	検索やナビなど、便利な機能 電話があるので安全	ゲームやSNSをやりすぎる 子どもに有害な情報など	時間を決めて使う 子どもは機能を制限するか、使わないようにする
❸	電子辞書	調べるスピードが速い 軽い	紙の辞書にふれる機会がなくなる	子どものうちは、紙の辞書を使うようにする
❹	太陽光発電	環境によい	お金がかかる	地域や町でお金を出し合って買うなど、工夫する
❺	防犯カメラ	犯罪を防止できる 犯人をつかまえられる	いつもかん視されるのできゅうくつになる	設置する場所をよく考える

❷実験ノート

調べたいこと	動物の冬眠について
仮説	地球温暖化で冬が暖かくなれば、冬眠しないカエルやクマが現れる
検証する方法	水そうにカエルを飼い、あたたかい部屋で冬をすごすようにする
こんな結果が出れば仮説は検証される！	冬眠しなければ、あたたかい場所でならカエルは冬眠しないことがわかる

▼110ページ

　六年生の学習発表会の出し物をクラスのみんなで決めることになりました。クラスのほとんどが「青空のとおせんぼ」という劇をするのに賛成でしたが、男子や何人かの女子のグループが別の劇をしたいと言っていました。多数決で「青空のとおせんぼ」をすることになりましたが、ほかの劇がしたいと言っていた人たちは最初のうち、あまり協力してくれませんでした。

　学習発表会が近くなって、「このままでは劇は失敗する」と先生が言いました。クラスのみんなで話し合いをして、協力してくれなかった人も劇に参加するようになりました。それからは準備が進み、銀賞をとることができました。

　筆者は植物は同じ時期に花を咲かせることでたくさんの種を作れるので、仲間と力を合わせることが大切だと言っています。みんなの気持ちがひとつになることは難しいこともありますが、学習発表会の劇のように、中学に入ってからもクラスや学校の仲間と力を合わせていきたいと思います。

（432字）

コメント　体験《たいけん》から書《か》き始《はじ》め、問題文《もんだいぶん》で述《の》べられた筆者《ひっしゃ》の意見《いけん》、自分《じぶん》の意見《いけん》の順《じゅん》でまとめられています。「あなたの考《かんが》え」も、上手《じょうず》に自分《じぶん》にひきつけて書《か》かれています。体験《たいけん》したことをうまく表現《ひょうげん》できているのがこの作文《さくぶん》の成功《せいこう》したポイントです。

思い出一覧表

▶117ページ

		いつごろ?	できごと	学んだこと
❶	疑問に思ったことと、調べて分かったこと	幼稚園 年長	テレビの中に人がいると思っていたが、となりの部屋のテレビにも同時に同じ人が映っているのを見て、「これは映像なんだ」ということが理解できた。	目の前を見ているだけではわからないことも、広い場所を行ったりきたりすることで理解できることがある。
❷	勉強が実際の生活に役立ったこと	6年生 春	京都から鳥取県まで家族で旅行したときに、どれくらい時間がかかるかを速さの公式をつかって計算した。	計算や文章問題の考え方が、実際の生活に役立つことがある。
❸	努力の大切さが分かったこと	4年生	とび箱の5段がとべなかったが、家で椅子を使って練習し、とべるようになった。	母や父の応援があって、やりとげることができた。努力を応援してくれる人がいることはしあわせなことだ。
❹	自分が成長したと感じたこと	5年生	たて割り学級のときに、2年生の男の子どうしがつまらない理由でけんかをはじめたので止めにはいった。自分が低学年のころ、同じようにけんかしていたのを上級生に止められたことがあった。	人にやさしくしたり、つまらないことで怒らないようにすることは大切だ。
❺	本を読むことが大切だと感じたこと	5年生	友達とけんかして仲直りできずに悩んでいたときに、同じような悩みをかかえた女の子が主人公の物語を読んで、自分から謝る決心がついた。	自分だけで考えてはわからないことを、本が教えてくれることがある。
❻	家族の大切さを感じたこと	3年生	ピアノの発表会で演奏を失敗してしまい、落ち込んでいたが、家族がみんなではげましてくれて立ち直ることができた。	家族がおたがいの気持ちを思いやることはとてもたいせつだ。
❼	友達の大切さを感じたこと	4年生	盲腸で入院したとき、クラスの友だちが毎週土曜日に病院に来て学校のようすや宿題を教えてくれた。	病気やけがなど、困ったときに友達のありがたみがわかる。
❽	クラスや学校単位で取り組んで、なしとげたこと	6年生	学習発表会の演劇で、まとまらないときもあったが最後はみんなで協力して銀賞をとった。	みんながひとつにまとまるのは難しいが、それができれば大きな力になる。
❾	科学と自分の生活が結びついていると感じたこと	5年生	休み時間にすりむいた傷を放っておいたら化膿してしまい、とても痛かったが、病院でもらった薬をぬるとすぐに治った。	昔はかぜや小さな傷がもとで死んでしまうこともあったが、今は病院や薬のおかげで健康にくらすことができる。
❿	旅から学んだこと	6年生 夏	校外キャンプのとき、班ごとに火をおこしたりテントをたてたりした。	ごはんを食べることや、ねる場所を作ることなど、いつもは当たり前にできることを最初からするのは大変だ。
⓫	小学校でがんばったこと	5年生 秋	児童会の副会長をしたとき、運動会の運営で苦労したが、最後までやりとげた。	大きな会を進めるときには、目立たないところで準備する人がたくさんの仕事をしていることがわかった。
⓬	遊びが大切だと思ったこと	5年生 秋	クラスの友達と公園で遊んでいるときに、一人の子が幼稚園児の弟を連れてきた。小さな子でもできる遊びを考えて、みんなで遊んだ。	年長の人やリーダー役の人が、みんなが楽しめるように進んで工夫することが大切だということがわかった。
⓭	何かを初めてチャレンジしてみたときのこと	6年生 春	国語の時間にした小倉百人一首。はじめは興味がなかったが、友だちが習い事で百人一首をしていて、いっしょにするうちに楽しくなってきた。	日本の伝統文化に触れることができた。とっつきにくいことでも、はじめてみると楽しいことがたくさんある。

第12章 例題解答例

▼118ページ

1

私の目標は、じゅう医になることです。

四年生のとき、飼っていた犬の元気がなくなり、動物病院に連れていきました。ただのかぜと言われて帰ったのですが、いつまでたっても元気になりませんでした。母が「これはきっと、ただのかぜじゃない」と直感して、私もそう思いました。今度は別の病院に行きました。すると胃の病気だと言われて、薬をもらいました。薬を飲ませると、犬（リコという名前です）はすぐに元気になりました。

今年の春、犬はじゅ命で死んでしまいました。じゅ命で死んでしまうのはしかたのないことですが、そのとき、私は「じゅう医になって、病気の動物を助けてあげたい」と直感しました。

リコが病気になったときも、じゅう医になりたいと思ったときも、リコを助けてあげたいという気持があるから、直感があったのだと思います。まるで、リコが私の人生の目標をくれたようです。わたしはそのために、理科の勉強に力を入れています。リコが死んだばかりなので今家に動物はいませんが、私が中学に入ったら新しい犬を飼うことになっています。犬の世話をしながら、動物のことをもっとよく知り、目標に近づきたいです。


（497字）

コメント

条件《じょうけん》③について、この答案《とうあん》は「飼《か》っていた犬《いぬ》を救《すく》ってあげたい気持《きも》ちが、目標《もくひょう》を直感《ちょっかん》させ、努力《どりょく》に向《む》かわせている」という形《かたち》でつなげています。論理的《ろんりてき》には少《すこ》し弱《よわ》いのですが、得点《とくてん》にはなるでしょう。

獣医《じゅうい》になりたいという目標《もくひょう》を持《も》つようになったいきさつがしっかりと書《か》かれています。

2

五年生のはじめにクラス替えがありました。仲の良かった友達と別のクラスになってしまったので不安だったのですが、四年まではとなりのクラスだった人と席が近くなり、「仲良くなれそうだな」と直観しました。その直観は的中して、と中でけんかもしましたが今では一番の親友です。

ぼくの目標は自動車のデザインをすることです。

そのためにいろいろな車を見ながら、デザインを研究しています。大学でデザインを学べるように、数学や理科の勉強をして中学の受験もすることにしました。

この勉強がほんとうにぼくの目標のために役に立つのかどうかは分かりません。両親や先生に聞いたことと、直観でいいと思ったことをしているだけです。しかし、仲良しの親友をはじめは直観で選んだのと同じように、目標のために必要だと思うことも、直観で決めないといけないこともあるのではないかと思いました。中学と高校でいろいろな経験をして、直感する力をみがきながら、これからも努力していきたいです。

（443字）

コメント　表現《ひょうげん》に子《こ》どもっぽいところもありますが、内《ない》容《よう》はすばらしいです。条件《じょうけん》①の「直観《ちょっかん》を使《つか》った経験《けいけん》」と自《じ》分《ぶん》の目標《もくひょう》とのあいだにほとんどつながりはありませんが、「努力《どりょく》する内容《ないよう》は今《いま》のところ直観《ちょっかん》で決《き》めるしかない」というつなげ方《かた》で条件《じょうけん》③を満《み》たしています。本番《ほんばん》でここまで書《か》ければたいしたものです。

トレーニング ❶未来履歴書〈過去－現在－未来〉

▶128ページ

過去	**きっかけの出来事** 夢（目標）をもつことになったきっかけ	①	小学2年のとき、飼っているインコが死んだこと
		②	買ってもらった動物DVDを何度も見たこと
		③	5年のとき、県大会に出場した
	小学校までの思い出 夢や目標にかかわるできごとなど	①	飼い犬が病気のとき、動物病院に連れて行った
		②	5年生の夏休みの自由研究（犬とネコのちがいについて）
		③	
現在	**努力していること** 夢・目標のためにしていること	①	理科の勉強（獣医になる大学に入るため）
		②	飼い犬の世話
		③	動物についての本を読む
	必要だと思うこと 近い未来（中学・高校）にしようと思っていること	①	大学に入るための勉強
		②	動物についてもっといろいろ知ること
		③	バスケ部に入る
	人間関係 いっしょにがんばっている仲間 応援してくれる人など	①	両親・祖父母
		②	クラブチームの友達
		③	
未来	**職業** 将来ついてみたい職業 興味のある仕事など （できるだけたくさん）	①	獣医
		②	ペットショップを開く
		③	バスケットボールに関係する仕事（コーチ、スポーツ店など）
	やりたいこと 仕事以外の分野で （ボランティア、旅行、スポーツなど）	①	犬を10ぴき飼う
		②	ガラパゴス諸島に行く
		③	バスケで大きな大会に出る

おわりに

公立中高一貫校《こうりつちゅうこういっかんこう》には、倍率《ばいりつ》の高《たか》い「せまき門《もん》」がめずらしくありません。

出願倍率《しゅつがんばいりつ》が三倍《ばい》であれば、受検者《じゅけんしゃ》の三人《にん》のうち二人《ふたり》は不合格《ふごうかく》ということになります。都市部《としぶ》の人気校《にんきこう》には倍率《ばいりつ》が十倍《ばい》をこえる学校《がっこう》もあります。「合格《ごうかく》は宝《たから》くじのようなもの」なんてことを言《い》う人《ひと》もいますが、それも無理《むり》からぬ話《はなし》です。

「がんばっても合格《ごうかく》できるかどうか分《わ》からないなら、がんばらなくてもいいや」

こう思《おも》ってしまう人《ひと》がいるのも、ある意味自然《いみしぜん》なことかもしれません。

しかしあえて言《い》いましょう。**その考《かんが》えは間違《まちが》っています。**

「がんばったけれど合格《ごうかく》できなかった人《ひと》」がいるのは、難関校《なんかんこう》であればしかたのないことです。しかしその一方《いっぽう》で、「**合格《ごうかく》した人《ひと》はがんばった人《ひと》である**」というのも事実《じじつ》です。つまり努力《どりょく》は合格《ごうかく》するための「充分条件《じゅうぶんじょうけん》（がんばれば必《かなら》ず合格《ごうかく》できる）」ではありませんが、「必要条件《ひつようじょうけん》（合格《ごうかく》するためには少《すく》なくともがんばらなければいけない）」なのです。

この問題集《もんだいしゅう》は、**みなさんの「努力《どりょく》」の手《て》がかりになることを願《ねが》って書《か》きました。**

すべての例題《れいだい》を解《と》き、解説《かいせつ》を読《よ》み、トレーニングを終《お》えるまで、長《なが》い時間《じかん》がかかったと思《おも》います。大変《たいへん》だったろうと思《おも》います。まずは、おつかれさま。あなたがこれからも努力《どりょく》を重《かさ》ねて、合格《ごうかく》を勝《か》ち取《と》ることを祈《いの》っています。

そして最後《さいご》に。この問題集《もんだいしゅう》を最後《さいご》までやり終《お》えたあなたに、使《つか》い古《ふる》された一つの言葉《ことば》を贈《おく》ります。

「努力《どりょく》は人《ひと》を裏切《うらぎ》らない。」

保護者の皆様へ

勉強のやり方が分からない

「子供はとりあえず机に向かうのだけど、ただぼんやりテキストを見ているだけ。実力がついているように見えない」

このような保護者の悩みを近年よく耳にします。

「努力する意思は本人にもあるのだけれど、そもそも勉強のやり方が分かっていないようだ」

がんばりたくても、その方法が分からない。これは苦しい状況です。

ひと昔前まで勉強といえば「丸暗記」でした。かけ算九九、漢字、ことわざ、歴史の年号、算数の公式など、家でやることはひたすら暗記か計算の練習という認識が揺るぎなかった時代には、「勉強のやり方」が問題になることはありませんでした。

今日では教科内容の理解を伴わない「知識の詰め込み」は問題視されることが多くなりました。またＯＥＣＤ（経済協力開発機構）が実施する学習到達度調査（ＰＩＳＡ）で先進諸国のなかでの日本の生徒の学力順位が急落したこと（二〇〇三）は、それまでもさまざまなところで言われてきた日本の「学力低下」を数値的に裏付けることになりました。こうした背景から、「考える力」をはぐくむ学習や「問題を見つける」学習の必要が、声高に訴えられるようになったのです。

思考過程を重視する学習が大切であることは私も疑いません。しかしこうした学習は単純な「暗記」に比べ、具体的な学習法が提示されにくいという側面があります。

公立中高一貫校の適性検査問題は、こうしたＰＩＳＡ型の「思考力」を試す問題が中心です。そのため初めて過去問題を目にすると「こんな問題、見たことがない。どう考えればいいのか分からない」ということになるのです。

この本では、公立中高一貫校の国語の作文対策学習に的を絞り、可能な限り具体的に「このような勉強をすれば合格するための実力がつく」ということを示しました。

一見しただけではわかりにくいのですが、公立中高一貫校の国語（とりわけ作文）の問題にははっきりとした傾向があります。学習指導要領に記載されている小学校高学年までの国語の学習目標を達成し、受検する学校の校風や教育方針などを理解できているかどうか。そこが出題の狙いです。問題作成者も、突拍子のない問題で受検生をケムにまこうと考えているわけではありません。

過去問を見てもそうした出題の意図が分からないようであれば、専門家（地元の塾や予備校）に相談するのも一つの手段だと思います。

「思考」の種をまく

作文を短い時間で書き上げるためには、ふだんから読書をし、新聞などから社会のさまざまな話題に触れ、それについて「考える」

ことが必要です。

とはいえ小学生のお子さんに、「本を読みなさい。ニュースを見なさい。そして考えなさい」と一方的に命令しても、期待通りに動いてくれることはまずありません。本書の第4章以降の「トレーニング」は、社会問題や人間関係など、適性検査に頻出のトピックについて、現在の自分の考えをまとめ、深めていくことを主な目的としています。

お子さん一人で考えるのは難しいトレーニングもあるかもしれません。書き込む内容に困っておられるようでしたら、どうか相談に乗ってあげてください。

「トレーニング」にはこれという正解がないもの、お子さんご自身の生活の見直しを含むものが多くあります。保護者の方の助言はとても役に立つはずですし、親子間の有意義な会話はお子さんの「思考の種」になります。種はやがて芽を出し、大きく育って、やがて自分自身の思考として花開き、結実するのです。

この本を使った学習をきっかけにして、より広く、より深い「考える力」を養っていただければ、この上ない幸いです。

書くことを習慣にする

「勉強のやり方がわからない」お子さんが増えたもう一つの要因として、今日の子供たち、というより大人をふくめた社会全体が、「書く」という行為から離れてしまっていることが挙げられます。

パソコンやスマートフォンの普及により、私たちが文字を表記する手段は「手書き」から「タイプ」へと移り変わりました。学校教育の現場にも電子黒板やタブレットが導入されています。いわゆるICT(インフォメーション・アンド・コミュニケーション・テクノロジー)教育の進展です。しかし、科学技術の発展により教育のツールがどれほど変化しても、子どもたちの学習が「読む」と「書く」、つまり文字に親しむことを通じて達成される点に変わりはありません。

手書き感覚で文字を入力できる端末も開発されているようですが、これとてデジタルデバイスが手書きを駆逐するというよりは、手書きの重要性がいつの時代も変わらないことを裏書きしています。学習は紙に文字を書くことを通して行われる行為です。公立中高一貫校の適性検査を含め、中・高・大の入学試験はこれからもしばらくは紙に字を書く「筆記試験」が中心でありつづけるはずです。

コンピュータの画面にタイプするのは刺激的で楽しく、何より便利ですが、紙という物質にインクや黒鉛で文字を刻みつけるという物理的な行為、文字の一画一画を意識し、指先を動かし、それを目で確認して黙読する行為は、学習の理解を深め記憶を定着させるために大きな効果があります。

適性検査の作文問題は、書くことから離れがちな最近のお子さんにとって、書くことの楽しさや意味深さを意識させる契機になります。

まずは手を動かすこと。文章を書くことを面倒に思わず、習慣にすること。「手書き離れ」からの脱却で、お子さんの思考力は飛躍し、「勉強のやり方」に迷うこともなくなります。

作文指導は「三歳児に野球を教える」気持ちで

学習のなかでは、保護者がお子さんの作文を読む機会があるでしょう。そんなときに陥りがちなのが、

「うちの子の作文は幼すぎる」

と、わが子の作文の「拙さ」に閉口し、あまつさえその失望を直接お子さんにぶつけてしまう、というパターンです。

「こんなこともまともに書けないの」

「日本語になってない」

「そもそも汚すぎて字が読めない」

言葉にはしなかったとしても、苛立ちや落胆が顔に出てしまう。お子さんはそうした保護者の反応や評価を敏感に察知します。

大人から見ていかに拙い作文であっても、文章を書くためには頭脳をフル回転させなければいけません。いっしょうけんめい書き上げたものに対する反応が落胆や叱責だとしたら……だれでも作文を書くのが嫌になってしまいます。作文への厳しいコメントは「百害あって一利なし」です。

同じ言葉を使う行為でも、「文章を書く」ことは「話す」こととは全く違います。だれにでもできそうに思えますが、楽器の演奏やダンス、あるいはスポーツと同じで、練習により技量を高める必要がある表現行為です。小学校高学年であっても、作文に関してほとんどのお子さんは「初心者」です。その作文に「ダメ出し」をすることは、野球に興味を持ち始めた三歳の男の子がバットを振り回すのを見て「フォームがなってない」「下半身の体重移動ができていない」「ボールを見ていない」などと細かくケチをつけていくようなものです。

まずは思いきり、バットを振らせてあげてください。表現者にとって萎縮は最大の敵です。

むやみに褒めちぎる必要はありませんが、荒唐無稽に思える作文であっても、まずはその主張を受け止めてあげましょう。文章を書くという高度に知的な作業をひとつやり終えたことに対するねぎらいの気持ちで接することが大切です。

「こうすればもっと良くなるよ」というアドバイスも、一本の作文につき一言、二言あれば十分です。親子間であれば、「上から目線」の指導よりも、「お母さんならこういう意見で書くかな」とか「お父さんはこんな経験をしたことがあるから、これを作文に書き込む」といった、お子さんの今後の参考になるような、建設的な提言を行うのが効果的です。

最低限チェックすべき部分は、巻頭の「作文の基礎知識」でも挙げた三点です。①文体（常体・敬体）の統一、②適切な段落分け、③原稿用紙の決まりに従って書いてあるか。あとは主語・述語のずれや誤字脱字など、そのつど指摘すべき基礎技術的な問題です。字が雑、汚いというのも、特に男の子ならよくあることです。時間をかけて直していくようにしましょう。

一本の作文でこうした基礎的な作文技術のすべてを矯正することはできません。文体の統一のような基礎的な事項でも、お子さんによっては同じミスを繰り返すことも珍しくありません。細かいこと

は気にせずに、お子さんの書く気持ちを盛り上げて、もっとたくさん書きたいと思うようにしむけるのが上達の近道です。

すてきな「受検ライフ」を！

中学受験は「親が九割」と言われます。知識偏重の私立中学、特に難関校への受験ともなれば塾への送り迎えやお弁当の準備、日々の家庭学習の付き添いなど、まさに母子のタッグ戦の様相を呈します。

一方、公立中高一貫校の場合、親の占める比重は「五割」程度なのではないかと思います。公立は一般に受検準備にかかる時間が私学ほどではなく、また私学と比べ、公立中高一貫校に入学する生徒には自立した学習態度が求められます。また保護者の共働き率が高く、保護者がお子さんの受検のためにそれほど時間を割けない現実もあるようです。

中学は義務教育ですから、不合格になったとしても浪人するわけではありません。公立中高一貫校の受検はあくまでチャレンジと考え、不合格なら地元の公立中学に、と考える方もたくさんいらっしゃいます。

とはいえ、受検はお子さんにとって大きな関門、人生の一大イベントです。「合格点を取るために勉強する」というとそれだけで良くない印象を持つ人もいますが、お子さんが目標に向かって勉強するなかで努力の大切さを学び、周囲がそれを支えることを通じて家族の絆を深める機会は、長い人生のなかにそれほど多くはありません。

ストレスの多い局面が増えるかもしれませんが、それでも、後でふり返ればかならず家族の良い思い出になるはずです。

良き「受検ライフ」を。これが私の願いです。

	2014		2013	
設問	テーマ	設問	テーマ	設問
お父さんのアドバイスを生かし、新しい公園のルールを提案				
食堂でのマナーに関する張り紙の内容について考える	社会	円安ドル高についての新聞記事	公共	目の不自由な人に道順を教える方法について
家庭学習をよりよいものにするためにはどうすればよいか、具体的な取り組み	人間	友達関係について考えること	人間	中学校でどんなことを大切にして仲間と関わっていきたいか
「たくさんの人と協力して一つのことをする」ときに心がけたいと思うこと	公共	「人の役に立つ」とはどういうことか、考えを書く	成長	これまでの生活でどのような発見をし、それによりどんな行動をするようになったか
これまでの生活で印象に残っている体験と学び、その後の生活にどう生かしているか	学習	あなたが身につけた「よい習慣」について	学習	「これからのために読んでおかなければならない本」とはなにか、読書についての考え
「科学の花を咲かせること」についてどのように考えるか	成長	「いちばん大切なものは、目に見えないのだ」という言葉について	社会	世帯数が増加しているのに人口が減少している理由
「だれかと一緒に食べた思い出」について	文化	葛飾北斎「赤富士」を見て思ったこと	社会	情報の受け手としてどのようなことに気をつけたらよいか
「わたしの住むまちじまん」というテーマで作文。じまんは2つまで	言葉	「大切にしたい言葉」について卒業文集の作文を書く	社会	紹介したいニュースとその理由
「友情は成長の遅い植物である」という言葉をふまえ、友情について書く	社会	日本の総人口の年齢比を見て気づいたことと考えること	言葉	漢字を絵のように表現したものについてどう思うか
かぜの予防に関して、最適な資料を選びその理由を書く	社会	茨城県の農業について資料から読み取れること、それについて考えること	人間	学校内祭りの道案内
充実した毎日を送るための家庭での時間の使い方の工夫	人間	感謝の気持ちを伝える方法とその理由	人間	全校レクリエーションの企画を考える
清掃活動の振り返り・放送番組の原稿	文化 人間	海外留学体験にもとづく文章を読んで、伝えることに関する作文	学習	2つの目をもっていることで立体的にものが見えることについて
			公共	早く学校に行かなければならないのにおばあさんに道を聞かれたときの対応を考える
「失敗から学んだこと」	社会	あなたは環境をまもるためにどのようなことをしていますか	学習	あなたが勉強する目的はなにか
「学習との関連で望ましい生活習慣」について提案	学習	アンケート結果や資料を見て「もっと読書をしよう」という提案		作文問題なし
放送された文章について筆者の考えを読み取り、自分の体験や考えを書く作文（二次試験）				

〈巻末付録❶〉 全国公立中高一貫校作文問題リスト

所在		校名					2015								
都道府県	市町村区	運営		設立年	認定	選抜方法	文字・行	問題文	資料	体験	目標	提言記事	段落指定	テーマ	読み比べ
北海道	登別市	道立	北海道登別明日中等教育学校	2007	SGH	作文・面接・実技									
北海道	札幌市	市立	札幌開成中等教育学校	2015	SGH SSH	適性・面接・抽選	×	○	○	×	×	○	×	公共	×
青森県	十和田市	県立	三本木高等学校・附属中学校	2007	SSH	適性・面接	×	○	×	×	×	×	2	公共	×
岩手県	一関市	県立	一関第一高等学校・附属中学校	2009		適性・作文・面接	15～20行	○	×	×	○	○	3	学習	×
宮城県	大崎市	県立	宮城県古川黎明中学校・高等学校	2005	SSH	総合・作文・面接	400～500	×	×	○	○	×	×	人間	×
宮城県	仙台市	県立	宮城県仙台二華中学校・高等学校	2010	SGH	適性・作文・面接	400～500	×	×	○	○	×	3	公共	×
宮城県	仙台市	市立	仙台青陵中等教育学校	2009		適性・作文・面接	400～500	○	×	○	×	×	×	科学	×
秋田県	秋田市	市立	御所野学院中学校・高等学校	2000		適性・面接	201～250	○	○	○	×	×	×	社会	×
秋田県	横手市	県立	横手青陵学院中学校・高等学校	2004	SSH	適性・作文・面接	20～25行	×	×	○	×	×	×	社会	×
秋田県	大館市	県立	大館国際情報学院中学校・高等学校	2005											
秋田県	秋田市	県立	秋田南高等学校中等部	2016	SGH	適性・作文・面接									
山形県	東根市	県立	東桜学館中学校・高等学校	2016		適性・作文・面接									
福島県	会津若松市	県立	会津学鳳中学校・高等学校	2007	SSH	適性・作文・面接	200～240	○	×	×	×	×	2	人間	×
茨城県	日立市	県立	日立第一高等学校・附属中学校	2012	SSH	適性・面接	110～120	○	○	×	×	×	×	公共	×
茨城県	つくば市	県立	並木中等教育学校	2008	SSH										
茨城県	古河市	県立	古河中等教育学校	2013											
栃木県	佐野市	県立	佐野高等学校・附属中学校	2008	SGH	適性・作文・面接	600程度	○	○	×	×	○	×	学習	×
栃木県	宇都宮市	県立	宇都宮東高等学校・附属中学校	2007											
栃木県	矢板市	県立	矢板東高等学校・附属中学校	2012											
群馬県	高崎市	県立	中央中等教育学校	2004	SGH	適性・面接	180～200	○	○	×	×	○	×	公共	×
群馬県	伊勢崎市	市立	四ツ葉学園中等教育学校	2009		適性（プレゼンテーション含む）									
群馬県	太田市	市立	太田中学校・高等学校	2012		適性・作文・面接									
埼玉県	伊奈町	県立	伊奈学園中学校・伊奈学園総合高等学校	2003		作文・面接	8～10行	○	×	×	×	×	2	成長	×
埼玉県	さいたま市	市立	浦和中学校・高等学校	2007	SGH	適性・面接	～300	○	○	×	×	○	×	学習	×
埼玉県	さいたま市	市立	大宮西高等学校	2019											
千葉県	千葉市	県立	千葉中学校・高等学校	2008	SSH	適性（1次・2次）・面接	300程度								

	2014		2013	
設問	テーマ	設問	テーマ	設問
日本の文化について、大切にしたい文化を書く	社会 科学	生物多様性について	文化	日本の食文化について
問題文に書かれた「科学的直観」をふまえ、将来の目標について書く	文化	現代の私たちは桜とどのように親しんでいると考えるか	文化	ギリシアの「セミとアリ」が日本で「アリとキリギリス」になった理由・生き物の登場する話について
詩を読んで考えたことを書く	社会 科学	木材の写真を見て考えたことを書く	文化	海外で使われている世界地図を見て感じたことを分かりやすく書く
あなたの人生を幸福にするためにはどのようなことをしていきたいと考えるか	人間	周りの人とよりよい関係を築いていくことについてどう考えるか	人間	「リーダーのあるべき姿」についてどのように考えたか
読書のたのしみとはどのようなものか、体験をふまえて考えを書く	言葉	理想的な言語生活を送るにはどうしたらいいか	公共	「よりよい町づくり」のテーマでクラス発表する際の原稿を書く
人が何かを伝え合うときにはどのようなことが重要だと思うか	言葉	「言葉の意味の変化」についてどう思うか	目標	将来の目標を達成するためにどのようなことを大切にしたいか
	科学	世の中の進歩に必要なこと	人間	他者をどのような存在と考えるか、意見のちがう他者とどのように関わっていきたいか
	学習	角度や物差しによってちがって見えるものについて、どのように心がけるか	学習 目標	未来を予見することについて書かれた文章をふまえ、これからどのような生活を送りたいと考えるか
	目標	筆者の意見をまとめる・仕事に希望をもてない人への助言・職業や進路を決めるときに重要なこと	科学	本文の筆者の考えのうち自分の考えに近いものをまとめる・無意識のはたらきについて考える
「優しい厳しさ」と「厳しい優しさ」について	科学	今関心を持っているがまだ調べていないことをどのような手順で明らかにしていくか	科学	「冬から春へ」という題で、身近な自然に「目をこらし」て発見したことを書く
学校で学んだ環境問題を挙げ、学校生活の中での体験を交えて考えを書く	成長	どのような場面や過程で自分自身が成長したと感じるか	人間 社会	人との関わりの中でどのようなことが大切と考えるか・「モッタイナイ」という言葉から考えること
「わかる」ということに関するあなたの体験について	科学	日常の生活の中で「多様である」と感じていることについて	人間 公共	「時間と信頼」について意見と考えを書く
「心の筋力」とは何か、心の筋力をつけるために今後どのように読書に取り組むか	社会	道路の整備は具体的にどのように進めていくべきか	社会	消費者の一人として食料の消費について具体的にどのように行動していこうと思うか
新幹線についての新聞記事とコラム	学習	現代の小中学生の読書の特徴と読書の大切さ	人間・ 言葉	「身の回りの言葉づかい」というテーマで意見文を書く
相手に自分の気持を伝えるためにはどのような工夫をするか	人間	「間違ったことを言うのを恐れ、恥ずかしがる気持がとても強い」について考えること		
資料を参考に、あなたが住んでいる地域をより住みやすくするには、どのようなことをしたらいいと思うか	文化	将来、外国の学校で勉強することになったとき、そこで身につけたいこと、交流を通して学びたいこと	学習	読書量を増やすための提案
「世界子ども会議」に日本代表として参加することになった。外国の代表とどのように仲良くなるか。	人間	学校生活のグループ活動で意見がまとまらないとき、リーダーとしてどうするか	目標	これからの6年間で人とのかかわりを通して自分のどんな点を伸ばしていきたいか
話し合いで大切なことをまとめる	目標	「自分らしい仕事」という題で文章の内容をまとめる	人間	クラスで「8の字とび」に取り組む理由を考える

所在		校名					2015								
都道府県	市町村区	運営		設立年	認定	選抜方法	文字・行	問題文	資料	体験	目標	提言記事	段落指定	テーマ	読み比べ
千葉県	千葉市	市立	稲毛高等学校・附属中学校	2007		適性・面接	18〜20行	○	○	×	×	○	3	文化	○
千葉県	柏市	県立	東葛飾中学校・高等学校	2016		適性・面接									
東京都	台東区	都立	白鷗高等学校・附属中学校	2005		適性	400〜500	○	×	○	○	×	×	科学目標	○
東京都	目黒区	都立	桜修館中等教育学校	2005		適性	500〜600	○	×	×	×	×	×	言葉	×
東京都	墨田区	都立	両国高等学校・附属中学校	2006		適性	350〜400	○	×	○	○	×	×	目標	○
東京都	立川市	都立	立川国際中等教育学校	2008		適性	360〜400	○	×	○	×	×	×	学習	×
東京都	文京区	都立	小石川中等教育学校	2006	SSH	適性	400〜440	○	×	×	×	×	3	人間	○
東京都	武蔵野市	都立	武蔵高等学校・附属中学校	2008											
東京都	中野区	都立	富士高等学校・附属中学校	2010											
東京都	練馬区	都立	大泉高等学校・附属中学校	2010											
東京都	八王子市	都立	南多摩中等教育学校	2010		適性	400〜500	○	×	○	×	×	×	人間公共	○
東京都	三鷹市	都立	三鷹中等教育学校	2010		適性	180〜200	○	×	○	×	×	×	人間社会	○
東京都	千代田区	区立	九段中等教育学校	2006		適性	160〜200	○	×	○	×	×	2	学習成長	○
神奈川県	相模原市	県立	相模原中等教育学校	2009		適性・グループ活動	120〜150	○	○	×	○	×	×	学習	×
神奈川県	平塚市	県立	平塚中等教育学校	2009											
神奈川県	横浜市	市立	南高等学校・附属中学校	2012	SGH	適性	300〜350	○	○	○	×	○	×	社会	○
神奈川県	川崎市	市立	川崎高等学校・附属中学校	2014		適性・面接	360〜400	○	×	○	×	×	3〜	人間	○
神奈川県	横浜市	市立	横浜サイエンスフロンティア高等学校	2017	SGH SSH										
新潟県	阿賀町	県立	阿賀黎明中学校・高等学校	2002		作文・面接・グループ活動	〜400	×	○	×	×	○	×	社会	×
新潟県	燕市	県立	燕中等教育学校	2005											
新潟県	村上市	県立	村上中等教育学校	2002											
新潟県	柏崎市	県立	柏崎翔洋中等教育学校	2003											
新潟県	上越市	県立	直江津中等教育学校	2007											
新潟県	佐渡市	県立	佐渡中等教育学校	2008											
新潟県	津南町	県立	津南中等教育学校	2006											
新潟県	新潟市	市立	高志中等教育学校	2009		適性・作文・面接	800程度	×	×	×	×	×	×	人間文化	×
石川県	金沢市	県立	金沢錦丘中学校・高等学校	2004		適性・作文・面接	100〜120	○	×	×	×	×	×	人間	×

	2014		2013	
設問	テーマ	設問	テーマ	設問
和歌の音読の工夫・友達の考えた新漢字について友達が漢字に込めた思いを考える				
千利休の「利休七則」とインタビューについての文章を読み、もてなしの心についての考えを書く	目標	本文中「高い塔を建てる」に関わらせて、どのように中学生活を送りたいか	目標	筆者はどんなことを「信じてください」と言っているのか
コンピュータが発達することに関するあなたの意見	社会	情報化によって地球上の人たちがみんな同じようになることについて考えを書く	社会	食糧輸入先の労働の実態についての２つの文章を読み、どちらかの立場に立ってその理由を書く
文章で述べられている「勇気」とは、それについての考えを述べる	目標	何を「うらやましい」と感じているか、どのような生活を送っていきたいか	学習	「『わからない』は思索のスタート地点である」という意見について考えを書く
・「植物の生き方」について感じたこと ・日本の伝統、文化を紹介する文章	学習	文章を読んで、創造力を豊かにするために何をしていこうと思うか	目標・文化	・中学生活をどのように送りたいか ・松尾芭蕉の句を読み、月の表面をどのようにとらえたか
植物についての文章を読んで、人間の仲間とのつながりについて思ったこと、考えたことを体験をまじえて書く	学習	文章を読み「学ぶということ」という題で書く	科学	文章を読んで「常識」という題名で思ったこと・考えたことを書く
	学習	「客観的に考えること・抽象的に考えることの大切さ」について	学習	２つの文章の相違点・共通点を挙げ、自分の「ものの見方・考え方」についての考えを書く
地震についての２つの文章に共通しているメッセージと、それについて考えること	学習	「教育」という言葉を必ず使い、「報酬」についてどう思うか書く	社会	21 世紀の世界的な問題にどのように対処していくのがいいか
自分たちにできる「学校生活を豊かにする活動」を考える	文化	日本の四季のうち好きな季節をあげて外国人の先生に紹介する	成長・言葉	小学校生活の活動で心に残ったものを選んで書く（理工・スポーツ）・ことばのおもしろさについて（言語・芸術）
入学後、クラスのみんなが仲良くなるための活動を提案、その理由など	人間	仲間との友情、クラスの団結を強くするための旗を作るときに気をつけること	人間	避難所でペットを飼うことに対する賛否を述べ、意見が異なる人たちと一緒に学校生活を送ることについての考えを書く。
筆者が伝えたいことと、それについてあなたが考えたこと、思ったこと				
「ヤモリの不思議」というタイトルでスピーチ原稿を書く				
詩を読んで、どのような「技術の習得」が大切かを考える	学習	読書に対する考えを体験をまじえて書く	人間	詩を読み、「人が人として生きること」とはどういうことか・林業がさかんになっているという意見に反論
				詩を読み、「人が人として生きること」とはどういうことか

所在		校名					2015								
都道府県	市町村区	運営		設立年	認定	選抜方法	文字・行	問題文	資料	体験	目標	提言記事	段落指定	テーマ	読み比べ
福井県	福井市	県立	高志中学校・高等学校	2015	SGH SSH	適性・作文	×	○	×	×	×	×	×	言葉	×
山梨県	北杜市	市立	甲陵中学校・高等学校	2004	SSH	適性・作文・面接									
長野県	千曲市	県立	長野県屋代高等学校・附属中学校	2012	SSH	適性・面接	160～200	○	×	×	×	×	2	人間	×
長野県	諏訪市	県立	諏訪清陵高等学校・附属中学校	2014	SSH										
長野県	長野市	市立	長野高等学校	2017	SGH										
静岡県	静岡市	県立	清水南高等学校・中等部	2003		適性・作文・面接	400～500	○	×	×	×	×	×	科学	○
静岡県	浜松市	県立	浜松西高等学校・中等部	2002		適性・作文・面接	400～600	○	×	×	×	×	×	人間	×
静岡県	沼津市	市立	沼津高等学校・中等部	2002		適性・作文・面接									
滋賀県	彦根市	県立	河瀬中学校・高等学校	2003		適性・作文・面接・抽選	100～120×2	○	×	×	×	×	×	科学文化	×
滋賀県	守山市	県立	守山中学校・高等学校	2003	SGH										
滋賀県	甲賀市	県立	水口東中学校・高等学校	2003											
滋賀県	長浜市	県立	虎姫高等学校	2007～2009年、中高一貫教育研究指定校。現在は未定											
滋賀県	高島市	県立	安曇川高等学校												
京都府	京都市	府立	洛北高等学校・附属中学校	2004	SSH	適性・面接	361～450	○	×	○	×	×	×	科学人間	×
京都府	南丹市	府立	園部高等学校・附属中学校	2006											
京都府	福知山市	府立	福知山高等学校・附属中学校	2015											
京都府	京都市	市立	西京高等学校・附属中学校	2004	SGH	適性・面接	150～200	○	×	×	×	×	2	社会目標	○
大阪府	大阪市	市立	咲くやこの花中学校・高等学校	2008		適性・面接	280～320	×	×	×	×	○	×	人間	×
兵庫県	芦屋市	県立	芦屋国際中等教育学校	2003		作文・面接・抽選	B4用紙1枚	×	×	×	×	×	×	人間	×
兵庫県	上郡町	県立	兵庫県立大学附属中学校・高等学校	2007		適性・作文・面接	360～500	○	×	○	×	×	×	目標	×
奈良県	御所市	県立	青翔中学校・高等学校	2014	SSH	適性・面接	160～240	○	×	×	×	○	×	科学	×
和歌山県	和歌山市	県立	向陽中学校・高等学校	2004	SSH	適性・作文・面接	600程度	○	×	○	×	×	×	学習	×
和歌山県	橋本市	県立	古佐田丘中学校・橋本高等学校	2006											
和歌山県	田辺市	県立	田辺中学校・高等学校	2006											
和歌山県	和歌山市	県立	桐蔭中学校・高等学校	2007											
和歌山県	御坊市	県立	日高高等学校・附属中学校	2008	SSH										

	2014		2013	
設問	テーマ	設問	テーマ	設問
留学生に日本の季節のよさを伝える。	目標	「しっかりした人間」になるためにどのような「旅」をしたいと思うか	文化 社会	世界の人々と交流していくときに大切だと思うこと・林業で森林の働きを守るためにはどうしたらよいか
読書を好きな人を増やすにはどうすればよいか			社会	老人が情報ネットワークを利用して解決する例・林業で森林の働きを守るために
日々の生活のなかで家族が支えあっていると実感した出来事を書く	言葉 目標	人との出会いの中で心に残る「ことば」について・他、中学入学後に学校生活でがんばりたいこと	人間 目標	中学校への志望理由を書く・人への接し方で、大切にしていること
円柱の図を見て、いろいろなとらえ方によって物事や人を深く理解できた経験と、そこから考えたこと	目標	「しっかりした人間」になるためにどのような「旅」をしたいと思うか	人間 社会	よりよい学校や社会をつくるため大切な気持やふるまい・林業で森林の働きを守るために
著名人の言葉を読み、「過程」と「結果」についてどのように考えるか。				
「ボクの××はこれや」といえることと、その理由	目標	これからの生活を「幸福な旅人」として過ごすためには何が必要と考えるか	人間	他人に迷惑をかけないようににするにはどうしたらいいか
「わたしたちが取り組む国際交流」についての発表原稿・「ごみ問題」についての新聞記事	社会	学校生活で取り組みたいしぐさ・「このまちのここが好き！」の紹介文	学習	文章の感想文・読書についての発表原稿
食料自給率が低下している理由を、資料と関連づけて説明				
あなたがこれまでに友達と協力して取り組み、成果をあげてきたこと	目標	興味をもっている仕事とその理由、知っていることや考えていること	人間	これまで人に支えられていると感じたことと、その理由
自分のものの見方や考え方が大きく変わった出来事について	言葉	ことわざをひとつ選び、それに結びつく体験と考えたこと	目標	「健康な生活を送るために」という題で心がけたいことを書く
	成長	「わたしはまだ」という詩を読んで感じたことを書く	成長	何かを作った体験のなかで印象に残っている体験を書く
「毎日続けること」についての考えを体験をまじえて書く	成長	「感動」について書かれた文章を読んで感じたり考えたりしたことを書く	社会	ボランティア活動について具体的な体験をまじえながら書く
将来の夢・目標と、中高6年間をどう過ごしたいか	成長	「自分が成長できたと感じたこと」をひとつ書き、そこから何を学び何を感じたかを書く	人間	中学校のクラス目標を何にすればいいと思うか
小学校の外国語活動を生かして、これから世界とつながっていくために挑戦したいこと	人間	「思いやり」についてどう思うか	文化	韓国への修学旅行でどんな日本文化を紹介したいか
これまでに読んで影響を受けたり感動したりした本と、読後の行動や考え方の変化について	人間	小学校の避難訓練で学んだこと、感じたこと	学習	「ちがう次元で考えてみる」ことで解決できそうな問題について
秋祭りのポスターをどのように改善するか	公共	子供の遊具があるとたくさんの市民が公園を利用するようになる理由を説明	人間	学校新聞のふりかえりアンケートを分類し、その理由を書く

所在		校名					2015									
都道府県	市町村区	運営		設立年	認定	選抜方法	文字・行	問題文	資料	体験	目標	提言記事	段落指定	テーマ	読み比べ
岡山県	岡山市	県立	岡山操山中学校・高等学校	2002	SGH	適性・面接	～200	×	×	×	×	○	×	文化	×
岡山県	倉敷市	県立	倉敷天城中学校・高等学校	2007	SSH	適性・面接	～200	×	○	○	×	○	×	学習	×
岡山県	岡山市	市立	岡山後楽館中学校・高等学校	1999		作文・面接・抽選	300～	○	×	○	×	×	×	家庭	×
岡山県	岡山市	県立	岡山大安寺中等教育学校	2009		適性・面接	～200	○	○	○	×	×	×	学習	×
岡山県	津山市	県立	津山中学校・高等学校	2015	SSH	適性・面接	～200	○	×	○	×	×	×	目標	×
広島県	広島市	県立	広島中学校・高等学校	2004	SGH	適性	180～200	○	×	×	×	×	2	成長	×
広島県	福山市	市立	福山中・高等学校	2004		適性	～400・～300	○	○	○	×	○	×	文化 社会	×
広島県	広島市	市立	広島中等教育学校	2014		適性・面接	×	×	○	×	×	×	×	社会	×
山口県	岩国市	県立	高森みどり中学校・高森高等学校	2003		適性・面接	200程度	○	○	○	×	×	×	人間	×
山口県	下関市	県立	下関中等教育学校	2004		適性・面接	200程度	○	○	○	×	×	×	人間	×
徳島県	吉野川市	県立	川島中学校・高等学校	2006		適性・面接	13～15行	×	×	○	×	×	×	成長	×
徳島県	徳島市	県立	城ノ内中学校・高等学校	2004											
徳島県	阿南市	県立	富岡東中学校・高等学校	2010											
香川県	高松市	県立	高松北中学校・高等学校	2001		適性・面接・抽選									
愛媛県	今治市	県立	今治東中等教育学校	2006		適性・作文・面接	600程度	○	×	○	×	×	×	成長	×
愛媛県	宇和島市	県立	宇和島南中等教育学校	2006	SGH										
愛媛県	松山市	県立	松山西中等教育学校	2006											
高知県	安芸市	県立	安芸中学校・高等学校	2002		適性・作文・面接	400程度	×	×	×	○	×	×	目標	×
高知県	四万十市	県立	中村中学校・高等学校	2002		適性・作文・面接	400～500	×	×	○	○	×	×	文化 目標	×
高知県	高知市	県立	高知南中学校・高等学校	2002		適性・作文・面接	400～460	×	×	○	×	×	×	学習	×
福岡県	北九州市	県立	門司学園中学校・高等学校	2004		適性・作文・面接	×	○	○	×	×	○	×	社会	×
福岡県	八女市	県立	輝翔館中等教育学校	2004											
福岡県	みやこ町	県立	育徳館中学校・高等学校	2003											
福岡県	飯塚市	県立	嘉穂高等学校・附属中学校	2015	SSH										
福岡県	宗像市	県立	宗像中学校・高等学校	2015											

	2014		2013	
設問	テーマ	設問	テーマ	設問
6年生とお年寄りの交流会で、どのような活動を考えるか	公共 社会	「佐賀県パーキングパーミット制度」の説明・ボランティアのアイディアを考える問題	文化	「世界の料理祭り」のよさを紹介し、参加を呼びかける原稿を書く
職業を選ぶことについての文章を読んで、考えること	科学	ロケット打ち上げ失敗についての文章を読んで考えたこと、感じたこと	学習	読書について書かれた文章を読んで考えたり感じたりしたことを書く
短歌を読み、日本語の食感表現について考えたことを書く	社会	自然環境保護について考えたことを「鳥たちに国境はない」という言葉を引用して書く	科学	問題文中「自然のほほえみ」についての考えを書く
地域の特性を生かした道の駅の魅力と感想	社会	世界遺産についての資料のまとめを書く	人間 社会	地域に配る校内駅伝大会の告知文についての意見を書く
あなたが自分のなかに持っている辞書で「明日」「なみだ」「不思議」はどのようなものか。一つ選択	言葉	漢字をひとつ選び、それについての考えを体験や理想と結びつけて書く	学習	問題文中「本当の読書」についてどう考えるか
「出る杭を求める時代」に、あなたはどんな「出る杭」になろうと思うか、そのためには何が必要か	目標	将来したいことを書く	人間	自分勝手な行動をとらない強い意志と仲間を思いやる気持ちについての体験と成長について
「本でなければ得られなかったもの」について、問題文を参考に読書体験を交えて書く	目標	現在思い描いている「絵」の内容と完成させるために取り組むこと	科学	これまで「なぜ」と考えたことをどのように解決してきたか
「もやもやした言葉」に対する答えを書く。「何のために勉強するのか」「なんのために働くのか」から選択	言葉	言葉の意味が変化することは「おかしい」か「おかしくない」か、理由をそえて書く	学習 成長	読書・あるいは読書以外で「自分が変わった」「影響を受けた」といえる体験を書く
宇宙から帰ってきた仲間をどのようにして迎えたいか				
友達や先生に対してどのような言葉や態度で接すると互いに気持ちよく過ごせるか	言葉	校歌や学校で習った歌の歌詞から好きな言葉とその理由	人間	中学校で良い学級にするために努力したいことを具体的に書く

- **段落指定**　解答の段落数に指定があるもの。
- **テーマ**　この本の各章の内容に対応した、作文のテーマ。
  - **〔人間〕**人間関係、リーダーシップ、友情など。学校生活に関わる作文も人間関係がテーマとなりやすいためこのテーマに分類。第4章参照。
  - **〔公共〕**公共のマナー、規則、生活全般にかかわること。第5章参照。
  - **〔社会〕**社会問題、地域社会にかかわること。環境問題や情報化社会、高齢化社会など。第6章参照。
  - **〔学習〕**学習、読書、ものの見方や考え方など。第7章参照。
  - **〔言葉〕**言葉づかいや言葉の意味、漢字などにかかわるもの。第8章参照。
  - **〔文化〕**日本文化、外国との文化のちがいなど。第9章参照。
  - **〔科学〕**科学、科学技術、文明、科学的なものの見方に関係するもの。第10章参照。
  - **〔成長〕**自分を変えた出来事、成長したと感じること、自分について考えることなど。第11章参照。
  - **〔目標〕**中学高校生活の目標、将来の夢、職業などについての考えを書く問題。第12章参照。
  - ※〔人間〕と〔公共〕、〔学習〕と〔科学〕、〔言葉〕と〔文化〕など、似通った内容を含むテーマもあるので、学習のときにはあわせて参考にしてください。
- **読み比べ**　ひとつの作文を書くために、二つ以上の文章を読み比べる必要がある問題。

所在		校名					2015								
都道府県	市町村区	運営		設立年	認定	選抜方法	文字・行	問題文	資料	体験	目標	提言記事	段落指定	テーマ	読み比べ
佐賀県	佐賀市	県立	致遠館中学校・高等学校	2003	SSH	適性・面接	100～120	○	○	×	×	○	×	社会	×
佐賀県	唐津市	県立	唐津東中学校・高等学校	2006											
佐賀県	武雄市	県立	武雄青陵中学校・武雄高等学校	2007											
佐賀県	鳥栖市	県立	香楠中学校・鳥栖高等学校	2007											
長崎県	佐世保市	県立	佐世保北中学校・高等学校	2004		適性・作文・面接	450～500	○	×	×	×	×	×	目標	×
長崎県	長崎市	県立	長崎東中学校・高等学校	2004	SGH										
長崎県	諫早市	県立	諫早高等学校・附属中学校	2011											
熊本県	宇土市	県立	宇土中学校・高等学校	2009	SSH	適性・面接	140～160	○	×	×	×	×	×	言葉	○
熊本県	八代市	県立	八代中学校・高等学校	2009											
熊本県	玉名市	県立	玉名高等学校・附属中学校	2011											
大分県	大分市	県立	大分豊府中学校・高等学校	2007		適性・面接	100～140	○	○	×	×	○	2	社会	×
宮崎県	宮崎市	県立	宮崎西高等学校・附属中学校	2007		適性・作文・面接	300～400	○	×	×	×	×	×	言葉	×
宮崎県	五ヶ瀬町	県立	五ヶ瀬中等教育学校	1999	SGH	適性・作文・面接	300～400	○	×	×	○	×	×	目標	×
宮崎県	都城市	県立	都城泉ヶ丘高等学校・附属中学校	2010		適性・作文・面接	300～400	○	×	○	×	×	×	学習	×
鹿児島県	鹿児島市	市立	鹿児島玉龍中学校・高等学校	2006		適性・面接	160～200	○	×	○	×	×	×	言葉	○
鹿児島県	肝付町	県立	楠隼中学校・高等学校	2015		適性・面接	240～300	○	×	×	×	○	×	人間	×
沖縄県	うるま市	県立	与勝緑が丘中学校・与勝高等学校	2007		適性・作文・面接	180～300	×	×	○	×	×	×	人間	×
沖縄県	沖縄市	県立	球陽高等学校	2016	SSH	適性・作文・面接									
沖縄県	南風原町	県立	開邦中学校・高等学校	2016		適性検査・面接									

※SGH（スーパーグローバルハイスクール）とSSH（スーパーサイエンスハイスクール）については2016年2月現在の認定校。
あみかけ空欄は設立前のため出題データなし。「認定」欄以外の白空欄は不明または非公開。

表の見方

■選抜方法について

適性検査科目に「作文」がないところも、「適性」のなかに作文課題が含まれるところが大部分。

■問題の特性について

- **文字・行**　数字は指定文字数を示す。ただし解答欄が大きな空欄になっているものは「空欄」、ます目がなく行数のみの指定になっているものは「～行」。
- **問題文**　設問の前に、素材となる文章があるもの。問題作成者オリジナルの文章（学校活動についての会話文など）は問題文には含めない。
- **資料**　円グラフ、棒グラフ、表など、参照する資料があるもの。
- **体験**　設問中に「あなたの体験を例にあげて」のような条件が含まれるもの。
- **目標**　設問中に「これからどうしていきたいと思うか」のような条件が含まれるもの。
- **提言・記事**　クラスや町の人たちに提案する文章や、学級新聞の記事、スピーチなど、提案型・記録文型の文章を書く問題。

〈巻末付録❷〉全国公立中高一貫校 国語問題出典リスト（2015年度適性検査）

都道府県	運営	校名	書名	筆者
宮城県	市立	仙台青陵中等教育学校	10代のための古典名句名言 （岩波ジュニア新書、2013年）	佐藤文隆・ 高橋義人
福島県	県立	会津学鳳中学校・高等学校	ひろがる言葉小学国語５下「日本語を考える」 （教育出版、2012年）	水谷修
埼玉県	県立	伊奈学園中学校・ 伊奈学園総合高等学校	失敗学のすすめ （講談社文庫、2005年）	畑村洋太郎
埼玉県	市立	浦和中学校・高等学校	明日は海からやってくる （ポプラ社、2014年）	杉本りえ
			蝶々はなぜ菜の葉に止まるのか （角川ソフィア文庫、2012年）	稲垣栄洋
			里山資本主義　日本経済は「安心の原理」で動く （角川oneテーマ21、2013年）	藻谷浩介・ NHK広島取材班
千葉県	県立	千葉中学校・高等学校	雑草は踏まれても諦めない　逆境を生き抜くための成功戦略 （中公新書ラクレ、2012年）	稲垣栄洋
千葉県	市立	稲毛高等学校・附属中学校	日本人なら知っておきたい「和」の知恵 （KAWADE夢新書、2005年）	藤野紘
			美しいをさがす旅に出よう （白水社、2009年）	田中真知
東京都	都立	白鷗高等学校・附属中学校	学問の創造 （朝日文庫、1987年）	福井謙一
			大局観　自分と闘って負けない心 （角川oneテーマ21、2011年）	羽生善治
東京都	都立	桜修館中等教育学校	にんげんぴかぴか　こどもの詩２ （中公新書ラクレ、2005年）	川崎洋（編）
東京都	都立	両国高等学校・附属中学校	茂木健一郎の脳がときめく言葉の魔法 （かんき出版、2014年）	茂木健一郎
			絶対幸せになれるたった10の条件 （教育評論社、2013年）	小川仁志
東京都	都立	立川国際中等教育学校	塩一トンの読書 （河出文庫、2014年）	須賀敦子
東京都	都立	小石川中等教育学校	理科系の作文技術 （中公新書、1981年）	木下是雄
東京都	都立	武蔵高等学校・附属中学校		
東京都	都立	富士高等学校・附属中学校	バカの壁のそのまた向こう （かまくら春秋社、2013年）	養老孟司
東京都	都立	大泉高等学校・附属中学校		
東京都	都立	南多摩中等教育学校		
東京都	都立	三鷹中等教育学校	「ぞうさん」と私（『飛ぶ教室45号』所収） （楡出版、1993年）	俵万智
			タマゾン川　多摩川でいのちを考える （旬報社、2012年）	山崎充哲
東京都	区立	九段中等教育学校	わかったつもり　読解力がつかない本当の原因 （光文社新書、2005年）	西林克彦
			「わかる」とはどういうことか　認識の脳科学 （ちくま新書、2002年）	山鳥重
			「わかる」ということの意味 （岩波書店、1995年）	佐伯胖
神奈川県	県立	相模原中等教育学校	裏から読んでも（『みんな本を読んで大きくなった』メディアパル、2002年所収）	北村薫
神奈川県	県立	平塚中等教育学校		

都道府県	運営	校名	書名	筆者
神奈川県	市立	南高等学校・附属中学校	にほんのモノづくり力はやっぱり凄い （KAWADE夢新書、2013年）	ロム・インターナショナル
			小さき生物たちの大いなる新技術 （ベスト新書、2014年）	今泉忠明
			ぼくは「つばめ」のデザイナー　九州新幹線800系誕生物語 （講談社青い鳥文庫、2014年）	水戸岡鋭治
神奈川県	市立	川崎高等学校・附属中学校	ことばの教養 （中公文庫、2008年）	外山滋比古
			わかりやすく〈伝える〉技術 （講談社現代新書、2009年）	池上彰
石川県	県立	金沢錦丘中学校・高等学校	人はなぜ学ばなければならないのか （実業之日本社、2011年）	**齋藤孝**
福井県	県立	高志中学校・ 高等学校	15歳の寺子屋　道は必ずどこかに続く （講談社、2009年）	**日野原重明**
静岡県	県立	清水南高等学校・中等部	盗賊会社 （新潮文庫、1985年）	**星新一**
			まっすぐバカ正直にやり続ける。 （ダイヤモンド社、2014年）	株式会社あきんどスシロー 豊﨑賢一
静岡県	県立	浜松西高等学校・中等部	こころの底をのぞいたら （ちくま文庫、1992年）	**なだいなだ**
滋賀県	県立	河瀬中学校・高等学校	植物のあっぱれな生き方　生を全うする驚異のしくみ （幻冬舎新書、2013年）	田中修
滋賀県	県立	守山中学校・高等学校		
滋賀県	県立	水口東中学校・高等学校	風の組曲 （河出書房新社、2000年）	**俵万智**
京都府	府立	洛北高等学校・附属中学校	植物のあっぱれな生き方　生を全うする驚異のしくみ （幻冬舎新書、2013年）	田中修
京都府	府立	園部高等学校・附属中学校		
京都府	府立	福知山高等学校・ 附属中学校	希望のつくり方 （岩波新書、2010年）	玄田有史
京都府	市立	西京高等学校・附属中学校	特別授業3・11君たちはどう生きるか（14歳の世渡り術） （河出書房新社、2012年）	最相葉月（他）
			海を感じなさい。次の世代を生きる君たちへ （朝日新聞出版、2012年）	渡辺憲司
兵庫県	県立	兵庫県立大学附属中学校・ 高等学校	「のび太」が教えてくれたこと　ダメダメでも夢が叶う （アスコム、2011年）	横山泰行
奈良県	県立	青翔中学校・高等学校	ヤモリの指から不思議なテープ （アリス館、2011年）	石田秀輝（監修） 松田素子・江口絵里（文）
岡山県	県立	岡山大安寺中等教育学校	食を考える （福音館書店、2012年）	佐藤洋一郎
岡山県	県立	津山中学校・高等学校		
広島県	県立	広島中学校・高等学校	ボクの個人主義はこれや （『河合隼雄セレクション　より道 わき道 散歩道』創元こころ文庫、2015年所収）	河合隼雄
広島県	市立	福山中・高等学校	考えよう！　グローバル化と共存共生　たくやのマレーシア旅行 （光村教育図書、2003年）	池上彰（監修） 稲葉茂勝（著）
山口県	県立	高森みどり中学校・ 高森高等学校	10分で読めるわくわく科学　小学5・6年 （成美堂出版、2012年）	荒俣宏（監修）
山口県	県立	下関中等教育学校		
香川県	県立	高松北中学校・高等学校	あ・い・た・く・て（小さい詩集） （大日本図書、1991年）	**工藤直子**

都道府県	運営	校名	書名	筆者
高知県	県立	安芸中学校・高等学校	「サバを読む」の「サバ」の正体　NHK気になることば（新潮文庫、2014年）	NHKアナウンス室（編）
高知県	県立	中村中学校・高等学校		
高知県	県立	高知南中学校・高等学校		
長崎県	県立	佐世保北中学校・高等学校	新13歳のハローワーク（幻冬舎、2010年）	村上龍
長崎県	県立	長崎東中学校・高等学校		
長崎県	県立	諫早高等学校・附属中学校		
熊本県	県立	宇土中学校・高等学校	食感表現の豊かな日本語（『たべものがたり　食と環境7の話』所収）（ダイヤモンド社、2009年）	早川文代
熊本県	県立	八代中学校・高等学校		
熊本県	県立	玉名高等学校・附属中学校		
宮崎県	県立	宮崎西高等学校・附属中学校	なつかしい時間（岩波新書、2013年）	長田弘
宮崎県	県立	都城泉ヶ丘高等学校・附属中学校		
宮崎県	県立	五ヶ瀬中等教育学校	海外留学　ハード but 楽しい　本気の学びは、人生を変える！（教育家庭新聞社、2006年）	廣田和子
鹿児島県	市立	鹿児島玉龍中学校・高等学校	本質を見抜く「考え方」（サンマーク文庫、2011年）	中西輝政
鹿児島県	県立	楠隼中学校・高等学校	宇宙から学ぶ　ユニバソロジのすすめ（岩波新書、2011年）	毛利衛
沖縄県	県立	与勝緑が丘中学校・与勝高等学校	おじいちゃんの大切な一日（幻冬舎、2011年）	重松清

資料の読み方と読書案内

表は二〇一五年度の全国の公立中高一貫校の適性検査で引用された本の一覧です。作文・国語だけでなく、理科や社会の問題に使われた本も入っています。

あなたの受検する学校が見当たらないかもしれませんが、それは問題が非公開で文献が分からないか、そもそも問題のなかに本の引用がないかのどちらかです。

時間に余裕のある人は、受検対策として、この表で挙げられている本を何冊か読んでみるのもいいでしょう。小学校高学年のみなさんには少しだけ難しめの本が多いですが、じっくり読めば新しい世界が開けるかもしれません。

適性検査に使われる本の特徴として、次の五点を挙げることができます。

①比較的新しく出版されたもの（新しく文庫化されたものも含む）

「出版年」のところを見ればわかりますが、適性検査で使われる本は比較的新しいものが多いのが特徴です。二〇一五年度の問題は、ふつう二〇一四年の秋ごろに作られます。二〇一三年、または二〇一四年に出版された本が表のなかにたくさんありますので、問題を作った国語の先生は出版されたばかりの本を使っていることになります。あたりまえかもしれませんが、先生もよく本を読んでいるということですね。

②文庫、新書

大型本もありますが、大半が文庫または新書の小さな本です。多くは千円以内で手に入る本ですので、みなさんも手に取りやすいはずです。話題になった本も多いので、図書館でもすぐに見つかると思いますよ。

③「科学」・「言葉」・「学ぶこと」・「考え方」がテーマの本

適性検査のテーマに即したものですので、こうしたテーマの本が多くなります。

科学にまつわる説明文の本を学校の教科書以外で読む機会はあまりありませんので、このような機会に一度、通して読んでみてはいかがでしょうか。

この年ではさいたま市立浦和中学校と千葉県立千葉中学校がどちらも植物学者の稲垣栄洋氏の文章を使っているほか、滋賀県共通問題と京都府立の問題で同じ『植物のあっぱれな生き方』（田中修）が使われています。中学教科書に掲載された文章の筆者や分かりやすい著作をたくさん刊行している学者の文章が選ばれやすいようです。

④学校教科書で使われている文章の筆者や「紹介図書」に載っている本

表のなかで太字になっている筆者は、学校の国語の教科書にも文章をのせたり、「本の紹介」のページなどで名前が挙がっている作家です。静岡県立浜松西高等学校中等部で出題された『こころの底をのぞいたら』（なだいなだ）は、教育出版の国語教科書『ひろがる言葉』のなかで紹介図書に指定されていました。

⑤出版社（レーベル）

日本にはたくさんの出版社があります。それぞれの出版社は、読む人の年齢や性別、目的などに応じて、文庫や新書などのシリーズを分けています。これを「レーベル」といいます。適性検査で使われるレーベルはさまざまですが、やはり小学校高学年から中学生が読みやすく、知的な好奇心をくすぐる本を集めたものが多いようです。岩波ジュニア文庫、中公新書ラクレ、角川ソフィア文庫、角川ｏｎｅテーマ21、ＫＡＷＡＤＥ夢新書などが目立ちます。本屋さんではふつう、レーベルごとに本が並べられているので、レーベルを手がかりに本を探してみるのもおもしろいと思います。

本を読むときには、あまり「適性検査合格のため！」と肩ひじを張りすぎず、気持ちを落ち着けて読書そのものを楽しむようにしましょう。たまたま手にして読んだ本に感動してそれがあなたの一生を変える……なんていうことも充分にありえます。たとえきっかけが「受検合格のため」であったとしても、本との出合いは一生もの。大切にしてくださいね。

巻末付録❶❷について

『公立中高一貫校適性検査問題集』（二〇一四〜二〇一六年度受検用、みくに出版）、および各学校ホームページ、文部科学省ホームページなどから著者が作成しました。情報は二〇一六年二月現在のものです。

著者略歴……………………………………………………

戸松幸一（とまつ・こういち）

京都市左京区にて学習塾「沐羊舎」主宰。株式会社もくようしゃ代表取締役。1974年北海道生まれ。同志社大学文学部（新聞学専攻）卒、京都大学大学院教育学研究科修士課程（教育社会学専攻）修了。著書に『電子黒板亡国論』、『とまつ式〈勉強〉のススメ』（創元社）などがある。「明るい努力ができる場所」をモットーに、本気だけど無理のない勉強に取り組める空間作りに日々奮闘中。

《とまつ式《しき》》公立中高一貫校《こうりつちゅうこういっかんこう》 合格《ごうかく》をつかむ
作文《さくぶん》トレーニング
考《かんが》え方《かた》が分《わ》かる！ 書《か》く力《ちから》がつく！

2016年6月20日　第1版第1刷　発行
2023年1月10日　第1版第3刷　発行

著　者 ……………………………………… 戸 松 幸 一
発行者 ……………………………………… 矢 部 敬 一
発行所 ……………………………………… 株式会社 創元社
https://www.sogensha.co.jp/
本社 〒541-0047 大阪市中央区淡路町 4-3-6
Tel.06-6231-9010 Fax.06-6233-3111
東京支店 〒101-0051 東京都千代田区神田神保町 1-2 田辺ビル
Tel.03-6811-0662
装　丁 ……………………………………… 上野かおる（鷺草デザイン事務所）
組　版 ……………………………………… 寺村隆史
イラスト …………………………………… 伊東裕輔
印刷所 ……………………………………… 図書印刷株式会社

ISBN 978-4-422-80039-4　C6081

考え方が分かる！　書く力がつく！

とまつ式 公立中高一貫校 合格をつかむ 作文トレーニング

例題解答《れいだいかいとう》・トレーニング記入用紙《きにゅうようし》

●解答用紙《かいとうようし》はウェブサイトからもダウンロードできます。

http://www.mokuyo-sha.jp/chuko/

フォームに必要事項《ひつようじこう》を記入《きにゅう》し、送信《そうしん》してください。

●解答《かいとう》・記入用紙《きにゅうようし》の▶マークは、対応《たいおう》する本文《ほんぶん》のページ数《すう》を示《しめ》しています。

第1章

メッセージを見つける

例題

千葉県立千葉中学校　二〇一五年

▼12ページ

問一

問二

例題 京都市立西京高等学校附属中学校 二〇一五年改題

▼22ページ

問一

50

問二

（百五十字〜二百字）

150

200

第3章

二文を比べる②

例題

東京都共同作成問題　二〇一五年改題

▼38ページ

問題

（四百字以上、四百四十字以内）

440

400

第4章

人づきあいとリーダーシップ

例題

福島県立会津学鳳中学校　二〇一五年

▼50ページ

問題

200

240

（二百字以上、二百四十字以内）

第5章

マナーとルール

例題

札幌市立札幌開成中等教育学校　二〇一五年改題

▼56ページ

問題

例題
東京都立三鷹中等教育学校　二〇一五年改題

▼64ページ

問題

200　180

（百八十字以上、二百字以内）

例題
東京都立立川国際中等教育学校　二〇一五年改題

▼74ページ

問題

（三六〇字以上、四〇〇字以内）

400 360

例題
熊本県共通問題　二〇一五年改題

▼84ページ

問題

（百四十字以上、百六十字以内）

160　140

第9章

日本文化と国際交流

例題

滋賀県共通問題　二〇一五年改題

▼92ページ

問題

（百字以上、百二十字以内）

120　100

第10章

科学と文明

例題

静岡県立清水南高等学校中等部　二〇一五年改題

▼100ページ

問題

（四〇〇字から五〇〇字以内）

500

400

第11章

体験と成長

例題

京都府立洛北高等学校附属中学校・福知山高等学校附属中学校・園部高等学校附属中学校　二〇一五年改題

▼110ページ

問題

（三百六十一字以上、四百五十字以内）

361

450

第12章
夢と目標

例題
東京都立白鷗高等学校附属中学校 二〇一五年改題

▼118ページ

問題

（四百字以上、五百字以内）

500 400

文章のメッセージを見つけよう

▶21ページ

❶文章の「考え」にあたる部分に線を引こう。

スマートフォン、略して「スマホ」が世の中に現れて数年がたつ。今ではスマホ以外の携帯電話は「ガラケー」と呼ばれ、使用者は少数派になってしまった。「スマホを持ってないんです」と告白すると、あからさまな軽べつの視線を投げつけてくる人もいる。スマホひとつ使いこなせないわたしのことを「時代おくれの原始人」とでも思っているにちがいない。

便利で機能的、そのうえスタイリッシュ。電話機能はもちろんのこと、映像の送受信や道案内、ＳＮＳを利用した安価で気軽な人との「つながり」、内臓カメラの性能も年々向上している。おまけに退屈なときには読書やゲームまで楽しめるのだから、使い慣れた人にとっては生活から切りはなすことなど考えられないのだろう。

スマホの魅《み》力を、私ももちろん感じている。購入・契約のためのお金がないというわけでもない（もったいない、という感覚はあるが）。それでも私がいまだガラケーに踏みとどまっているのは、心にひっかかるある情景があるからである。乗客の全員がスマートフォンの小さな画面を吸い込まれるように見つめている、電車のなかのよくある風景である。

スマホに依存する人たち。私もこの人たちの一人になってしまうのだろうか。スマホを持っている人であっても、「品格」を保つことのできる人、つまりスマホに依存せずに、単なる道具として使いこなすことができる人は少なくないだろう。しかし私には自信がない。便利な道具に魅入られて、電車の中で食い入るように画面を見つめる人になってしまうのではないかという不安が消えるまで、購入は先のばしにするつもりである。

❷筆者のメッセージをまとめよう。

二つの文章の共通点を見つけよう

▶37ページ

文章の「考え」にあたる部分に線を引こう。

文章A

「ありのままの自分」や「自分の本当のすがた」を追い求める人がいる。

いつもは自分の「ありのまま」を見せることができていないと感じている人が、こうした目的を見出すのだろう。しかし、自分の内にある「ありのまま」を周囲に見てもらおうと意気込んでも、いざ人の輪の中に飛び込んだところでとまどってしまうだけだ。そして一人になったときにこう考える。

「やはりわたしはありのままの自分を見せられていない。次こそは必ず、本当の自分をさらけだして見せるわ」

ところが何度やっても同じ結果に終わる。なぜなら「ありのままの自分」など、はじめからどこにも存在しないからである。

「そんなことはない。私は本当の自分を見せていないだけ。あなたに私の何が分かるの」

このように反論したい気持ちは理解できる。しかしそんなあなたの考えている「本当の自分」というのは、実際にはほんの数行でまとめることができる言葉のひとかたまりにすぎない。「私は本当はおしゃべりなの」、「本当はさびしがりやなの」、「本当は○○が好きなの」。

「本当の自分を見せることができていない人」が人間として内容が薄っぺらだと言っているのではない。問題なのは「本当の自分」の内容ではなく、「自分を見せる」方法であるということを言いたいのである。

逆に言えば、「ありのままの自分」を見せることができている（ように見える）人は、自分を見せるための表現の仕方が上手なのだ。

これは単純に技術の問題であり、練習によって上達することができる。

文章B

学生時代、本業であるはずの学問もそこそこに旅行へ出かけた。国内はもちろん、中国や東南アジア、インド、ヨーロッパ。アルバイトで稼いだなけなしの金はほとんどがその旅費に消えた。

「ほんとに旅行が好きだね。何のために行くの。ひょっとして『自分探し』？」

大学に戻ると、こんな言葉をかけられたものだ。もちろん皮肉である。本当の自分に出会うために旅に出るという「自分探しの旅」は、すでに若者の旅行スタイルとして定着していた。それだけに「本当の自分なんてないのだから、一人旅をしたところで出会うことなどあり得ない」という賢《さか》しげな「オトナの見解」も、当時から存在していた。

だが私はそんな皮肉に対して、

「そのとおり。自分探しに行ってきたんだ」

と答えることにしていた。

自分はどこまでも自分でしかない。そんなことは分かっている。しかし「自分探し」の面白さや感動は、実際に経験した者にしか分からない。

私たちはそれぞれ、日本という国のなかにある小さな社会に住み着いていて、無意識のうちにそこで与えられた地位や役割に縛《しば》られながら毎日を過ごしている。母親らしいふるまいや子どもらしいふるまい、教師らしいふるまい、サラリーマンらしいふるまいなどなど。私たちはこうした役割を演じている。そしてその狭い社会で表現できる自分は限定されたものにすぎない。

旅は限定された自分を解放する。旅行者という存在は、旅先の土地で「お客さん」以上の存在ではない。つまり役割が希薄《きはく》である。そこでの私のふるまいは、意識しなくても日常とは当然ちがったものになる。初めて見る異郷の文化に身をおけば、なおさらのことだ。

旅先での自分は「ほんとうの」自分ではない。そもそもほんとうの自分などない。しかしそれまでの自分が知ることのなかった「新しい」自分ではある。

未知の自分との出会い。それが「自分探しの旅」の真髄《しんずい》である。

AとBに共通する考えをまとめよう（共通する考えにあたる部分に線を引こう）。

第3章 トレーニング 対立する意見をふまえて自分の考えを書こう

▶47ページ

テーマ1

動物園について	
意見1	意見2
動物園は動物がおりに閉じ込められてかわいそうだ。動物園はないほうがいい。	動物園は街に住んでいる人が野生の動物にふれあうチャンスなので、あったほうがいい。
あなたの考え	

テーマ2

うそをつくことについて	
意見1	意見2
うそをつくことは相手を裏切ることだから、うそはつかないほうがいい。	相手を傷つけないためのやさしいうそもあるし、本当のことを伝えて相手を傷つけることもある。
あなたの考え	

テーマ3

子どもが電子書籍《でんししょせき》で読書することについて	
意見1	意見2
便利な道具はどんどん使うべきだ。電子書籍を使っても問題ない。	子どものうちは紙の本を読んだほうがいい。目にも、紙のほうがいい。
あなたの考え	

トレーニング 友だちについて考えよう

▶55ページ

❶	友だちって どういう人のこと？	
❷	どういう人と 友だちに なりたい？	
❸	クラスで意見が まとまらないとき どうする？	
❹	クラスの子が、 親友の悪口を 言ってきた。 どうする？	
❺	友だちから 悪いことに 誘われた。 どうする？	
❻	クラスの一人が いじめられている。 どうする？	
❼	話し合いで大切だと 思うことは？	
❽	クラス委員に なりました。 どんなクラスに したい？	

トレーニング　みんなのためのルール作り

▶63ページ

議題❶	
公園でボール遊びをしてもいいかどうか	
賛成の理由	反対の理由
解決策（両方が納得するルール・決め方など）	

議題❷	
町の図書館で勉強してもいいかどうか	
賛成の理由	反対の理由
解決策（両方が納得するルール・決め方など）	

議題❸	
公園で犬の散歩をしてもいいかどうか	
賛成の理由	反対の理由
解決策（両方が納得するルール・決め方など）	

第6章 トレーニング

❶社会問題についてまとめよう

▶73ページ

知っている社会問題を書き出そう			
問題を三つ取り上げて、社会全体で取り組むべきこととあなたが自分でできることをまとめる	問題①	社会全体で取り組むこと	
		あなたが自分でできること	
	問題②	社会全体で取り組むこと	
		あなたが自分でできること	
	問題③	社会全体で取り組むこと	
		あなたが自分でできること	

❷あなたの地域についてまとめよう

あなたの住む地域のじまんできること		
地域の問題点と、解決のためにしていきたいこと	問題①	
	問題②	
	問題③	

❶読書のすばらしさについてまとめる

▶83ページ

読書のよいところ	①	
	②	
	③	
なぜ読書が大切なのか		
読書にかかわる今までの思い出		

❷あなたがおすすめする本

おすすめする本の題名		
だれに読んでほしい？	友だち・おうちの人・先生・その他（　　　　　　）	
おすすめする点 感動する点	①	
	②	
	③	

❸家庭学習計画表

	午前 6:00	8:00	10:00	午後 0:00	2:00	4:00	6:00	8:00	10:00	12:00
日										
月										
火										
水										
木										
金										
土										

第8章 トレーニング

❶言葉の変化と、それについての考えをまとめる

▶91ページ

<table>
<tr><td rowspan="2">意味が変わった
言葉の例</td><td rowspan="2">言葉</td><td>昔の意味
・
使い方</td><td></td></tr>
<tr><td>今の意味
・
使い方</td><td></td></tr>
<tr><td>言葉の意味が変わることの
メリット（良い点）</td><td colspan="3"></td></tr>
<tr><td>言葉の意味が変わることの
デメリット（悪い点）</td><td colspan="3"></td></tr>
<tr><td>言葉の意味の変化に
どのように対応していけば
いいと考えるか</td><td colspan="3"></td></tr>
</table>

❷大切にしている言葉

大切にしている言葉	
だれの言葉？	（　　　　　　）の言葉・ことわざ・自分で考えた！・その他
どうして？（理由）	
好きな漢字	
どうして？（理由）	

❸君が思う「日本語のむずかしいところ」

むずかしいところ	文字の多さ・同音異義語・敬語・擬音語・擬態語・その他（　　　）
どういうところが 難しい？	
これからどうやって 学んでいきたい？	

❶紹介したい日本の文化

▶ 99ページ

	紹介したい日本の文化	すばらしい点	外国人にとって難しい点
美術・建築など			
日常的な文化			

❷日本と外国の文化のちがい

日本の文化	（　　　　　）の文化	なぜ、ちがいがあるのか

❸留学したい国と、学びたいこと

海外留学したい国	その国を選んだ理由	何を学びたいか

❹世界の問題と、その解決策

世界的な問題	解決のために世界がするべきこと	あなた自身ができること

❶身の回りの科学技術の良い面・悪い面

▶ 109ページ

		良い面（メリット）	悪い面（デメリット）	気をつける点
例	テレビ	楽しい 遠い場所の情報がすぐに分かる	目に悪い 勉強などの時間がなくなる	時間に気をつけて見る 情報をそのまま信じない
❶	自動車			
❷	スマートフォン			
❸	電子辞書			
❹	太陽光発電			
❺	防犯カメラ			

❷実験ノート

調べたいこと	
仮説	
検証する方法	
こんな結果が出れば仮説は検証される！	

思い出一覧表

▶ 117ページ

		いつごろ?	できごと	学んだこと
❶	疑問に思ったことと、調べて分かったこと			
❷	勉強が実際の生活に役立ったこと			
❸	努力の大切さが分かったこと			
❹	自分が成長したと感じたこと			
❺	本を読むことが大切だと感じたこと			
❻	家族の大切さを感じたこと			
❼	友達の大切さを感じたこと			
❽	クラスや学校単位で取り組んで、なしとげたこと			
❾	科学と自分の生活が結びついていると感じたこと			
❿	旅から学んだこと			
⓫	小学校でがんばったこと			
⓬	遊びが大切だと思ったこと			
⓭	何かを初めてチャレンジしてみたときのこと			

第12章 トレーニング❶ 未来履歴書〈過去－現在－未来〉 ▶128ページ

過去	**きっかけの出来事** 夢（目標）をもつことになったきっかけ	①	
		②	
		③	
	小学校までの思い出 夢や目標にかかわるできごとなど	①	
		②	
		③	

現在	**努力していること** 夢・目標のためにしていること	①	
		②	
		③	
	必要だと思うこと 近い未来（中学・高校）にしようと思っていること	①	
		②	
		③	
	人間関係 いっしょにがんばっている仲間 応援してくれる人など	①	
		②	
		③	

未来	**職業** 将来ついてみたい職業 興味のある仕事など (できるだけたくさん)	①	
		②	
		③	
	やりたいこと 仕事以外の分野で (ボランティア、旅行、スポーツなど)	①	
		②	
		③	

トレーニング❷ 夢・目標についての短作文を書こう

▶129ページ

（二百字以内）

200